YINGXIAO SIWEI MOSHI

营销思维模式

张辉◎主编

中山大学出版社
SUN YAT-SEN UNIVERSITY PRESS
·广州·

图书在版编目（CIP）数据

营销思维模式/张辉主编. —广州：中山大学出版社，2024.8
ISBN 978 - 7 - 306 - 08105 - 6

Ⅰ.①营…　Ⅱ.①张…　Ⅲ.①营销管理　Ⅳ.①F713.56

中国国家版本馆 CIP 数据核字（2024）第 103293 号

出　版　人：王天琪
策划编辑：金继伟
责任编辑：杨文泉
封面设计：林绵华
责任校对：廖翠舒
责任技编：靳晓虹
出版发行：中山大学出版社
电　　话：编辑部 020 - 84110283，84113349，84111997，84110779，84110776
　　　　　发行部 020 - 84111998，84111981，84111160
地　　址：广州市新港西路 135 号
邮　　编：510275　传　　真：020 - 84036565
网　　址：http：//www.zsup.com.cn　E-mail：zdcbs@mail.sysu.edu.cn
印　刷　者：广东虎彩云印刷有限公司
规　　格：787mm×1092mm　1/16　18.5 印张　350 千字
版次印次：2024 年 8 月第 1 版　2024 年 8 月第 1 次印刷
定　　价：68.00 元

前　言

　　20 世纪初，美国的密歇根大学、伊利诺伊大学、宾夕法尼亚大学等率先开设了营销学课程。一百多年后的今天，营销学已成为管理类专业的基础必修课，营销学的理论体系已非常完善，相关教材不计其数。

　　营销的核心是交换，而交换广泛存在于商业和社会领域。在商业领域，营销是企业满足顾客需要并获得利润。在社会领域，营销是个人或群体通过为他人创造价值而获得自己所需所欲的社会过程。虽然营销教材较多，但遗憾的是几乎所有教材都只关注商业领域的营销，其目标读者是营销专业人士，目的在于传授知识。作为非直接从事营销工作的数量庞大的一般受众，营销理论对他们同样具有重要的指导意义，而现有的专业营销教材对他们的借鉴意义则十分有限。

　　将商业层面上的营销理论加以提炼，使一般受众能够从营销理论中获益，这体现了营销的"溢出价值"。营销学是洞察消费者心理的学问，围绕"顾客需要"这一核心议题，营销学的理论内容几乎涉及了人们生活的方方面面，而且这些知识的背后包含着大量具有普适意义的思维模式。

　　思维模式是人们观察、分析、解决问题所采用的模式化、程式化的"心理结构"。爱因斯坦说过，"所谓教育，就是当一个人把在学校所学全部忘光之后剩下的东西"。张五常也说过，"比知识更重要的，是思维模式"。

　　思维模式建立在知识之上，但又不同于知识。首先，知识是显性的，可以方便地进行编码和传播，但思维模式是隐性的，需要个人在理解知识的基础上融会贯通。其次，知识有特定的应用领域，营销理论主要是指导企业的营销实践，而思维模式是一般意义上的方法论，它可以指导任何"交换"情境。最后，在实践快速发展的今天，知识更新的速度极快，这也决定了知识的指导意义将会变得有限。而思维模式历久弥新，一旦被内化，便可以使人受益终生。总之，思维模式有助于我们将复杂的世界简单化，提高做事的效率；有助于我们理解事物的运行方式，帮助我们做出更好的决策。

考虑到上述目的，本书尝试把营销学知识中蕴含的思维模式加以提炼，使之一般化。思维模式是隐性知识，它来自显性的营销理论知识。因此，本书在介绍每个思维模式时遵循"相关理论—思维模式解读—案例/故事"的写作结构：首先，介绍与各个思维模式相关的营销学理论，为思维模式的解读打好知识基础；其次，对思维模式进行解读，将营销专业知识上升到一般化的思维模式；最后，以案例或故事对思维模式进行鲜活化重现，以便读者可以活学活用。我们希望通过这样的结构设计，帮助读者将显性知识与隐性知识、专业知识与一般知识实现紧密结合。

本书的目标读者既包括营销专业人士，也包括一般意义上的读者。我们希望本书既可以为专业读者理解营销理论提供新的视角，同时也为一般读者在处理日常生活和工作时提供有价值的启发。"知之非艰，行之惟艰"，当然，营销思维模式要真正发挥作用，还需要读者不断地在实践中体悟和践行。

本书内容安排如下：第1章和第2章从总体上介绍营销的起源及其本质，使读者对营销的来龙去脉有一个感性的认识，对营销的内涵和本质有一个准确的把握；第3章到第15章依次介绍了顾客思维、关系思维等13个思维模式。

本书是团队合作的成果。其中由张辉负责拟定编写大纲及终稿的审定，由张辉、曹舒萱、程雪、李欣然、阮华莉、张嘉敏、郑以文七位人员共同编写，陈冠好负责初稿的校对，苏慧敏参与了部分内容的讨论。编写人员的具体分工如下：

张　　辉：营销起源、营销本质、顾客思维

曹舒萱：分类思维、共创思维

程　　雪：定位思维、整合思维

李欣然：关系思维、应变思维

阮华莉：因果思维、借势思维

张嘉敏：目标思维、选择思维

郑以文：利基思维、差异思维

如前所述，思维模式是一种隐性知识，高度依赖于个人的经验，通常是"只可意会而不可言传"的，较难驾驭。而编写本书的团队成员总体年龄偏低，人生阅历尚浅，对于各个思维模式的把握和解读略有不足。如果读者在阅读本书的过程中有任何意见或建议，欢迎不吝赐教，以便我们后续不断改进。

我的电子邮箱：nkzhanghui@163.com。

　　本书在写作和出版过程中得到了许多人的帮助和支持，在此对他们表示衷心的感谢。首先，我要感谢中山大学旅游学院的本科生及所有选修过"营销思维模式"公选课的同学们，他们的提问和反馈为本书提供了宝贵的思路。其次，我要感谢中山大学出版社的编校人员，特别是金继伟编辑。金编辑对本书的反复阅读和精细修改，极大地提升了本书的严谨性和可读性。最后，我要感谢我的太太肖艺思女士。她不仅在生活中给予我无微不至的关怀和照顾，还在我忙于教学和科研的过程中，默默地承担起更多的家庭责任，使我能够全身心投入到工作中。她的理解、支持和鼓励是我不断前行的动力。

张辉

2023 年 12 月

目　　录

第 1 章　营销起源

问渠那得清如许，为有源头活水来。

——南宋·朱熹《观书有感》

根据 Etymonline（https://www.etymonline.com/）的解释，"marketing"一词最早出现于 16 世纪 60 年代，最初的含义：买卖，在市场上进行交易的行为。1897 年，"marketing"开始有了现代商业意义上的含义，是指将商品从生产者转移到消费者手中的过程，尤其强调销售和广告两项活动。20 世纪初，美国的一些大学开始讲授营销学课程，营销学逐渐成为一门学科。

营销学成为一门学科虽然只有一百多年的历史，但是营销的实践和现象随着人类社会的诞生，已经存在了几千年。从纵向来看，古往今来，营销实践无时不有；从横向来看，在人类生活的各个方面，营销现象无处不在。本章将重点介绍营销的起源和传播、营销的重要性、营销的学科特征、营销的学习方法等内容，以帮助读者对营销建立起一个感性的认知，为营销知识及思维模式的学习打下基础。

1.1　世界皆营销

1.1.1　古往今来，营销实践无时不有

营销的实践贯穿人类社会古今。人类是社会性的动物，人类的生存和发展依赖于与他人的社会互动。有"社会"必有"交换"，有"交换"便有"营销"。从商业意义上来看，原始社会末期出现了物物交换，而后又产生了以货币为媒介的交换。与此同时，开始出现剩余产品，交换得以更加频繁且广泛地进行。可以说，人类社会就是一部营销史。古代的营销实践浩若繁星，无法穷

尽，仅以下几个例子进行说明。

毛遂自荐——个人营销的典范。人的社会交往离不开个人营销，毛遂无疑是最成功的个人营销者。战国时期赵孝成王九年，秦国围攻赵国都城邯郸，平原君奉命前往楚国求兵解围。平原君欲挑选20个文武全才的门客一同前往，可是还少一人。门下有一个叫毛遂的人走上前来，向平原君自我推荐说："听说先生要去楚国签订盟约，约定与门客20人一同前往，可是还少一个人，希望先生就以毛遂凑足人数出发吧！"到了楚国后，毛遂直说利害，促成楚、赵合纵，声名大振，并获得了"三寸之舌，强于百万之师"的美誉，成为个人营销的鼻祖。

中国古代文学典籍中有大量的营销思想。司马迁的《史记·货殖列传》是专门记叙从事"货殖"活动的杰出人物的列传。"货殖"是指"滋生资货财利"以致富，即利用货物的生产与交换，进行商业活动，从中生财求利。货物的交换和流通便是营销研究的重要内容。《史记·货殖列传》中的许多思想与今天的营销研究不谋而合。例如，"时用则知物"即知道人们在什么时间需要什么东西，这就是对顾客的研究；"尽椎埋去就，与时俯仰，获其赢利"是告诫人们，靠推断事理，取舍选择，灵活应变，则可得到赢利，这即为环境分析和市场预测的内容。司马迁的论述反映了早在两千多年前，人们便已经运用营销思想指导商业活动了。

我国古代便有了与今天大数据营销异曲同工的关系营销实践。宋代有一个年轻的米商蔡明华，他所在的村子有6家米商，而他的生意并不是很好。有一天，他意识到应该多去了解自己的客户，而不是仅仅等着客户上门购买。于是，他决定建立一个专门记录客户饮食习惯和购买周期的记录簿，并且主动为客户送米上门。蔡明华挨家挨户去拜访客户，了解客户家里有几口人，每天需要吃几碗米饭，家里的米缸有多大，这样在客户家中米缸要空时他可以送货上门。通过这样的举动，蔡明华与老客户建立起很好的关系，而且也吸引了更多的新客户，生意规模越来越大。后来，蔡明华专门雇用了几个伙计，一人负责记录客户信息，一人负责预定，一人负责店内销售，两人负责送货，蔡明华自己则与上游供应商搞好关系，负责拜访客户。无独有偶，创办于清咸丰三年（1853），专为皇亲国戚、文武百官制作朝靴的内联升，将客户的靴鞋尺码、式样，喜好，个性化需求等逐一登记在册，并取名《履中备载》，堪称中国数据库营销的典范。

在我国古代的管理实践中也有品牌管理的雏形。很多游览南京古城墙的游客会注意到其砖块上有很多文字，例如，有的砖块上刻有"扬州府提调官同知竹祥司吏陶旭"，这一制度被称为"物勒工名"。在明城墙修建过程中，明太祖朱元璋命令将负责管理、监督、烧制的官员、民夫、工匠的姓名乃至烧制时间全都刻到砖块上，一旦砖块出现质量问题，便可快速找到责任主体，实施问责。物勒工名与今天的品牌有异曲同工之妙。品牌是一个现代管理词语，原意是燃烧的木头，后引申出打烙印、做标记的意思。例如，奴隶主在奴隶身上烫上一个标记，农场主在牲畜身上烫一个烙印。做标记的目的是帮助人们进行区分，所有者可以方便地知道哪些是自己的产品，顾客也可以容易地将不同制造商的产品和服务区分开来。虽然今天的品牌更多的是将"烙印"打在消费者大脑中，但历史上的实践仍然会给我们很多启示。

　　早在宋代，我国便出现了现代意义上的广告雏形。在中国国家博物馆里保存着一块我国宋代时期的广告印刷铜版（图 1 - 1），上面刻有"济南刘家功夫针铺"字样，被认为是我国最早的商标。这块铜版长 12.4 厘米，宽 13.2 厘米，铜版的上方是"济南刘家功夫针铺"，中间是白兔捣药的图案，图案右侧是"认门前白"，左侧是"兔儿为记"，图案下方是"收买上等钢条造功大细针不误宅院使用客卖兴贩别有加饶请记白"。文字皆为反刻，专家由此推测这块铜版的用途是印刷广告的。短短 28 个字，把原材料上乘、质量保证、经营方式和促销手段等内容交代得清清楚楚。"收买上等钢条造功夫细针"突出了产品原材料和加工过程有保证。"不误宅院使用"强调商家对产品质量做出的承诺。"客卖兴贩别有加饶"是针对商品的经营方式及促销手段等内容的宣传，若有客商大量购买贩往他乡，则在价格上保证给予一定的优惠折让。

1.1.2　生活各处，营销现象无处不在

　　古往今来的营销实践浩若繁星，营销现象同样丰富多彩。今天的人们生活在一个充满营销的社会中，个人的衣食住行、人际交往、恋爱，大学的升学、求职都体现为营销。可以说，无论一个人处于什么领域，从事什么工作，其文化差异和年龄高低，都在有意或无意地进行着营销活动。

　　今天，人们身处一个商业高度发达的社会，营销现象渗透在生活的方方面面。当人们每天在决定吃什么早餐，乘坐什么交通工具时，实际上都是在做消费决策问题。人们每天会接触到各种商业信息。科特勒和阿姆斯特朗（Kotler & Armstrong）指出，每个人每天会接触到 3000 ~ 5000 条商业信息，人们的行为在无形中会受到这些营销信息的影响。人们通过查阅顾客点评来决定就餐地点、旅游目的地，同时也会把自己的就餐感受、旅游体验发布朋友圈或通过评

图1-1　济南刘家功夫针铺铜版

论的形式影响到他人。通过各种社交媒体，人们可以方便地把自己的体验和不满反馈给企业，也可以容易地把自己的偏好告知企业从而实现个性化定制。在全媒体时代，人人都是内容的创造者、价值的共创者和信息的发送者。可以说，今天人们的生活已经不可能脱离营销。

　　当今社会千变万化，变化是唯一的不变。要在变化中谋求胜利，要求每一个人都应该成为优秀的营销者。以大学生就业来看，2020年我国高校毕业生数量达到874万，2021年增加到909万。随着高校毕业生的增加，学历的提升，就业压力越来越大，竞争越来越激烈。大学毕业生如何像毛遂一样将自己成功地推荐出去，涉及非常多的营销知识。首先，需要对自己身处的大环境进行分析，了解各种宏观环境和行业环境的变化情况，对自己有深入的自我分析，进行必要的"竞争者"分析。其次，要识别自己的"顾客"是谁，充分了解"顾客"的偏好，根据"顾客"的偏好来设计针对性的策略。最后，以自己的能力、薪酬要求作为说服"顾客"的策略，达到自我营销的目的。大学毕业生的求职过程本质上就是一个营销过程。

　　随着实践的发展，一些新的营销模式和策略不断被创造出来。2010年前后，

Uber、Airbnb 等一系列实物共享平台不断出现，基于陌生人且存在物品使用权暂时转移的"共享经济"蓬勃发展。随着互联网和在线支付技术的发展，电子商务除了传统的 B2B、B2C 等模式之外，新型的 O2O 模式由于可以将线下的商务机会与互联网结合，而深刻影响了餐饮、旅游等行业。2020 年，"直播带货"成为最火爆的商业现象之一，一度进入全民直播、万物皆可播的局面。

1.1.3 学术研究，营销议题无所不及

在学术研究领域，今天的营销研究不仅仅局限于传统意义上的广告、品牌、消费者行为、营销战略等领域。随着研究方法、学科交叉的发展，营销研究议题越来越精细化，例如，神经营销学可以通过眼动仪追踪消费者的视线变化从而提升产品的包装和广告策略，功能性核磁共振（fMRI）可以探查消费情绪在人类大脑中的反映。很多看似不属于营销领域的内容也大量发表在营销学期刊上，使得营销研究内容五彩斑斓，例如以下两个例子。

2014 年，Durante 等四位学者在《营销研究杂志》（*Journal of Marketing Research*）上发表了一篇论文——《金钱、地位、排卵期》。他们通过实验发现，临近排卵期的女性会寻求能够显示地位的商品来提高自己的社会地位，同时排卵期女性更关心她们在一群女性（而非男性）中的相对地位。根据这项研究，商家在针对女性消费者进行宣传促销时，可以侧重于强调产品可以让女性在同性中更出众。

Garbinsky 等四位学者在《消费者研究杂志》（*Journal of Consumer Research*）上发表了一篇题为《爱情、谎言和金钱：亲密关系中的财务不忠行为》的研究文章。他们指出，浪漫关系建立在信任的基础上，但伴侣们并不总是坦诚相告他们的财务情况，他们可能会向对方隐瞒支出、债务和储蓄。研究者证实，财务不忠行为能够预测一系列与消费相关的行为。例如，在预期配偶不同意的情况下仍进行消费，喜欢谨慎的支付方式和无标记的包装，隐瞒银行账户信息等。

1.2 营销的发展及传播

1.2.1 长久的过去和短暂的历史

德国心理学家赫尔曼·艾宾浩斯（Hermann Ebbinghaus）在1908年对心理学有一个经典的描述："心理学有长久的过去，但只有一个短暂的历史。"这句话的意思是说，心理学成为一门规范的学科只有很短的时间（1879年冯特在德国莱比锡大学创办第一所心理实验室，标志着心理学成为一门独立科学），但是心理学所研究的对象却源自哲学、神学，而且存在于人们的日常生活之中。

艾宾浩斯的话也完全适用于营销学。从学术和教育发展的角度来看，营销学成为一门学科只有100年的时间。虽然营销学不像心理学和管理学那样有一个明确的诞生年份，但学术界普遍认为作为学科的营销学产生于20世纪20年代。1902年，美国的密歇根大学等几所大学开始开设营销学课程，即便以此时间计算，营销学也仅有不足120年的时间。而现代意义上的营销始于第二次世界大战之后。从这个意义上来说，营销学历史很短暂。

但是，从实践上来说，营销是伴随着人类社会的产生而存在的。营销不仅是一个商业过程，也是一个社会过程。营销的核心在于交换，有人类社会就会存在交换，例如拥有物的交换、观点（idea）的交换等。以此来看，只要有交换就会有营销。古往今来，营销实践无时不有。无论是原始社会中"一只羊等于两把斧头"的简单交换，还是今天发达的商品社会中的知识产权的交换；无论是古代的毛遂自荐，还是今天大学生的求职与升学，它们在本质上都属于营销的范畴。交换的双方都在交换过程中获得了价值，满足了自己的需要。

营销"长久的过去"可以给营销研究者提供很多启发。中国有丰富的文学典籍，其中又有非常多的典籍涉及商品交换、人际交往等内容，营销学者可以从中提取有价值的营养成分，使其上升为具有普适意义的营销理论，从而更好指导今天的营销实践。

1.2.2　营销学科的发展简史

虽然营销实践在人类社会中已存在了几千年的时间，但是营销作为一门学科只有短短的百年。营销史学家并没有就营销学诞生的年份达成一致。20 世纪的第一个十年，西方的大学中就出现了营销学课程。1902 年，密歇根大学成为最早开设营销课程的大学，同年，伊利诺伊大学也开设了营销课程。在 1904—1905 年，宾夕法尼亚大学开始教授营销。1905 年，俄亥俄州立大学开设营销课。随后，包括哈佛商学院（1908）在内的其他大学也很快跟进。

在营销学课程出现之前，营销学从属于经济学，是经济学的一个分支。19 世纪末 20 世纪初，随着市场的全球化发展，商品的分销变得越来越重要。经济学课程开始讲授营销的内容，也出现了一些专门的产品营销、农产品营销之类的课程。1915 年，一些广告教师成立了美国广告教师协会（National Association of Teachers of Advertising）。后来随着该协会开始关注营销议题，协会的名称改为美国营销教师协会（National Association of Teachers of Marketing）。1930 年左右，美国营销协会（American Marketing Society）成立，该协会专注于推动营销科学的发展。

1936 年，由美国营销教师协会和美国营销协会联合主办的《营销杂志》（*Journal of Marketing*）创刊，成为营销学者交流思想和研究方法的重要平台，也使营销学科真正意义上有了自己独特的身份，成为一门成熟的学术学科。1937 年，由美国营销教师协会和美国营销学会合并的美国营销学会（American Marketing Association）正式成立，目前该学会已成为营销领域世界最大的非营利性专业组织。随着营销的研究和实践变得更加成熟和专业化，美国营销学会在 1964 年推出了《营销研究杂志》（*Journal of Marketing Research*），并于 1990 年和 1997 年收购了《公共政策与营销杂志》（*Journal of Public Policy & Marketing*）和《国际营销杂志》（*Journal of International Marketing*）。

《营销杂志》的创刊是营销学发展历史上具有里程碑意义的事件，对营销学术研究的发展做出了重要贡献。通过分析《营销杂志》发表的论文，可以一窥营销学发展简史。Kumar（2015）对《营销杂志》历年发表的文章进行了系统总结（表 1-1），以 10 年为单位，总结了各个阶段的研究主题和驱动因素。通过 Kumar 的分析，我们可以发现，营销学研究出现了非常多的转向，从最开始从属于应用经济学的分支到成为一门独立的科学，从专注基本的营销概念到成为一门综合性的科学，其研究方法也不断加以完善，从而更加科学。

表 1-1 营销理论的发展脉络

时间	主题	隐喻	驱动因素
1936—1945 年	阐述营销原理和概念	营销学作为应用经济学	①通过案例研究理解营销学原理；②理解政府立法和贸易规则；③营销研究主题和营销实践含义
1946—1955 年	提升营销功能和制度生产率	营销作为一种管理活动	①营销功能和制度生产率对营销理论和科学的责任；②关注营销学科的成长；③认同营销功能和确定营销定义
1956—1965 年	评估营销组合的影响	营销作为一种量化科学	①关注营销理论的发展；②过渡到分析性研究；③对统计质量控制的兴趣
1966—1975 年	揭示购买和组织过程	营销作为行为科学	①需要为营销学科确立清晰的发展日程；②强调未来研究方向；③聚焦营销实践
1976—1985 年	确定营销战略	营销作为决策科学	①关注学术专业期刊；②强调理论开发和理解市场结构；③展望在营销学中使用定量研究方法
1986—1995 年	识别营销中的权变因素	营销作为综合科学	①使用复杂的实证方法；②营销现象的概念性框架开始出现；③使用跨学科知识
1996—2004 年	顾客营利性研究和资源配置努力	营销作为稀缺性资源	①数据库技术的发展；②获取个体顾客数据的能力；③在个体层面进行分析
2005—2012 年	营销责任和顾客中心	营销作为投资	①技术进步；②更深层次的顾客洞察有助于开展营销活动；③顾客层面的营销投资活动
2013 年至今	营销作为核心和新媒体影响	营销作为组织不可或缺的部分	①媒体使用模式的改变；②关注营销效率和效果；③使企业利益相关者充分参与进来创造企业价值

Bartels（1988）将营销发展史以 10 年作为一个阶段，划分为如下几个阶段（图 1 - 2）：

1900—1910 年的发现阶段，在此阶段，大学出现了营销学课程，但该阶段主要关注的是农产品的分销问题。

1910—1920 年的概念化阶段，在此阶段，学者们提出了营销的产品、机构和功能三种范式。功能范式关注营销过程中的活动（如买卖、运输和存储、广告），机构范式关注执行营销活动的组织（如批发商、代理人），商品范式关注营销机构的产品（如农业、渔业、采矿）。

1920—1930 年的整合阶段，这是营销学的黄金 10 年，Ivey（1921）最先使用了《营销学原理》（*Principles of Marketing*）作为营销学的书名。

1930—1940 年的发展阶段，这一时期出现了许多营销学原理方面的教材，同时出现了一些营销学术期刊，如 1936 年创刊的《营销杂志》，对营销理论的发展产生了深远的影响。

1940—1950 年的重新评估阶段，这一时期出现了营销的管理和系统范式，前者关注企业营销活动的计划和控制，后者将营销结构视为由一系列相互关联的要素构成的有机统一体。

1950—1960 年的再概念化阶段，在此阶段，传统的功能、机构、商品范式被取代，管理和系统范式更加深化，开始关注消费者心理、人口统计变量和组织行为。

1960—1970 年的差异化阶段，在此阶段，传统的营销理论被越来越专业化的营销理论所取代，出现了营销管理、营销系统、营销量化分析、国际营销、消费者行为等领域的教材。《消费者研究杂志》创刊于该阶段。

1970—1980 年的社会化阶段，这一时期开始关注社会因素，Kotler（1975）出版的《非营利组织营销》将营销的概念和方法拓展到社会问题领域。

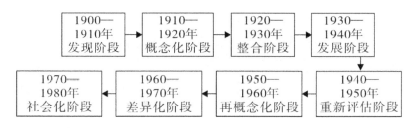

图 1 - 2　营销发展阶段

从学术研究的角度，营销的对象从最开始的农产品到今天的各种营销提供物，如产品、服务、体验、地点、知识产权、组织等；营销研究的方法从最开始的定性的直觉方法到目前的越来越科学的方法。可以说，百年中，营销已经发生了翻天覆地的变化。而且，我们也可以预测，营销的车轮还将滚滚向前，取得越来越辉煌的成果。

1.2.3　菲利普·科特勒与《营销管理》

菲利普·科特勒（Philip Kotler）被称为现代营销学之父，其营销学教材被称为"营销圣经"，影响了一代又一代学子。"颂其诗，读其书，不知其人，可乎？"本部分简要介绍菲利普·科特勒及其经典著作。

科特勒1931年出生于美国的芝加哥，是现代营销学的集大成者，美国营销协会称他为"有史以来最具影响力的营销人"。《时代周刊》称科特勒与营销是同义语关系，换句话说，提到营销，就不可能绕过科特勒，同样，提到科特勒，也不能忽略他对营销的贡献。

科特勒于1948—1950年在德保罗大学攻读本科，之后进入芝加哥大学攻读经济学硕士，后进入麻省理工学院攻读经济学博士学位。他曾师从三位诺贝尔经济学奖得主米尔顿·弗里德曼、保罗·萨缪尔森和罗伯特·索洛学习经济学。在获得博士学位之后，科特勒在哈佛大学做了一年的数学博士后工作，又在芝加哥大学做了一年的行为科学博士后工作。1962年，科特勒到美国西北大学凯洛格管理学院（Kellogg School of Management）从事营销领域的教学和科研工作。1967年，科特勒出版了著作《营销管理：分析、计划和控制》。科特勒的《营销管理》被奉为"营销圣经"，在过去的半个世纪中，不断再版，被翻译为几十种语言，深刻地影响了营销学教育和实践，使众多的营销实践人员和营销学子受益。

除《营销管理》以外，科特勒还出版了《科特勒谈营销》《从A到Z的营销洞察》《营销4.0》《地方营销》《国家营销》《营销，你的成长之路》《赢得全球市场》《医疗机构的战略营销》《社会化营销》《社会化媒体营销》等80多本营销学著作。

科特勒的《营销管理》对中国市场营销学科的发展、教育、学术研究起到了重要的促进作用。早在20世纪80年代，就有学者开始在中国内地传播科特勒的营销学理论。据清华大学的李飞教授（2012）考证，早在1981年，张苏和董复荣就曾将科特勒《营销管理》的章节翻译并在学术期刊上发表。

1982 年，罗真嵩教授的《一门新兴的市场管理学科——现代销售学》一文中也引用了科特勒著作中的很多内容。但直到 20 世纪 80 年代末 90 年代初，才有学者开始系统传播科特勒的著作。1986 年，时任上海市市长的汪道涵先生将科特勒的著作引入中国，由梅汝和教授负责翻译。1990 年，梅汝和教授翻译的《营销管理》由上海人民出版社出版。1991 年，何永琪教授翻译的《市场营销管理：分析、规划、执行和控制》由科学技术文献出版社出版。

直到今天，仍然有很多学者在翻译、传播科特勒的营销学著作，如何佳讯、于洪彦等教授翻译的《营销管理》（第 15 版）教材由格致出版社出版，楼尊翻译的《市场营销：原理与实践》（第 17 版）由中国人民大学出版社出版。

1.2.4　营销在中国内地的传播与发展

根据清华人学李飞教授的考证，营销学在中国的传播分为两个阶段：20 世纪 30 年代的第一次传播和 20 世纪 80 年代的第二次传播。

20 世纪 30 年代，营销学第一次在中国传播时，"marketing" 一词被翻译为 "市场学"。丁馨伯教授和侯厚吉教授是较早在中国系统介绍营销学理论的学者。1934 年，丁馨伯编译的《市场学原理》一书由世界书局出版。1935 年，侯厚吉编译的《市场学》一书由黎明书局出版。两本书均为繁体字竖排版。通过阅读两位教授的著作，我们可以窥探当时的营销学研究的主要内容。

丁馨伯在《市场学原理》一书中指出，市场学是一种专门学问，其所研究者，乃转移货物所有权及实际分配货物所必要之一切行为。凡货物从生产者到制造者及最后供给于消费者之各种过程、手续、方法及组织等，均在市场学研究范围之内。侯厚吉指出，市场学是研究市场运销的科学，市场运销是指货物经过商业途径由生产者到消费者手中的转移过程。可见，当时对营销学的理解更多侧重在产品的分配或流通方面，这与上文讲到的西方学者的关注点是一致的。

丁馨伯的《市场学原理》共分为 30 章，侯厚吉的《市场学》共有 24 章，具体章节标题可参见表 1－2。从两本教材的内容可以发现，当时的营销学侧重营销的基本职能，出发点是企业。

表1-2　丁馨伯《市场学原理》和侯厚吉《市场学》的目录

丁馨伯《市场学原理》	侯厚吉《市场学》
第一章　引论	第一章　导言
第二章　消费者购买动机之分析	第二章　市场的职能
第三章　市场功用及其制度	第三章　农产品的市场（一）
第四章　直接推销法	第四章　农产品的市场（二）
第五章　旧式零售市场制度	第五章　原料品的市场（一）
第六章　百货商店与函售公司	第六章　原料品的市场（二）
第七章　连锁商店及其他新式零售制度	第七章　制造品的市场（一）
第八章　农产批发市场	第八章　制造品的市场（二）
第九章　城市农产市场媒介商之种类	第九章　批发市场中的中间人
第十章　批发商及其功用	第十章　直接运销
第十一章　批发商之种类及其销售方式	第十一章　零售商
第十二章　直接向零售商推销	第十二章　大规模零售商
第十三章　职能居间商	第十三章　拍卖
第十四章　农业原料品之推销	第十四章　分配合作
第十五章　原产工业原料品之推销	第十五章　运输
第十六章　推销原料品之原则	第十六章　储藏
第十七章　合作市场	第十七章　包装
第十八章　推销商品之方法及其类别	第十八章　标准化
第十九章　增加需要论	第十九章　市场金融
第二十章　进货问题	第二十章　市场风险
第二十一章　运输问题	第二十一章　物品交易所
第二十二章　商品储藏	第二十二章　市场消息
第二十三章　市场理财	第二十三章　市场价格
第二十四章　市场风险	第二十四章　运销费用
第二十五章　有组织的市场及投机	
第二十六章　货品标准化与简单化	

续表 1-2

丁馨伯《市场学原理》	侯厚吉《市场学》
第二十七章　市场报告	
第二十八章　定价与定价政策	
第二十九章　市场的道德观念	
第三十章　市场效能论	

　　营销学第二次在中国的传播是在改革开放之后。受到中国香港学者闵建蜀等学者的影响，这一阶段"marketing"被翻译为"营销学"。这一时期，除了有学者在介绍西方的营销学著作（尤其是科特勒的《营销管理》）外，中国本土学者也开始编写自己的营销学著作，例如吴同光、吴健安和高国辉分别于1987 年出版了《市场营销学》《市场营销概论》等著作。

　　需要注意的是，正如卢泰宏教授所指出的，虽然"营销"一词是"marketing"在国内最普遍的翻译，但是"营销"一词也带来许多负面的联想和后果。在中文语境中，"营销"很容易被误解为"为了销售而营造，甚至不惜手段的钻营"，从而背离了现代 marketing 应有的本意和真精神。

　　总的来讲，营销是一个舶来品，作为一门学科，营销学中的很多概念、方法和理论都是来自西方。不可否认，西方的营销学思想对中国营销学的发展和企业营销实践起到了不可忽视的作用。但是，中国有丰富的营销管理实践和思想，有与西方差别明显的环境，中国营销理论的发展需要更多的中国学者共同努力。

1.3　营销的重要性

1.3.1　营销对企业的重要性

　　从企业实践的角度来看，营销更是不可或缺。每一家企业，无论大小，生产的产品如何，都设立了负责营销事务的机构或人员。德鲁克曾说，企业的目的是创造顾客，因此它有且只有两个基本功能：营销和创新。营销和创新带来回报，其他的都是成本。我国台湾企业家施振荣与德鲁克有相同的观点，他提出了微笑曲线的概念（图1-3）。从微笑曲线中可以发现，能够给企业带来高额附加值的恰恰是研发（创新）和营销这两个环节，而中间的生产环节带来的附加值非常薄弱。

　　企业的产品只有被消费者接受，企业才可以获得永续经营的资金。而营销就是发现并满足顾客的需要，产品满足了顾客的需要，解决了顾客的问题，就会实现自我销售，企业的目标也就达到了。为了更好地满足顾客的需要，企业还需要进行研发活动。纵观那些成功的企业，它们要么在创新方面独领风骚，要么在营销方面遥遥领先，或者在这两个方面都出色。例如，苹果公司的成功源于其永不停滞的创新精神，可以说是创新和创意的代名词。而可口可乐的成功则要归功于其营销的成功，可口可乐自1886年诞生以来，其配方并未发生大的改变（唯一一次改变发生于1985年，而且只持续了3个月），但是它的营销和传播策略却一直被其他企业所模仿。

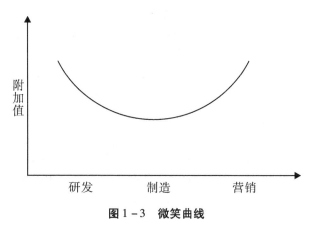

图1-3　微笑曲线

1.3.2　营销对个人的重要性

　　营销无时不有、无处不在、无所不及的特点决定了营销对个人同样重要。在高度商业化的世界中，人人都是消费者，每天都面临着大量的消费决策，例如吃什么食物、购买什么衣服、去哪里旅游等，了解必要的营销学知识可以帮助我们更好地做出消费决策。同时，很多人又是营销者，每天与消费者进行互动，学习营销学知识可以帮助他们更好地了解消费者的偏好，提高工作效率。

　　人是社会性的动物，学习、生活和工作中会与他人有各种各样的"交换"

关系，高质量的合作关系也仰赖于良好的个人营销技能。营销学的理论中蕴含着大量的思维模式，这些思维模式不仅有助于我们理解事物的运行方式，而且有助于我们做出更好的决策。例如，当我们深刻理解了顾客的思维并将其内化，我们在与他人互动时，就会不自觉地站在对方的角度考虑问题，通过对对方有利的方式来达成自己的目的，实现双赢。

简而言之，无论你是一个营销者还是被营销者（顾客），无论你从事什么工作，营销学都有其用武之地。"每个人至少是自己的营销者"，可以说，营销学是一门人人都需要学习的课程。

1.4　营销的学科特征

1.4.1　科学性与艺术性的统一

营销学既是一门科学，也是一门艺术，是科学与艺术的结合。科学强调规律性，是经过研究和测量的客观产物。艺术是通过实践和想象力培养出来的技能。科特勒和凯勒在他们合著的《营销管理》一书中指出，营销管理是为选择目标市场并通过创造、交付和传播优质的顾客价值来吸引、保留和提升顾客的科学和艺术。

首先，营销学具有科学性的一面。营销学既然成为一门学科，表明它有自己独特的研究领域，它关注如何满足顾客的需要。营销学在一百多年的发展历程中，积累了很多具有普遍性的理论，如市场细分理论、定位理论、定价理论等，这体现了其科学性的一面。其次，营销学具有艺术性的一面。营销学是一门应用科学，镶嵌于实践，而实践具有丰富性。理论的应用要充分考虑到情境的差异性，同一个理论，在特定的情境下可能会带来成功，换到另一个情境，可能就行不通，这体现了其艺术性的一面。因此，营销需要做到"具体问题具体分析"。

营销学是科学与艺术的统一，那自然还有一个问题：营销学中的科学性和艺术性是如何组合的？在营销学成为一门学科之前，虽然已有很丰富的营销实践，但人们并没有对营销实践进行提炼和总结，没有将其上升到科学层面。换言之，此时的营销学只有艺术的成分。直到 20 世纪 30 年代营销学作为一门学科正式诞生后，营销学才开始具备了科学的成分，但是这时的营销学是低科学高艺术的性质。随着理论和实践的不断发展，营销学的科学性不断上升，艺术性比重有所下降。例如，21 世纪以来，很多神经科学的方法被用于研究消费者心理及行为，使得营销学成为一门标准的科学。时至今日，营销学因其天然的实践属性，仍然无法完全脱离艺术性。我们认为，随着理论和实践的进一步发展，营销学中的科学性和艺术性最终会趋于一个稳定的状态。

1.4.2　营销学具有多学科性

营销学的研究对象决定了其具有多学科性。营销学关注企业如何通过交换来满足顾客的需要，而满足顾客需要的前提是了解顾客的需要。顾客既有生理需要，也有心理需要，且很多时候这些需要是潜在的。多学科知识有助于更好地研究顾客，实现营销目的。因此，营销学在发展过程中，不断吸收经济学、心理学、社会学等学科的理论体系，并建构了营销学的理论体系。

关于营销学的多学科性，科特勒曾有非常深刻的描述。1987 年 5 月，科特勒在美国营销协会成立 50 周年纪念大会上说："经济学是营销学之父，行为科学是营销学之母，数学乃营销学之祖父，哲学乃营销学之祖母。"科特勒本人拥有经济学硕士和博士学位，而且具有数学和行为科学方面的博士后研究经历。他之所以能够成为营销学的权威，也与他个人的求学背景息息相关。

经济学为营销学提供了许多概念和理论，为营销学的发展奠定了理论基石。20 世纪 30 年代以前，营销学从属于经济学这一学科。后来营销学虽然脱离了经济学母体成为独立的学科，但仍然无法割断其与经济学之间天然密切的联系。例如，经济学中的定价理论为营销学中产品和服务的定价提供了理论基础，分工理论决定了企业需要进行营销渠道设计。传统经济学认为人是理性的。随着实践的发展，有限理性被更多经济学家所接受，于是产生了行为经济学等学科。营销学也不断吸收这些新的理论来更好地研究消费者的决策。

营销学与心理学也有着不可分割的联系。心理学研究的对象是人类的心理现象，涉及知觉、认知、情绪、人格、行为、人际关系、社会关系等许多领域。营销学研究消费者，而消费者首先具有人的属性，因此，不可能脱离"人"这一基本属性来研究消费者。心理学中的很多概念，例如动机、学习、个性、知觉、注意、记忆等，便自然而然进入营销学研究领域。营销学还借鉴了心理学的研究方法，尤其是实验法，来更好地探究消费者决策背后的原因。

社会学关注人群关系。人们的消费者行为很多时候受他人行为的影响，因此社会学也为营销学提供了诸多理论借鉴。文化、社会阶层、地位、角色、参照群体、家庭等都是社会学中重要的概念，也是影响消费者决策的重要因素。

除了上述三个重要的学科以外，营销学在其发展历程中，还不断吸收各种新兴学科的理论和方法。例如，20 世纪 70 年代以来，神经科学发展非常迅速，人们可以借助先进的仪器设备了解个体大脑的功能和结构。于是，营销学家便借鉴神经科学家的方法，采用眼动仪、脑电技术、功能型核磁共振技术深入了解消费者的心理和行为，发展出神经营销学这一新兴的学科。神经营销学可以更直观地了解消费者的态度、记忆、情绪、决策、行为等，且在产品包装和设计、广告效果、定价策略等领域已得到较多应用。

总之，营销学是一个"辈分"很小的学科，它从很多"长辈"那里学习知识，博采众长，建构出了自己丰富而又坚实的理论大厦。营销学的多学科性还体现在它不断动态地学习其他学科的经验，展现出丰富的生命力。营销学的多学科性也提醒广大营销学子，一定要广泛涉猎各个学科领域的知识。

1.4.3　关注明确知识和默会知识

营销学的科学性和艺术性相统一的学科特点决定了需要同时关注两类知识：明确知识（explicit knowledge）和默会知识（tacit knowledge）。明确知识是指可以用文字或数字等表达的客观理性知识，它回答的是"是什么"和"为什么"的问题。明确知识存于书本，易于传播，并不依赖于情境。默会知识是主观和以经验为基础的知识，它嵌于实践活动，具有情境性，回答的是"怎么想"和"怎么做"的问题。默会知识不易用语言表达，也不易被他人学习，其传授较为复杂。

两类知识之间可以相互转化，形成四种知识传播模式（图 1-4）。一个人的明确知识可以通过课堂讲授等渠道转化为另一个人的明确知识，这种转化形式叫作组合。明确知识转化为默会知识叫作内化，这种方式主要是通过实践或模拟来完成的。默会知识转化为明确知识叫作外化，这种方式通常很难进行。从默会知识到默会知识的转化叫作社会化，这种形式需要实践感悟，在做中学。

一方面，营销学的科学性决定了营销学中有很多明确知识，例如营销学教材中的概念、理论和模型等。另一方面，营销学的实践性又使得营销学中包含了大量的默会知识。明确知识和默会知识的特点以及二者之间的转化，提醒读者要注意两种学习方法。第一种方法即课堂讲授或自学，例如大学课堂可以在短时间内向学生传输大量的明确知识，学生也可以通过自己阅读教材的方法学习营销知识。第二种方法即内化，把自己已获得的明确知识进行灵活应用。现在越来越多的商学院意识到内化这种学习方法的重要性，开始面向本科生开设案例教学，目的就是通过案例材料来激活明确知识，以便融会贯通。也有很多学校开设了见习实习、专业实习等课程来帮助同学们接触实践。广大营销学子也应该深入广阔的社会实验室，观察丰富的营销现象，培养一种用营销理论解释任何实践现象的直觉，不断将理论应用于实践，让实践反哺理论，形成明确知识和默会知识的良性互动。

外化和社会化对营销学同样非常重要，但是这两种学习方法较组合和内化更困难。外化需要建立在深入的沟通基础上，在大学的课堂中可以邀请一些成功的营销人士来做讲座，学生通过听讲座的形式获得他人的默会知识。而社会化则需要学生不断地在实践中感悟，在做中学。

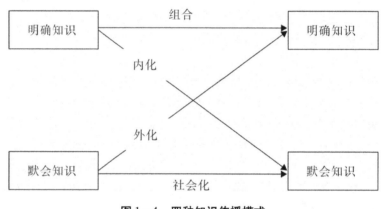

图1-4　四种知识传播模式

1.5　营销的学习方法

营销的学科特点决定了学习者要采取恰当的学习方法。营销要做好三个层面的学习：第一个层面是掌握概念，第二个层面是建构知识网络，第三个层面是学以致用。这三个层面分别对应不同的目标：做好第一个层面，可以获得高的课程分数；做好第二个层面，可以理解这个丰富多彩的现实世界；做好第三个层面，可以培养思维模式，受益终生。

1.5.1　掌握概念，筑牢基础

概念是构成一门课程乃至一个专业最基本的单元，是建构专业知识大厦的砖石。所以，学习任何一门课程，都要从最基本的概念开始，营销学亦不例外。一本营销教材中涉及成百上千个概念，如何准确记住并理解这些概念是一件非常有挑战性的事。事实上，营销学是舶来品，营销学中的很多概念都属于外来词汇（当然现在也有很多本土词汇进入营销学理论体系中，比如"关系""面子"等）。营销学又是一门先验性的学科，很多概念我们在日常生活中也会频繁使用，这就很容易使得我们对概念望文生义。对于概念的学习，不能死记硬背，而且要灵活记忆。可以尝试"查字典追根溯源法"来巧妙记忆。通过以下两个例子，来体会"查字典追根溯源法"如何帮助我们掌握概念。

比如"品牌"这个概念，英文是 brand。"brand"这个词来自古挪威语，原意是一块燃烧的木头，引申为打烙印。例如，农场主用烧红的烙铁在牲畜身上烫上一个标记。进一步思考，为什么要在牲畜身上烫上一个标记？因为这个标记有利于农场主更容易识别出自己家的牲畜。至此，我们便知道了 brand 最核心的含义是识别和区分拥有物。基于此，美国营销协会将品牌定义为品牌是一个名称、术语、标记、符号或设计，或者它们的组合，品牌的目的在于将一个制造商或一组制造商的产品或服务同其竞争者区分开。这个定义实际上强调的是，企业在产品上"烙印"，使之与其竞争者相区分，与农场主在牲畜身上打烙印异曲同工。但是这个定义也略显不足，因为按照该定义，只要产品有了标记（比如名字）便可称为品牌，这跟我们的日常认识并不一致，因为我们会认为品牌是拥有高知名度和高美誉度的产品。那我们继续对 brand 的词源做进一步延伸：我们不仅要将烙印烙在产品上，更重要的是要将之烙在消费者的大脑里，让消费者一旦想到某个品牌，就会立即产生某种积极的、独特的联想。比如，一旦想到王老吉，顾客马上会联想到祛火的功能，反之亦然。所以才有了"营销战不是发生在商场，而是发生在消费者的大脑里"这一著名论断。经过追根溯源，我们就可以对品牌建立起深刻的理解，也就自然而然地掌握了这个概念。

再如，营销者在选择目标市场时可能会采用一种利基营销（niche marketing）策略。大多数中文教材都把"niche"音译为"利基"，但是我们看到这个词时，很难有直观的理解。我们通过查字典发现 niche 有以下几个含义："①A comfortable or suitable role，job，way of life，etc.　②（Business）an opportunity to sell a particular product to a particular group of people. ③A small hollow place, especially in a wall to contain a statue, etc., or in the side of a hill. ④ (Biology) a position or role taken by a kind of living thing within its community." 简单来说，niche 原为供奉神像的壁龛，壁龛方寸之间自有天地，故名词 niche 引申指"舒适、称心的职位"或"商机"；形容词 niche 指"针对特定小群体的"。因此，我们就可以确定管理学中的 niche 是指一个被竞争者忽略但又可以给企业（通常是小企业）带来足够利润的顾客群体。因此，niche marketing 是企业根据自身特有的条件，选择被大企业忽略的但有利可图的细分市场或小众市场作为其服务对象。企业找到了自己的 niche market，就如生物找到了一个"小生境"，便可以活得非常滋润。

1.5.2 串珠成链，建构网络

概念不是孤立的，因此还要关注概念间的关系。心理学有一个非常有名的理论叫联想网络记忆模型（associative network model），认为记忆（memory）是由一系列的节点（nodes）和联结（links）所构成的网络（network）。节点即一个一个的概念，联结反映了概念间的关系强度。这个理论经常被用来解释为什么消费者对不同品牌的营销活动会有不同的反应，因为消费者对该品牌的知识结构区别于其他消费者。比如，当提到麦当劳这个品牌时，很多人会产生一系列的联想。例如，麦当劳的餐食、价值、服务、质量、就餐环境、金拱门等，这些就是联想记忆网络中的节点。节点也是相互关联的，比如麦当劳联想中的价值与服务密切相关。这样，我们就可以画出消费者大脑当中对麦当劳品牌的联想网络。假如有两个消费者，一个消费者对麦当劳建立起来的联想网络非常强，而另一个消费者的联想网络非常弱，那这两个消费者对麦当劳的营销活动显然会有不一样的反应，前者可能会对麦当劳有很高的忠诚度，对麦当劳的营销信息非常敏感，而后者甚至都不会注意到麦当劳的广告信息。

在此引用这一理论，是提醒大家在学习概念的同时，要在大脑中建立起所学课程的联想网络记忆模型。营销学中有非常多的概念，我们记住了这些概念后，它们就成为我们记忆中的节点。同时，这些概念不是孤立的，而是存在密切的内在联系的。所以当我们学习到一个新的概念时，要把它与之前已经学过的概念联系起来。例如提到"产品"这个概念时，应该不由自主地想到需要、产品分类、品牌、服务等一系列相关的概念。通过不断地瞻前顾后、日积月累，我们就可以建构起自己的知识网络。一旦我们建构了知识网络，我们就可以对现实世界中的营销现象做出专业的解释、预测和管理。相反，如果没有这一知识网络，我们只能是一个"业余选手"。

为什么我们要强调概念间的关系呢？因为当概念是一个一个孤立存在时，概念是死的，很容易遗忘。在概念网络建立后，概念就变成了活的。根据激活扩散原理，在网络中的一个概念被激活后，整个网络就都被激活，从而实现牵一发而动全身的效果，加深记忆，触类旁通。

再举一个例子帮助大家理解。六神与 RIO 曾经合作推出一款六神花露水风味 RIO 鸡尾酒，这是一个非常有趣的营销现象，也在网络上引发了很多人的关注和讨论。作为学习营销课程的同学，如果只是停留在"太好笑了"这种程度，则属于上文说的"业余选手"。我们要根据自己建构的知识网络，对这一营销现象做出专业的解释，比如，你可能会指出这是一个联合品牌化策略，并会进一步指出这种策略的优点、缺点。不同学生做出不同反应的背后是因为二者的知识储备、知识体系是不一样的。《道德经》有言："上士闻道，勤而行之；中士闻道，若存若亡；下士闻道，大笑之。"只有当我们建构了知识网络，我们对待营销现象的态度才可能像"上士"对道的反应一样，勤而行之，否则就只能若存若亡，甚至大笑之。如果你真正喜欢并掌握了一门课程或专业后，你会发现，这个世界上几乎所有的现象都可以用你的专业来解释。从这个意义上来说，"世界皆营销"，诚不我欺！

接下来的问题是，应该怎样建构自己的知识网络呢？我的建议是，善用思维导图。在每一章的内容学习完之后，进行系统复习，然后凭记忆画出这一章的思维导图。这样就会把每一章的内容浓缩到一张思维导图中。在学期末，再进一步把所有章节的思维导图进行整合，一本书就变成了一张思维导图。所以，画思维导图的过程其实就是把"厚书读薄"的过程。大学四年，我们会学习很多门课程，课程与课程之间并不是孤立的。将每一门课程的知识网络都联结起来，就变成了这个专业的知识网络。

建构知识网络还有一个非常重要的好处是，因为知识是不断更新换代的，新的知识层出不穷，在我们建构了知识网络后，我们还可以不断地往这个知识网络中添加新的概念，如此一来，我们就可以把"薄书写厚"。

1.5.3　活学活用，管理自我

概念是死的，也是会过时的。学习的过程是将概念由"点"串成"线"再构成"面"的过程，接下来就是应用了。营销学的一大特点是理论与实践

21

相结合。理论来源于实践，可以解释和指导实践，所以我们在学习的时候，一定不要忽略去观察丰富多彩的营销实践。我们一定要进入"田野"，要有一双善于观察的眼睛。营销学具有先验性，我们在学习某个知识之前，会对该知识有或多或少的认识，这些认识不一定正确。那么在学习完之后，我们就应该反思，课堂学习内容扭转了哪些我们原以为是正确的或想当然的看法，现实世界的哪些营销现象呼应于课堂讲授的知识点。通过这样的不断反思，知识点可以变得更加牢固。

我一直觉得，学习管理类专业的一大好处是我们可以把管理学中的原理应用到自己的个人管理中。在我们学习完一门课、建构了该课程的知识网络后，我们应该具备这门课所拥有的思维模式。比如，我们学习了营销学原理这门课程后，我们就应该建立起最基本的"顾客思维"。企业要通过满足顾客的需要来获得相应的回报，同样的，我们在日常学习和工作时，也应该多站在对方的角度思考问题。

1.6　本章小结

本章重点讲述了营销无时不有、无处不在和无所不及的特点，回顾了营销实践和营销学的发展历程，论述了营销学的重要性，并总结了营销学的学科特征及相应的学习方法。营销是伴随着人类社会的产生而发展的，人与人的互动本质上就是一种营销。可以说，世界皆营销。但是，营销成为一门学科只有一百年左右。营销学对企业和个人都具有重要的意义，它既可以给企业带来回报，又可以指导个人的人际交往。营销学作为一门学科，又有明显的特点，即它是科学性与艺术性的统一，具有明显的多学科性，因此为了更好地学习营销学，需要兼顾明确知识和默会知识，尤其要注意通过组合和内化两种学习方式积累明确知识，反思默会知识，活学活用。

参考文献

[1] 丁馨伯. 市场学原理 [M]. 上海：世界书局，1934.

[2] 侯厚吉. 市场学 [M]. 上海：黎明书局，1935.

［3］李飞，贾思雪，米卜. 谁把营销学带进了中国：营销学在中国早期传播的史实考证［J］. 营销科学学报，2012，8（4）：47－58.

［4］卢泰宏. 为"营销"正名［J］. 销售与市场（营销版），2019（12）：14－16.

［5］BARTELS R. The history of marketing thought［M］. 3rd ed. Columbus：Publishing Horizons，1988.

［6］DRUCKER P. Management：tasks，responsibilities，practices［M］. New York：Harper & Row，1973.

［7］DURANTE K M，GRISKEVICIUS V，CANTU S M，et al. Money，status，and the ovulatory cycle［J］. Journal of Marketing Research，2014，51（1）：27－39.

［8］GARBINSKY E N，GLADSTONE J J，NIKOLOVA H. Love，lies，and money：financial infidelity in romantic relationships［J］. Journal of Consumer Research，2020，47（1）：1－24.

［9］KUMAR V. Evolution of marketing as a discipline：what has happened and what to look out for［J］. Journal of Marketing，2015，79（1）：1－9.

第2章 营销本质

归真反璞。

——西汉·刘向《战国策·齐策四》

营销天然具有实践属性，人人都是消费者，每天都处于营销现象之中，很多人同时也是营销者，这些特点使得每个人对营销都有自己的理解。这些理解并非完全错误，但或多或少都是不全面的。本章将重点解释营销的定义，澄清营销的本质，概括营销的主要活动。

2.1 营销的定义

2.1.1 打破营销的误区

营销是一门实践性很强的学科。人人都是消费者，每天都接触很多的营销现象，因此，每个人对营销都有自己的理解。如果没有系统地学习过营销学理论，对营销的理解我们只能是管中窥豹，只见一斑，甚至很多时候会有所误解。有的人认为营销就是打广告，有的人认为营销就是做品牌，有的人认为营销就是做公关，而其中最具有代表性的观点就是营销就是销售。这些观点都是片面的，是学习营销之前首先要打破的误区。

在今天的商业环境中，营销远不止广告和销售。实际上，早在1973年，现代管理学之父彼得·德鲁克（Peter Drucker）在其《管理：任务、责任和实践》一书中就深刻地指出，"可以这样说，某些推销工作总是需要的，然而，营销的目的就是要使推销成为多余。营销的目的在于深刻地认识和了解顾客，从而使产品或服务完全适合他的需要而形成产品的自我销售。理想的营销会产生一个已经准备来购买的顾客，剩下的事就是如何使顾客便于得到这些产品或服务"。

德鲁克的话深刻地揭示了营销与销售的区别。营销始于顾客的需要（needs），终于顾客需要的满足，所以营销要首先了解顾客的需要和偏好，即"先有市场，后有产品"（注：营销学中的"市场"等同于"顾客"）。销售的出发点则是产品，即产品生产出来之后，通过"推"的方法将产品卖给消费者，这是一种"先有产品，后有市场"的观点。营销和销售对应的是两种完全不同的营销管理哲学。销售是一种以企业为中心的营销哲学，营销是一种以顾客为中心的营销哲学。

虽然营销是让推销变得多余，但是德鲁克也强调"某些推销工作总是需要的"，这提醒我们不能完全排斥销售，在特定的情境下，销售仍然很重要。例如有一类消费品是非渴求商品（unsought products），如保险、保健品等，这些产品因消费者通常不会主动购买，企业需要通过较多的广告或人员推销来说服消费者购买。部分工业品也较重视销售。

德鲁克的观点很容易让人联想到《孙子兵法·谋攻》篇中提到的"百战百胜，非善之善者也；不战而屈人之兵，善之善者也"。这句话的意思是说，百战百胜，算不上是最高明的，不通过交战就降服敌人才是最高明的。战争的最高境界不是打败对手，而是不战而胜。营销也同样如此，营销的最高境界并不是通过铺天盖地的广告和强力的推销将产品或服务推给消费者，而是让消费者主动前来购买，让产品或服务自我销售。实现营销最高境界的前提是要深刻了解顾客的需要，并在此基础上开发能够满足其需要的产品，只有这样才能实现产品的自我销售。观察那些成功的品牌，它们都在不遗余力地去探究消费者的需要，了解洞察消费者。

2.1.2　营销的定义及其演变

科特勒和凯勒在《营销管理》一书中给营销做了一个非常简短的定义：以盈利方式满足顾客需要（meeting needs profitably）。科特勒和阿姆斯特朗在《市场营销原理》一书中从关系的角度给营销下过另一个简短的定义：营销即管理可盈利的顾客关系（managing profitable customer relationships）。这两个定义本质上都是相同的。

科特勒和阿姆斯特朗对营销的详细定义：营销是企业为顾客创造价值，建立强势的顾客关系，进而从顾客那里获得价值作为回报。这个概念包含两层含义：第一，营销是管理顾客关系的活动。关系管理包括两个方面，通过承诺优质的顾客价值来吸引新顾客，通过提供高的顾客满意度来保留和提升老顾客。这两个方面缺一不可，企业的经营需要一定的顾客规模作为前提，如果不吸引新顾客，企业就无法扩大顾客规模；如果不保留老顾客，企业就要付出高额的成本来不断吸引新顾客。根据经验统计，吸引一个新顾客的成本是保留一个老顾客的成本的 5～7 倍，因此企业在吸引新顾客的同时，也要重视保留老顾客。同时，对于流失的顾客也要采取顾客赢回（win-back）策略再次吸引回来。第二，这种顾客关系可以给企业带来回报。企业的终极目标是获得利润、永续经营，如果顾客关系不能给企业带来回报，企业在长期内便无法获得永续经营的资金，这样的顾客关系也就失去了存在的意义。

在《市场营销：原理与实践》（第 17 版）教材中，科特勒和阿姆斯特朗在营销的定义中都增加了"与顾客浸合"（engage customers）的内容。"浸合"（engagement 或 engage）一词有婚约的意思。2010 年以后，由于社会化媒体的快速发展，营销学文献中出现了大量有关顾客浸合的研究。原因在于，社会化媒体深刻影响了企业的营销方式和顾客的消费行为，企业和顾客之间可以实现全方位的互动。浸合成为企业与顾客建立关系的重要途径，而营销作为"管理顾客关系"的学科，自然需要将浸合吸收进其概念中，使其能够不断反映时代发展的背景，体现营销学与时俱进的学科特征。

上述两个定义都是从狭义的视角来界定营销，将营销理解为一种商业活动。从更广义的角度来讲，营销不仅仅是"企业营销"，所有的组织、个人在一定意义上都需要进行营销活动。因此，科特勒和阿姆斯特朗提出了广义层面上的营销。营销是一个社会和管理过程，在这个过程中，个人和群体通过为他人创造并同他人交换产品和价值来满足自己的需要和欲望。这一定义使得营销的应用范围可以拓展到任何交换活动中，比如个人的升学和求职，大学的招生宣传，慈善组织寻求捐赠，公益组织寻求人们接受某个观念或采取某种行动等。

上述列举的定义反映了营销学者对当前营销的理解。但是，正如前文提到的，营销作为一个学科已经经历百余年的发展历程，在这其中，人们对营销的理解一直都在变化。接下来我们将从动态视角简要回顾营销概念的演变。美国营销学会（American Marketing Association，AMA）作为全球最大的营销学术组织，其在不同阶段对营销的界定十分具有代表性。

1935 年，美国营销学会将营销定义为指导产品和服务从生产者流向顾客的商业活动。这一定义完全从企业的角度出发，顾客只是产品的归宿，同时也没有具体指出这些商业活动包括哪些内容，这反映出当时人们对营销的理解还不完整。同一时期，中国学者丁馨伯（1934）在其《市场学原理》一书中指出，凡货物从生产者到制造者及最后供给于消费者之各种过程、手续、方法及组织等，都属于营销学（市场学）研究的领域。丁馨伯的理解与当时美国营销学会的理解几无差异。

1985 年，美国营销学会认为营销是关于商业创意、产品和服务的开发、定价、促销和分销的规划与执行的过程，其目的是通过交换满足个体和组织的目标。这一定义仍然从企业的角度出发，但是它指出营销活动包括产品、定价、促销和分销，这些内容都属于营销组合（marketing mix）即 4P 的内容。同时，这一概念开始认识到顾客的重要性，在强调满足组织目标的同时，也要满足个体的目标。但是明显它对企业的重视程度高于顾客。

2004 年，美国营销学会又将营销定义为一项组织的功能，是一系列为顾客创造价值、沟通价值和交付价值，以及管理顾客关系的流程，这些流程应以对企业和它的利益相关者都有益的方式进行。与之前的概念相比，这一概念的出发点完全以企业视角转变为顾客视角，强调营销要为顾客和利益相关者创造价值。企业如果让顾客和各类利益相关者都获得价值，其自身自然也会合理地获得一些回报。换句话说，顾客和利益相关者得到了价值，企业的利润就是水到渠成的事情。

2007 年，美国营销学会又进一步将营销的定义改为，创造、沟通、交付和交换对顾客、客户、伙伴和全社会都有价值的提供物的过程。这一定义将全社会纳入营销的概念，强调营销活动不仅要满足企业各类利益相关者的需要，而且要考虑对全社会的影响，体现了社会营销理念，即考虑企业的社会责任行为。这跟我们观察到的企业越来越重视社会责任的现象是一致的。例如，碳达峰、碳中和被写入政府工作报告，每一家企业、每一个个人都应该评估一下自己排放的二氧化碳的数量，并采取相应的活动抵消这种影响。此外，这一概念在 2004 年的概念基础上删掉了"对企业及其利益相关者都有益的方式"，这是因为利润只是企业满足了顾客需要、为顾客提供价值之后自然而然获得的奖赏，如果再将企业利润放到营销的概念中就显得多余了。

综上，从纵向来看，营销从只重视企业利润转变为重视顾客、利益相关者和全社会视角，反映出营销管理哲学不断与时俱进。从横向来看，营销已被拓展到社会的方方面面，无论是商品、服务、体验，还是地方、个人、组织、活动、信息、财产权、观念等都可以成为被营销的对象。

2.2 营销的核心概念

2.2.1 理解需要和欲望

交换（exchange）是营销学的核心，那么交换双方为何要进行交换？这涉及营销学最基本的两个概念：需要（needs）和欲望（wants）。德鲁克指出，营销的主要目的在于深刻地了解顾客的需要。营销的概念也指出，营销是企业通过满足顾客需要来吸引和建立关系从而获得回报的过程。只有交换活动能够满足双方的需要，交换才可以实际发生，营销也才有可能。从这个意义上来说，如果不能理解需要，也就无从理解交换，更无法理解营销，甚至对营销产生误解将其污名化。

需要是指没有被满足的状态。人类作为高级动物，会有对食物、水、空气、衣服、住房等的基本需要。同时，人类作为社会性动物，对社交、归属、教育也有需要。人本主义心理学家马斯洛把人的需要归纳为五个层次，分别为生理需要、安全需要、社交需要、尊重需要和自我实现需要。当然，需要也可以从其他角度进行分类，如功能性需要、情感性需要和象征性需要。

提到需要，很自然会想到一个问题，需要是怎么产生的？是个体内部产生的，还是外部力量创造出来的？我们不妨从最简单的生理需要说起。生理需要是指人对食物、水、空气等的需要，这些需要源自人们的生理层面，即人类要生存，就必须具备上述要素。刚出生的婴儿受到环境刺激后就会自主呼吸，主动吮吸乳汁。如果一个人长时间没有饮食，他就需要食物和水。简而言之，生理需要并不是由外部力量创造出来的。

再看高层次的需要，例如社交需要，这种需要是否由外部创造呢？显然也不是。社交需要是指个人希望与他人建立情感联系，以及隶属于某一群体并在群体中享有地位的需要。人类是社会性动物，人类的生存依赖于群体活动，孤独感会给人带来焦虑。脱离社会交往，往往意味着无法生存。从进化心理学的角度分析，人在远离家庭、部落时会感到焦躁，从而促使人重新回到群体中。在人类进化过程中，那些远离群体时不会感到孤独的个体，他们的后代因为得不到充分的保护和养育，往往无法幸存，他们的基因更容易失传。经过很多代的筛选淘汰，留存下来的人类大都是孤独的易感人群。由此可见，人类的社交需要是"天生"的，而非被创造出来的。

　　理解了需要的内涵，再进一步思考营销与需要的关系。从营销的概念中可以发现，营销的作用在于满足消费者的需要。仍然以马斯洛的需要层次理论来进行说明，营销者可以通过一定的手段来满足消费者的五种层次需要。例如，面包店出售的面包可以满足人们对食物的需要，矿泉水可以满足人们对水的需要，保险公司提供的保险服务可以满足人们对安全的需要，各种社会化媒体满足了人们对社交的需要，奢华的品牌满足了人们对尊重的需要，教育满足了人们对自我实现的需要等。

　　满足人们需要的手段即为欲望。在人们的需要有了特定指向对象后，需要就变为了欲望。这里需要注意两点：第一，相同的需要可能对应不同的欲望。例如，同样是对食物的需要，中国北方人的欲望是馒头，南方人的欲望是米饭。科特勒对此也有生动的描述，他说美国人需要食物时，欲望是汉堡、炸薯条和可乐。而对新几内亚人来说，需要食物时，欲望是芋头、米饭、山药和猪肉。第二，同一件产品或服务也可以满足人们的多种需要。例如，手机可以满足人们基本的沟通需要（功能需要），也可以满足人们对身份、地位的需要（象征需要）。

　　厘清了需要和欲望的关系后，还需要进一步思考一个问题，为什么相同的需要会有不同的欲望？这便引出了营销学中另一个重要的概念：文化（culture）。文化是指对人们的消费行为能够产生影响的习俗、制度和价值观念。正是因为文化的差异，才导致相同的需要指向了不同的欲望。

　　营销通常被定义为满足顾客的需要，然而也有一些批评人士认为，营销的作用远不止于此，它创造了人们事先并不存在的需要。这些批评人士指出，营销者鼓励人们在他们并不真正需要的产品和服务上花费了更多的钱。这或许是很多人对营销存有误解的代表性观点。但如果我们真正理解了需要的概念，就可以很容易地发现，批评人士的观点显然是错误的。正如前文指出的，需要源于个人的生理和心理因素，并不是由外部力量创造出来的。因此也就不能说营销者人为创造出消费者的需要，然后通过产品和服务来满足这些需要，进而获得回报。

　　那么营销者的作用在哪里呢？营销者虽然没有能力创造消费者的需要，但是他们可以发现并唤醒消费者潜在的需要。消费者在每一个时刻都会有很多类型的需要，只是很多需要并不处于激活状态。营销者可以运用营销刺激因素（最常见的就是广告）把这些处于沉睡状态的需要唤醒。例如，洗发水的广告经常会营造一种社交（约会或开会）的场景，主人公因头皮屑问题引发尴尬的场面，这可以激活人们内心对社交的需要。如果消费者也经常有头皮屑，他们就会感到有压力，从而采取行动。而广告中告诉消费者如果购买某品牌的洗发水，头皮屑就会"去无踪"，也就不用担心被他人排斥。消费者一旦购买该品牌洗发水，营销者的目标便达成了。上述过程中，营销者并没有创造消费者对社交的需要，他们只是通过恐惧诉求的方法，激活了消费者本已有的社交需要，然后让他们意识到要想满足社交需要，就需要去头屑的洗发水。这个例子中营销者做的仅是激发需要并满足需要，别无其他。

讲到这里，也并不是说，消费者总是被营销人员牵着鼻子走。事实上，满足消费者需要的途径有很多，而其中有一些途径跟营销者可能并无关联。还是以归属感为例来说明，满足消费者归属感需要的特定指向物有很多，可以是某产品，也可以是其他途径，比如有很多人寂寞的时候会通过跑步的方式来缓解。这样，他们的归属感需要在一段时间内也得到了满足。

文化是影响人们需要指向欲望对象的基本因素，因此营销者有时会比较激进地影响文化，进而影响人们的消费行为。我们来看下边的例子。

俗话说，"爱美之心，人皆有之"，美是人的需要。但是，不同时代、不同文化背景下的人们有不同的审美标准。以中国为例，从纵向来看，唐代以胖为美，君不见唐代仕女图里的美女都是体态丰腴的胖美人；到了宋元时期，虚无缥缈气质的"病态美"，以及体态柔弱之美成为主流的价值观；再到今天，"卡路里我的天敌"。放眼世界，泰国的 Kayan 族以长颈为美，女性自 5 岁起就开始在脖子上佩戴铜环并逐年增加，从而衬出自己纤长而有气质的脖颈；新西兰毛利族则以文身为美，族中地位尊贵的男性会全脸文刺，女性则在下巴和嘴巴周围文刺。真是万般审美，皆随时变。时代的变迁和区域的差异反映的是文化上的差异，这带给营销很多启示。

营销者影响人们审美标准的最经典的例子莫过于女性剃腋毛的故事了。实际上，女性并不是一开始就刮腋毛的，而恰恰相反的是，在过去，腋毛还是性感野性的象征。我们来看一下营销者到底是如何改变人们审美标准的。1917年，为了增加刀片的销量，威尔金森·斯沃德公司，发动了一场针对北美女性的宣传攻势，力求使女人们相信腋毛是"不卫生的"、留腋毛是"非女性化的"。两年后，它的刀片销量翻了一番。此后，提倡女性剃腋毛渐渐成为新兴审美标准向世界蔓延，刀片制造商们自然就大把赚钱了。当越来越多的女士展示出自己光洁的腋窝，其结果是使越来越多的人潜移默化地接受这种审美倾向。随着市场规模的扩大，去除腋毛的审美观在人们意识里越来越牢固，人类的审美标准就这样悄无声息地发生了变化。类似的例子还有很多，比如"一白遮百丑""钻石恒久远，一颗永流传"，也属于文化变迁带来的消费潮流。

需要注意的是，虽然文化变迁可以通过计划变迁的形式发生，但是文化总是具有相对固定性的。在一段时期内，主流的价值观念很难改变，营销者如果要改变文化，不仅要付出很高的经济成本，而且要等待很长的时间周期，甚至很多时候文化是不能在短时间内被改变的。所以在实践上，营销者试图通过影响文化来影响消费者的行为，并不总是可行的。营销者与其促成文化变迁，不如紧密观察环境，发现文化变迁的迹象并主动利用这种趋势为营销服务。

也有人可能拿冲动性购买来佐证营销者是在忽悠顾客，他们说，"由于商店在做促销活动，我一时冲动，买了一件商品，但是后来发现一点用处都没有，我被骗了"。在这个例子中，我们仍然可以用需要来解释。该例子中很明显至少存在两种需要：一是商品所满足的功能上的需要，二是"占便宜"的需要。在交易完成的一瞬间，消费者"占便宜"的心理需要便已得到了满足。而产品的功能性价值跟营销者的促销并无实质上的联系，因此不能说营销者欺骗了顾客。

总之，我们要注意理解并区分需要和欲望这两个核心概念。需要产生于人的生理或心理层面，受到刺激物的刺激或提醒，便成为指向特定物品的欲望。需要并不是被创造出来的。

2.2.2　营销近视

企业需要牢记，产品只是满足消费者需要的一种渠道，如果消费者的需要可以通过其他途径来满足，他们就没有必要来购买企业的产品。例如，当消费者需要食物时，他可以自己下厨，也可以去餐馆就餐。如果消费者外出就餐，他可以选择兰州拉面，可以选择沙县小吃，也可以选择任何他想选择的食物。再如，人们之所以去看电影，是因为他们想得到娱乐。钻头的生产商可能会认为，消费者需要的是钻头。但实际上，消费者真正需要的是钻头钻出的孔。口红购买者买的不是小红棒棒，而是其产品利益——青春和美丽。从这个意义上来讲，知名化妆品牌露华浓（Revlon）的创始人瑞福森（Charles Revson）才说，"在工厂里我们生产化妆品，在商店里我们销售希望"。

上文提到的过于关注特定产品而忽略产品提供给消费者的核心利益的情形叫作营销近视（theodore levitt）。换句话说，犯了营销近视的企业只关注了顾客的欲望，而忽略了顾客的需要。企业应该将视线放得长远（关注顾客的需要），而不应该过于短视地放在产品（欲望）上。

　　"营销近视"这一概念是莱维特在 1960 年发表在《哈佛商业评论》上的《营销近视》一文中提出来。在这篇论文中，莱维特指出，铁路公司遇到了麻烦，不是因为顾客的需要被其他交通工具满足，而是因为铁路公司自己没有满足这些需要。铁路公司任由其他交通工具夺走它们的顾客，是因为它们认为自己做的是铁路生意而非运输生意。铁路公司错误定义了自己的行业，是因为它们是铁路导向的，而非运输导向的；是产品导向的，而非顾客导向的。

　　企业从产品或技术角度定义自己的业务很容易犯营销近视的错误，因为产品和技术总会过时，而且其更新速度越来越快，但是顾客的需要永远都会存在。举例来说，人类自古以来就有地理位置移动的需要，但在不同时期，满足这种需要的方式却相差巨大。古时候，人类只能用双脚作为交通工具，时速只有 5 公里左右。后来出现了时速 20 公里左右的马车。与此同时，人力轿子和以风为动力的帆船也作为交通工具与畜力交通工具长期并存。18 世纪，人类发明了自行车。1804 年，英国工程师特勒维西克造出了一个以蒸汽机为动力的火车头。1814 年，乔治·斯蒂芬逊造出了被后人誉为"首次成功"的蒸汽火车，作为运输工具的火车正式诞生。随着技术的不断发展，19 世纪 80 年代，人们又发明了效率更高的内燃机，开始有了汽车。今天，人们出行可以选择汽车、高铁、飞机等交通工具，汽车时速可达 120 公里，高铁时速可以超过 350 公里，飞机时速可达 800 ～ 1000 公里。1919 年，鲁迅从北京返回故乡时，路上需要花费 54 个小时。今天，同样的路程仅需 6 个小时。随着科学技术的不断发展，未来也一定会出现时速更快的交通工具。

　　有一首小诗《请，不要给我东西》生动深刻地说明了产品（欲望）与需要的关系，提醒企业不要犯营销近视的错误。

> 不要给我衣服，我要的是迷人的外表；
>
> 不要给我鞋子，我要的是两脚舒服，走路轻松；
>
> 不要给我房子，我要的是安全、温暖、洁净和欢乐；
>
> 不要给我书籍，我要的是阅读的愉悦与知识的满足；
>
> 不要给我磁带，我要的是美妙动听的音乐；
>
> 不要给我工具，我要的是创造美好物品的快乐；
>
> 不要给我东西，我要的是想法、情绪、气氛、感觉和收益；
>
> 请，不要给我东西。

　　正如大卫·奥格威（David Ogilvy）所说的，"消费者购买的不是产品，而是产品所提供的利益"。如果消费者不通过产品就可以获得产品所提供的同样的利益，他们就没有必要购买产品。因此，企业在理解顾客的时候，一定要从技术导向转变为顾客导向，从"更好地满足顾客需要"的角度来设计产品。

2.3 营销研究的框架

营销学的研究内容包罗万象，如环境分析、市场调查、消费者心理与行为、营销战略、产品生命周期管理、新产品开发、定价策略、渠道策略、促销策略等。这些内容可以以不同的形式组合成营销学的整体框架。我们将回顾几个有代表性的营销学框架，帮助读者从不同的角度理解营销的主要内容和流程。

2.3.1 "P‑STP‑4P"框架

"P‑STP‑4P"框架把营销活动分为三大板块（图2‑1）：第一个是营销探测或营销研究（probe/research）板块，第二个是营销战略（marketing strategy）板块，第三个是营销策略（marketing tactics）板块。三个板块之间具有逻辑承接关系，市场探测是营销的起点，是确立营销战略的前提。通过市场探测，企业可以识别环境中潜在的营销机会，从而结合自己的资源和能力确立营销战略。营销战略是识别目标顾客、确立营销价值主张的过程，是确定未来方向的行动。营销策略是落实营销战略的具体行动。下面分别介绍三个板块的具体内容。

营销探测即探测营销环境，进行营销研究。古希腊哲学家赫拉克利特（Heraclitus）曾说，世界上唯一不变的就是变化。营销学家同样会说，市场唯一不变的就是变化。变化的市场环境对企业来讲，既可能带来机会，也可能带来威胁。所以，营销活动要从环境分析开始。营销环境是指影响企业与目标顾客建立和保持关系能力的要素和力量，它包括微观环境（microenvironment）和宏观环境（macroenvironment）。微观环境是指与企业关系较为密切的环境要素，包括供应商、企业自己、顾客、竞争者、营销中介、公众等。通常来说，微观环境对企业的影响是直接的、非系统性的。换句话说，微观环境只会影响部分企业，而不会影响所有企业。宏观环境包括人口、经济、自然、技术、政治和文化环境，它们通过微观环境影响企业。

企业可以通过市场调研、访谈等方式收集微观环境信息，可以通过查阅政府统计年鉴、行业出版物等方式收集宏观环境信息。管理学、战略管理等学科中提供了很多环境分析的工具，如 PEST 分析、SWOT 分析、五力模型、评估环境不确定性框架等都可以用于营销环境分析。营销探测的结果，要档案化、数据化，汇总为企业的营销信息系统，并设立专门的机构和人员负责营销信息系统的维护，进行动态管理。企业通过信息挖掘，可以识别营销环境中存在的机会，然后结合自己的能力和资源，制定营销战略。而对于环境中的威胁，企业要设计良好的规避策略。

一旦企业对营销环境有了深入的分析和了解之后，他们就可以结合自己的资源和能力建立营销战略，这便进入营销战略板块。营销战略包括市场细分（market segmentation）、目标市场选择（targeting）和定位（positioning）。市场细分是指企业根据一定的标准（如地理变量、人口变量、心理变量和行为变量）将顾客群体分为若干个子市场的过程。企业资源的有限性要求企业必须对资源进行合理配置，从而必须进行市场细分。顾客需要的差异性是市场细分的客观基础，顾客需要的相对同质性使市场细分有了实现的可能。简而言之，市场细分的实质就是在异质的顾客中寻求具有同质性需要的顾客。

目标市场选择是指企业评估每一个细分市场的吸引力并从中选择一个或若干个的过程。目标市场选择的策略包括无差异化营销、差异化营销、利基营销和个人营销。无差异化营销就是企业面向所有的顾客提供无差别的产品。例如，20 世纪 30 年代亨利·福特曾经说过，"任何顾客都可以选择任何他所中意的汽车颜色，只要它是黑色的"。这句话的意思是说，福特汽车公司只会为顾客提供黑色的汽车。这就是一种典型的无差异化营销策略。差异化营销策略是指为不同的细分市场提供不同的产品。例如，20 世纪 80 年代后期，日本化妆品品牌资生堂提出了"体贴不同岁月的脸"的口号，即为不同年龄段的女士设计不同特色的化妆品。利基营销是指企业选择一个被大竞争者忽略但是可以给自己带来很多利润的小的细分市场作为目标市场，这个利基市场即企业的"小生境"，它可以在这里过得非常滋润。个人营销也叫"一人市场营销"，即把细分市场做到了极致，将每一个人都视为有差别的，从而为每一个顾客提供个性化的产品。

定位是由艾·里斯（Al Ries）和杰克·特劳特（Jack Trout）于 1969 年提出来的。定位始于一件产品、一种商品、一次服务、一家公司、一个机构，甚至是一个人。然而，定位并不是你对一件产品本身做些什么，而是你在潜在顾客的心目中做些什么。也就是说，在潜在顾客的心目中你要给产品确定一个适当的位置。定位的原因在于消费者的认知资源是有限的。定位中的"位"并不是一个客观的位置，而是消费者大脑当中的印象。例如，消费者一旦想到王老吉，就会想到其"祛火"的功能，或者一旦上火，就会想到王老吉凉茶。从这个意义上来说，营销是一场发生在消费者大脑中的心智战争。

营销战略回答的是企业的目标顾客是谁、企业的价值主张如何设计的问题。确立了营销战略之后，企业需要将营销战略转换为可执行的营销策略，这便进入营销策略板块。营销策略也被称为营销组合（marketing mix），即企业可以控制的一系列营销工具。杰罗姆·麦卡锡（McCarthy E. Jerome）在 1960 年将纷繁复杂的营销工具概括为 4P，包括产品（product）、价格（price）、渠道（place）和促销（promotion）。产品能够满足消费者的需要，为消费者创造价值。价格能够体现产品的价值。渠道可以向顾客交附加值。促销可以宣传价值。

4P 的出发点是企业。20 世纪 90 年代，劳特伯恩（Robert Lauterborn）从消费者角度提出了与 4P 对应的营销组合 4C 理论，即对应于产品的消费者需要（customer needs）、对应于价格的成本（cost）、对应于渠道的便利（convenience）和对应于促销的沟通（communication）。

4P 和 4C 更多的是针对有形产品来说的。在服务营销发展以后，服务营销学者提出了服务的营销组合，在传统的 4P 基础上增加了过程（process）、物证（physical evidence）和人员（people）三个新的要素。

"P - STP - 4P"框架很好地从操作的层面总结了营销的主要活动，当企业在做上述活动时，它其实就是在进行营销活动。在这些活动中，环境要素是企业的不可控要素，营销战略和营销组合是可控要素。因此，我们可以把营销定义为，企业根据顾客的需要和不可控的环境要素的变化，对可控的营销要素进行设计和整合，以便满足目标顾客的需要，同时实现企业的目标。由此可见，"P - STP - 4P"框架与德鲁克、科特勒对营销的理解是一致的。

也有学者将"P - STP - 4P"框架从 11P 的角度进行重新描述。11P 框架包括战略性营销组合和战术性营销组合两大板块（图 2 - 2）。战略性营销组合包括市场探测（probe）、市场细分（partition）、市场择优（priorition）和定位（position）四项活动。战术性营销组合包括 4P 营销组合（产品、价格、渠道、促销）和公共关系（public relation）和政治力量（power）。战术性营销组合又被科特勒称为大市场营销（mega-marketing）。战术性营销组合可以满足消费者的需要，消费者需要也会指导企业的战略性营销组合。由于 11P 框架与"P - STP - 4P"框架本质上是高度一致的，我们不再详细论证。

营销思维模式

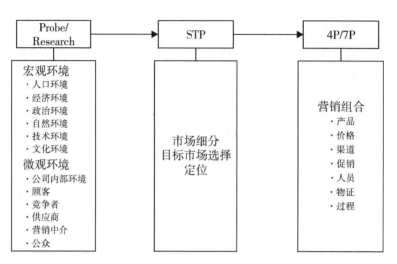

图 2-1   P-STP-4P 框架

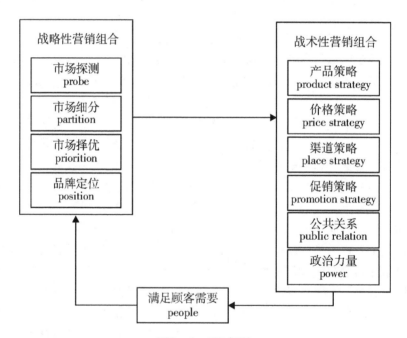

图 2-2   11P 框架

2.3.2　价值创造框架

科特勒和阿姆斯特朗从价值创造的角度提出了营销价值创造框架（图2 - 3）。营销的价值创造包括两类价值：第一，顾客从企业的营销活动中获得价值，即顾客价值；第二，企业从与顾客建立的关系中获得价值，即企业得到的回报。

在第一个阶段中，首先企业要进行营销信息管理和挖掘、顾客研究来对市场建立全面了解。并基于此，设计顾客导向的营销战略。顾客导向即以顾客为中心，因此此处要回答两个关键性问题：企业要为哪些顾客提供服务？如何制定企业的价值主张？这两个问题可进一步细化为四项营销活动，即市场细分、目标市场选择、定位和差异化。由于企业的资源和能力有限，企业必须决定把资源用于能够给企业带来最多价值的顾客群体。价值主张能够明确企业可以为顾客提供哪些价值，以便吸引目标顾客。

确立了营销战略之后，企业就需要设计整合营销计划，即营销组合。首先企业开发产品并为它们创建强势的品牌识别，然后对产品进行定价以创造顾客价值，并对产品进行分销以让顾客可以方便地获得。最后企业需要设计促销计划来与目标顾客进行不断契合，传播价值主张，说服顾客购买。整合营销计划强调各营销要素之间的整合，即在设计某个要素时，还要考虑其他要素的影响，否则各要素之间可能存在冲突，影响营销目标的实现。例如，企业如果要创建高端的品牌形象，就需要设计优质的产品，制定相对高价位的价格，然后通过与目标顾客匹配的渠道和媒介进行营销和传播。

如果整合营销计划为顾客创造了价值，促成了顾客的满意甚至惊喜，企业与顾客之间就建立起了可营利的顾客关系。在为顾客创造顾客价值，与顾客建立关系的过程中，企业还要与公司内部的机构和外部的营销伙伴进行密切合作，因此企业还需要进行良好的伙伴关系管理。

上述过程可以为顾客创造价值。直到最后一步，企业才从顾客关系中获得回报，这相当于顾客对企业的奖赏。顾客价值的高低可以通过顾客从营销活动中获得的总价值（包括功能价值、形象价值、人员价值、服务价值等）和总成本（包括货币成本、时间成本、身体成本、精神成本等）来衡量。企业从顾客关系中获得的回报可以用利润、顾客生命价值（customer lifetime value）、顾客资产（customer equity）、市场份额、顾客份额等市场和财务指标来衡量。

面对今天快速变化的营销环境，企业还必须考虑三个额外的要素。在与顾客和营销伙伴建立关系的过程中，企业需要充分利用数字时代中的营销技术，如大数据技术、精准营销；还要充分利用全球的营销机会。同时，营销活动除了要考虑顾客的需要、企业的利润外，还要考虑整个社会和人类的福利，营销活动应该以对环境和社会负责任的方式来进行。

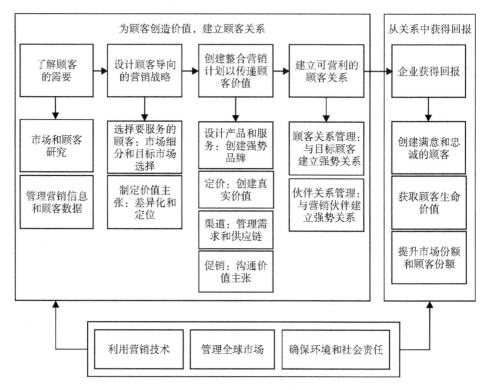

图 2-3　价值创造框架

营销的价值创造框架将营销理解为顾客创造价值以及企业获得回报的过程，这与营销的概念中强调的"营销是管理可营利的顾客关系"一致。我们可以从价值链的角度来理解上述过程。首先，企业的最终目的是获取利润，而利润来源于企业与顾客之间的长久的关系。对企业来讲，吸引新顾客的成本远高于维系老顾客，因此企业在吸引新顾客的同时还要保留老顾客，这即为关系。其次，顾客为何愿意与企业建立关系？原因在于企业为顾客提供了优质的价值，顾客对此感到满意，因而他们愿意多次重复与企业交易。再次，顾客之所以从营销中获得价值，是因为企业设计了合理的营销战略并将其转变为可行的营销策略。最后，企业之所以能够建立合理的营销战略，是因为它们对环境和顾客有深入的了解。

我们在理解上述模型的过程中，应该坚持一种系统的观点。虽然企业的最终目的是获取利润，但是如果企业只盯着利润，就容易出现短视现象，甚至为了获得利润而不择手段。企业应该盯着顾客的需要，只有满足了顾客的需要，利润才源源不断地流向企业。利润只是企业因为满足了顾客的需要而获得的回报。

2.3.3 营销和企业绩效关联模型

摩根（Neil A. Morgan）在"综合结构－执行－绩效范式"（structure-conduct-performance，SCP）、资源基础观（resource-based view，RBV）和动态能力理论（dynamic capabilities，DC）的基础上，提出了营销和企业绩效关联模型，这一模型从战略管理的角度出发，为理解营销提供了全新的视角（图2－4）。

根据SCP范式，企业绩效是由市场的竞争程度决定的，而竞争程度又受到市场的结构特点的影响。企业通过选取竞争程度低的市场，并在这些市场中获得定位优势，就可以获得高的价值。资源基础观认为，特定的企业资源而非市场特点决定竞争程度和企业绩效。在这一视角下，企业拥有不同的资源使得他们有能力开发并执行价值创造战略，这会影响企业间的绩效差异。动态能力理论认为，市场是动态变化的，企业将其资源与市场环境进行匹配的能力决定了企业间的绩效差异。基于上述理论，摩根将营销资源、能力、战略和企业绩效建立起关联。

资源是指企业可以控制的财产，它们是形成组织能力的基础，因此具有盈利潜力。企业的资源包括知识资源、物质资源、财务资源、人力资源、组织资源、声誉资源、关系资源和信息资源等。知识资源是关于"诀窍"（knowhow）的隐性知识，包括广告创意开发能力、管理人员对品牌精髓的洞察能力、销售人员建立关系的能力。物质资源是指原材料、厂房、有形设备等资源。声誉资源是指公司的声誉和品牌资产。人力资源是指公司所拥有的员工及他们的知识和技能。组织资源是指组织的特征，如组织的规模、经营范围、正式和非正式的组织制度、沟通制度、组织文化等。财务资源是指可以用于营销活动投资的资金。信息资源是指对顾客、渠道成员和竞争者等环境要素的了解程度。关系资源是指企业与顾客、渠道伙伴、供应商乃至员工之间建立的关系。这些资源决定了企业的营销能力。

营销能力是指企业综合协调各种技能和知识的能力，它体现在从个体到公司的多个层面。营销能力包括专业化能力、跨职能能力、建构能力、结构化能力和动态能力。专业化营销能力是指组合和转换资源的能力，具体指战术性的营销计划，即产品、价格、渠道和促销。跨职能营销能力比专业化能力更加复杂和高级，它涉及对各种专业化能力的整合。最重要的跨职能营销能力包括品牌管理能力、顾客关系管理能力和新产品开发能力。建构能力是指企业选择、整合和协调各种专业化能力和跨职能能力的过程，包括战略市场计划和营销战略执行。战略市场计划是指市场细分、顾客和竞争者分析、企业内部分析、目标市场选择、开发价值主张。营销战略执行是指获取、组合和分配所需资源的活动。

动态能力是指企业进行市场学习，进而对企业资源进行重新配置，以增强应对动态市场环境变化的能力。动态能力包括市场学习、资源重新配置和能力强化。市场学习是指企业主动和有目的地向顾客、竞争者、渠道成员等营销环境学习的能力，这种学习不仅可以使企业对现状有深刻的了解，而且对未来的市场变化进行预测。资源重新配置是指企业根据环境变化而做出的保留、淘汰以及获取相关资源的能力。能力强化是指企业保持、淘汰、获取以及提升与环境要求相匹配的资源的能力。

营销战略包括营销战略决策和营销战略决策执行两部分。企业的营销战略决策包括目标设定、目标市场选择、定位优势和时间。首先管理人员需要确定企业的目标及其优先顺序，并转变为相应的营销目标；然后进行市场细分，设计价值主张。最后营销者还需要决定战略执行的时间。

营销战略决策执行是指在目标选择、市场选择、价值主张和时间方面进行细节设计，通过选择最合适的营销工具、合理配置资源等方法实现营销战略目标。

定位优势是指企业交付给目标顾客的相对价值，以及企业执行营销战略过程中所付出的成本，具体包括产品、服务、价格、成本、交付等方面。产品定位优势包括产品特色、产品质量、产品便利性、产品包装等。服务定位优势是指售前和售后的服务内容和服务质量。价格定位优势是指较低的产品价格。成本定位优势是指单位成本和销售成本。形象定位优势是指品牌形象、质量声誉、公司形象。交付定位优势是指产品或服务的可得性、交付的时间期限等。

企业的绩效表现在两个方面："产品－市场绩效"和财务绩效。"产品－市场绩效"是指顾客的购买行为反应，前者通常表现为更高的销售额、更高的顾客满意度和行为忠诚度、更低的价格敏感度、更高的市场份额，后者表现在现金流、成本、股价等方面。

　　营销过程中产生了两种重要的资源：资金和知识。为了实现并维持高的企业绩效，企业需要综合考虑这两种资源。在企业将利润用于资源和能力的更新换代时，需要以所掌握的市场环境知识作为指导。通过观察营销战略执行过程中的市场反应，来不断强化对环境的了解。

　　在上述过程中还存在竞争者和隔离机制两个重要的调节变量。如果竞争的强度较大，竞争者已实现了营销战略，竞争者对企业的营销战略做出积极的回应，那么企业的营销战略执行对定位优势的营销就会较弱，定位优势对企业绩效的营销也会较弱。隔离机制是指阻碍竞争对手挑战企业的定位优势的因素，包括因果关系的模糊性、路径依赖、资产相互关联、资源和能力的不可移动性等。隔离机制越大，战略执行对定位优势的营销以及定位优势对企业绩效的影响就会越明显。

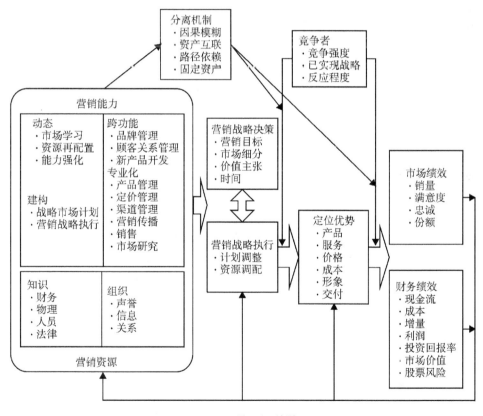

图 2-4　营销绩效模型

2.4　本章小结

营销既是一个专业的学术用语，也是一个高度生活化的用语，每个人对营销都有自己的理解。但是，我们也应该注意到，很多人，甚至有丰富营销实践的人，他们对营销的理解未必都是正确的。如果不能理解营销的实质，就会对营销产生误解，甚至将其污名化。

营销的目的是发现并满足消费者的需要，而非创造消费者的需要。消费者的需要并不是由外部力量创造出来的。消费者的需要产生于生理或心理原因，当这些需要强烈到一定程度时，就变为一种动机，驱使人们运用某些策略来满足这些需要。在人类发展很长的一段历史上，人们都是通过自给自足的方式来满足需要的。随着商业经济的发展和分工的深化，通过交换满足个人的需要变得更为有效。如果消费者通过自给自足来满足自己的需要，我们并不认为这存在什么问题。而当消费者通过交换满足自身的需要时，很多人就认为是营销者创造了消费者本不存在的需要然后通过满足这些需要来获利，这显然是有问题的。

人们对营销的认识是动态发展的。在 20 世纪初，营销的主要功能是分销，即把产品从生产者流通到消费者。但是随着企业竞争的加剧和消费者力量的崛起，营销的概念发生了较大视角的转向。营销由强调企业的功能转向强调满足消费者的需要。不可否认，无论是 20 世纪初还是 21 世纪初，企业的终极目标都是获得利润，这一目标并没有发生实质变化。发生变化的只是获取利润的方式。在 20 世纪初，企业只要把分销功能做好了就可以获得利润。20 世纪 90 年代以后，企业越来越认识到顾客的重要性，只有通过满足顾客的需要才可以获得长久的利润。从顾客那里获得利润的唯一方法就是满足顾客的需要。从这个意义上来说，科特勒将营销定义为"管理可营利的顾客关系"是非常恰当的。

营销的概念虽然简单，但营销的活动却包罗万象。这些活动可以通过一定的组合形成整体性框架。本章重点分析了"P – STP – 4P"框架、价值创造框架和营销与企业绩效模型三个框架，这些框架可以帮助读者对营销建立起整体性的认识。如果一家企业在进行上述活动，那么它就在做营销活动。

参考文献

［1］丁馨伯. 市场学原理［M］. 上海：黎明书局，1934.

［2］DRUCKER P. Management：tasks，responsibilities，practices［M］. New York：Harper & Row，1973.

［3］KOTLER P，ARMSTRONG G. Principles of marketing［M］. 17th ed. Harlow Essex：Pearson Education Limited，2017.

［4］LEVITT T. Marketing myopia［J］. Harvard Business Review，1960，82（7－8）：138－149.

［5］MORGAN N A. Marketing and business performance［J］. Journal of the Academy of Marketing Science，2012，40（1）：102－119.

第3章　顾客思维

人欲利己先利人，人欲达己先达人。

——佚名

　　营销即"满足需要并获得利润"。企业营销的根本目的是获取利润，如果没有足够的利润，企业就将失去长期发展的物质基础。利润是企业满足了顾客需要之后获得的合理的奖赏。顾客需要和企业利润构成了营销概念的两个核心，如果企业不能得到利润，满足顾客的需要将变得没有意义；如果忽略了满足顾客需要，企业的利润就成为无源之水。基于此，"顾客需要"成为现代营销的行动指南，"顾客就是上帝""顾客永远是对的"成为很多企业奉行的经营信条。

　　营销是建立在"交换"基础上的学问。企业为顾客提供产品，顾客以金钱、口碑等回报给企业。这里的逻辑是，顾客先获得价值，然后企业获得回报，企业获得的回报是以满足顾客的需要为前提的。换句话说，企业的回报是顾客获得价值后自然发生的结果。这个观点同样适用于社会交换（相对于经济交换）情境。科特勒给出的广义的营销定义（个人和组织通过创造并与他人交换价值来获取他们所需所欲的社会和管理过程）恰恰说明了这一"先人后己"的道理。通俗地讲，营销就是"为了让你对我好一点，我先对你好一点"。懂得利人，方能利己。这种在交换过程中"欲利己先利人，欲达己先达人"的理念便可以称为顾客思维。同时须知，营销必须让双方都变好，单方面的付出并不是营销。

　　在日常生活中，我们每天都在进行着某种形式的交换。交换对象就是我们的"顾客"。例如，恋爱中的双方，被追求者是追求者的"顾客"；毕业生在求职时，目标公司就是自己的"顾客"；申请研究生入学时，大学就是自己的"顾客"。在所有的交换过程中，我们需要付出让对方认为有价值的东西，而我们也借由交换获得了爱情、友情、工作机会、尊重等回报。交换让我们双方的境况变得更好。

44

首先本章将回顾与顾客思维相关的营销理论，主要包括营销的概念、营销管理哲学的变迁、营销组合内容的更新等；然后在此基础上归纳顾客思维的内涵，并以美食作家王刚的案例使顾客思维鲜活化，加深读者的理解，做到活学活用。本章的逻辑主线见图 3-1。

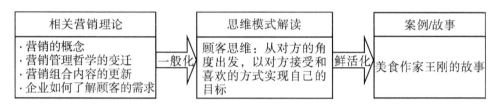

图 3-1　本章的逻辑主线

3.1　相关营销学埋论

现代营销学是围绕顾客建立起来的一门学问，营销始于发现顾客需要，终于满足顾客需要。可以说，顾客思维体现在营销流程的每一个环节，例如环境分析和消费者行为分析的落脚点是发现顾客洞察，营销战略应该是顾客导向的，营销组合要解决顾客面临的问题。由于这些理论较为分散，我们重点从以下四个较为系统的方面来介绍顾客思维的理论基础。

3.1.1　营销的概念

本书第 2 章从静态和动态两个不同角度介绍了营销的概念。本部分重点介绍最普遍被接受的营销的概念，并围绕顾客思维进行深入论证。科特勒和阿姆斯特朗在其《市场营销：原理与实践》（第 17 版）中提出了营销的狭义和广义的概念。从狭义视角，营销是企业与顾客进行浸合（engage customers）、建立强势的顾客关系、创造顾客价值以便获得回报的过程。从广义视角，营销是个人和组织通过创造并与他人交换价值以获得所需所欲的社会和管理过程。狭义视角对应商业交换，广义视角对应商业交换和社会交换，这两个概念在本质上是高度一致的，它们蕴含的核心思想是相同的。为便于深入分析，我们重点从狭义概念来论证，在顾客思维解读部分再重点结合广义视角进行分析。

第一，营销要为顾客创造价值。营销是企业与顾客之间的交换，交换得以实现的前提是顾客可以从交换过程中获得价值，这种价值被称为顾客价值（customer value）。通俗来讲，感知价值就是顾客觉得"值不值得"购买某个产品。从学术角度来讲，感知价值是指顾客从产品中获得的利益（感知利得）与为了得到产品所付出的成本（感知利失）之间的权衡。感知利得包括产品价值、服务价值、人员价值、形象价值等，感知利失包括货币成本、时间成本、体力成本和精力成本等。感知利得与感知利失之间的差值越大，顾客的感知价值就会越高。企业可以通过提升感知利得、降低感知利失来提升感知价值。

第二，感知价值会影响顾客满意。顾客满意是指顾客将产品的实际表现与自己的期望进行比较后的主观感受。如果实际表现高于期望，顾客会感到惊喜（delight）；如果实际表现等于期望，顾客会感到满意；如果实际表现低于期望，顾客会感到不满意。顾客在购买产品之前就会对产品的感知价值做出判断，在实际使用产品之后会形成满意度评价，感知价值越高，顾客的满意度就会越高。

第三，顾客满意带来顾客忠诚，即顾客与企业之间建立了关系。20 世纪90 年代以来，关系成为营销的重要范式。企业既要通过向潜在顾客承诺卓越价值来吸引新顾客，又要通过交付价值和满意来保留老顾客。在许多行业，企业甚至要赢回流失的老顾客。总之，企业通过吸引新顾客、维系老顾客来建立和保持关系。满意是促成关系的最重要的因素之一，关系意味着顾客忠诚（loyalty）。忠诚意味着顾客有更高的重复购买率、口碑行为，忠诚使得企业维系顾客的成本降低，因为吸引新顾客的成本远远高于维系老顾客的成本。

第四，关系可以给企业带来价值。顾客可以从交换中获得价值，企业同样也可以从交换中获得回报。企业一旦与顾客建立了关系，这种关系便可以给企业带来价值。研究发现，增加 5% 的顾客保留率可以使公司收入增加 25% ～ 95%。企业获得的回报既包括市场和财务指标，例如顾客生命价值、顾客资产（customer equity）、市场份额等，也包括非财务指标，如顾客口碑等。关系能够带来价值，并不意味着所有的关系都会带来相同的价值。正如"二八法则"所揭示的，企业绝大多数的利润是由少数顾客产生的。这提醒企业要区分不同顾客的类型。科特勒根据关系持续性和盈利性把顾客分成四类：①与企业关系持续期很长且盈利性较高的顾客，被称为"挚友"；②盈利性很高但关系持续期较短的顾客，被称为"蝴蝶"；③关系持续期较长且盈利性较低的顾客，被称为"藤壶"；④关系持续期较短且盈利性较低的顾客，被称为"陌生人"。

企业应当重点关注挚友类顾客，并努力使蝴蝶类顾客转变为挚友类顾客，而对于藤壶类顾客则尽可能提供较少的服务。从这个意义上来说，营销是与正确的顾客建立正确的关系。

第五，在社会化媒体时代，企业还要充分利用社会化媒体渠道进行关系管理。这也是为什么科特勒和阿姆斯特朗在其最新版的营销定义中增加了"与顾客浸合"（engage customers）这一关键词。"engage/engagement"的初始含义是婚约，随着社会化媒体的发展，2010 年以来，"顾客浸合"（customer engagement）被营销学者频繁关注，它描述了顾客与品牌之间一种深度的互动、共融和共创关系。

我们通过上述五个方面对营销的概念进行了深入剖析，其实仔细思考就会发现，营销的概念本质上是一条价值链（第 6 章会具体论证价值链的概念）：企业为了实现利润，必须达成交易；为了达成交易，必须创造顾客；为了保留顾客，必须让顾客满意；为了让顾客满意，必须满足其需要；为了满足顾客的需要，产品必须围绕顾客的需要进行设计和生产。换言之，即"满足顾客需要→顾客获得价值→促成顾客满意→建立顾客关系→企业获得回报"。该链条表明，顾客和企业都会从营销中获得价值，但是顾客先于企业获得价值，企业获得的回报只是他们做好前序工作后得到的合理奖赏。只要顾客从交换中获得了价值，企业利润便是水到渠成的事情。只有真正理解顾客需要与企业利润之间的因果关系，才能够真正理解为何"顾客是上帝"，也才能够真正理解顾客思维。

许多企业对顾客思维都有自己的理解，在本小节最后引用 L. L. Bean 公司（一家户外用品品牌）对"顾客"的理解，来帮助读者体会其中的顾客思维。

顾客永远是本公司的座上客，不管是在人员推销还是在邮购销售中；

顾客并不依赖我们，而我们却依赖顾客；

顾客不是我们工作的障碍，而是我们工作的目的；

我们并不因服务于他们而对他们有恩，他们却因为给予我们为其服务的机会而有恩于我们；

顾客不是我们要与之争辩和斗智的人，从未有人曾在与顾客的争辩中获胜；

顾客是把他的欲望带给我们的人，因此我们的工作是满足这些欲望，从而使他们和我们都获得益处。

3.1.2 营销管理哲学的变迁

营销管理哲学（marketing philosophy）是指导企业进行营销活动的一系列理念。有什么样的理念就相应有什么样的营销实践。一百多年来，营销管理哲学经历了生产观念（production concept）、产品观念（product concept）、推销观念（selling concept）、营销观念（marketing concept）和社会营销观念（societal marketing concept）五个阶段，这五个阶段又可以分为企业视角和顾客视角两大类型。

生产观念认为消费者喜欢那些随处可得的、价格低廉的商品。因此，在这种管理哲学的指导之下，企业的主要任务是提高产品生产和分销的效率。产品观念认为消费者喜欢那些高质量、多功能、有特色的产品。因此，企业应当持续地进行产品质量改进。推销观念认为，消费者通常并不会购买足量产品，除非企业进行大规模的推销和促销努力。这三种营销管理哲学都是从企业角度出发的，基本逻辑都是先生产产品，然后将产品推给消费者，是一种由内而外的逻辑。

营销观念认为，实现组织目标依赖于了解消费者的需要和欲望，并且比竞争者更好地满足消费者的需要。在营销观念的指导之下，企业的主要任务就是尽可能深入地了解消费者的偏好，并根据他们的偏好生产产品。社会营销观念认为，公司的营销决策应当综合考虑消费者的需要和欲望、企业的利润以及整个社会长期的利益。这两种营销管理哲学都是从消费者角度出发的，社会营销观念在营销观念的基础上增加了整个社会的福利。这两种营销管理哲学遵循的都是由外而内的逻辑。

营销管理哲学从企业视角转向消费者视角，反映出顾客越来越成为营销的核心。在企业视角中，出发点是企业，关注焦点是产品，营销策略是推销和促销，最终结果是通过销售获得利润。在顾客视角中，出发点是消费者，关注焦点是顾客的需要，营销策略是整合营销，最终结果是通过满足顾客的需要获得利润。虽然在两种视角的营销管理哲学中，企业的最终目的都是获取利润，但是企业获取利润的方式具有根本性的差异（图3-2）。

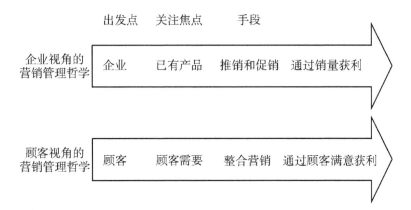

图 3 - 2　企业视角和顾客视角的营销管理哲学比较

营销管理哲学从企业视角到顾客视角的变迁同样体现在美国营销协会在不同时间对营销的定义上。1985 年，美国营销协会将营销定义为关于商业创意、产品和服务的开发、定价、促销和分销的规划与执行的过程，其目的是通过交换满足个体和组织的目标。这一定义几乎是对营销组合（产品、价格、渠道和促销）的重述。2004 年，美国营销学会将营销重新定义为，是一项组织的功能，是一系列为顾客创造价值、沟通价值和交付价值，以及管理顾客关系的流程，这些流程应以对企业及其利益相关者都有益的方式进行。这一定义的出发点完全是将企业视角转变为顾客视角，强调营销要为顾客和利益相关者创造价值。

营销管理哲学的变迁以及营销概念的更新都从动态上反映了营销由企业视角向顾客视角的转变。虽然推销的理念仍然有其价值，但是营销在本质上已成为以顾客为中心的实践。这正是彼得·德鲁克在 1973 年就曾指出的，"可以这样说，某些推销工作总是需要的，然而，营销的目的就是要使推销成为多余的"。

3.1.3　营销组合内容的更新

营销组合是指企业用来执行营销战略的一系列可控的营销工具。在营销理论的发展历程中，不同学者提出了不同的营销组合模型，其中较有代表性的是 4P 理论、4C 理论和 4A 理论（图 3 - 3）。从营销组合内容的变化过程中，我们也可以窥见营销是如何一步一步转变为以顾客为中心的。

图 3-3　营销组合的变迁

20 世纪 60 年代，杰罗姆·麦卡锡（Jerome McCarthy）在其《基础营销学》一书中，创新性地将企业营销活动归纳为四个方面，即产品、价格、渠道和促销，简称 4P 理论。4P 理论首次把纷繁复杂的营销活动概括为逻辑清晰的四个方面，而且具有完备性，也就是说，无论在未来何时产生一种新的营销要素，都可以将其相应地归类到 4P 理论中。4P 理论是营销学历史上最伟大的理论贡献之一。

4P 理论的具体内容如下：产品是指能够满足顾客需要的任何东西，它可以是有形的，也可以是无形的。产品通常包括有形产品、服务、体验、组织、地点、人员、活动、财产权、信息、观点十种类型。产品决策包括产品设计、产品分类、品牌化、包装策略、服务、产品生命周期、新产品开发等内容。价格是指顾客需要为企业提供的产品所付出的实际金额。价格决策包括定价的战略和战术、支付期限和方式、折扣及借贷条件等。渠道是指企业将产品交付给目标顾客的方式。渠道决策包括分销渠道、运输、销售区域、特许经营、市场覆盖面、批发和零售等。促销是指企业与顾客之间的信息沟通，其决策包括促销组合（广告、人员推销、公共关系、销售促进、网络营销）、信息战略、媒体战略等。

从 4P 理论的内容可知其出发点是企业，这与其被提出时的现实背景是一致的。随着市场由卖方市场变为买方市场，顾客在营销中的地位日益凸显。在此背景下，罗伯特·劳特朋（Robert Lauterborn）于 1990 年提出了以顾客为中心的 4C 理论，具体包括顾客的需要和欲望（consumer's needs and wants）、成本（cost）、便利（convenience）和沟通（communication）。

4C 理论的具体内容如下：顾客的需要和欲望是企业营销的出发点。顾客并不关心企业能够生产的产品是什么，只在乎自己的需要能否得到满足。企业要生产顾客所需要的产品而不是销售自己所能生产的产品。成本是指从顾客的角度评估顾客为了获得产品而要付出什么。顾客不关心企业如何定价，只关心自己能否节约成本，包括货币成本、时间成本、体力成本、心理成本等。便利是指顾客购买企业产品的容易程度。顾客不关心企业铺设的渠道，只在乎自己购买产品是否便利。沟通是指顾客与企业之间的信息交流。顾客不关心企业的宣传促销，他们只关心是否能有效地沟通。

通过比较 4P 理论和 4C 理论后可以发现，二者的内容是完全一致的，产品对应顾客的需要和欲望，价格对应成本，渠道对应便利，促销对应沟通。二者的区别在于看问题出发的视角不同，4P 理论是从企业视角出发的，是由内而外的过程；4C 理论是从消费者角度出发的，是由外到内的过程。4C 理论可以时时提醒企业要多为顾客着想，从顾客而不是自己的角度考虑问题。

2012 年，谢思（Jagdish Sheth）和西索迪亚（Rajendra Sisodia）从顾客价值的角度提出了 4A 营销组合，即可接受性（acceptability）、支付能力（affordability）、可达性（accessibility）和知晓度（awareness）。4A 要素对应消费者所扮演的四种角色：搜寻者（seekers）、选择者（selectors）、支付者（payers）和使用者（users）。

可接受性是指产品必须满足或超越顾客的需要和期望，具体包括功能可接受性和心理可接受性。功能可接受性即产品的"客观"性能属性。例如，产品是否具备顾客所期望的功能？产品是否可靠？产品的性能是否符合预期？心理可接受性是指产品更"主观"的属性。例如，一辆中等价位的汽车在客观上可能与奔驰同等规格的汽车一样实用，但后者在心理上更能被某一部分买家所接受。

支付能力是指顾客在经济上是否有能力以及在心理上是否愿意支付产品的价格，包括经济支付能力和心理支付能力。经济支付能力是指潜在顾客是否有足够的经济资源来支付产品的价格。心理支付能力是指顾客的支付意愿（willingness to pay），它取决于顾客从产品中获得的价值相对于为了获得产品所付出的成本之间的比较。

可达性是指顾客是否可以很容易地获得和使用产品或服务，包括可用性（availability）和便利性（convenience）。可用性是指企业是否有足够的产品来满足顾客的需要。便利性是指潜在顾客获得产品或服务的容易程度。

知晓度是指顾客是否充分了解产品的属性和好处，从而说服潜在顾客尝试该产品，并提醒现有顾客继续购买产品。知晓度包括产品知识（product knowledge）和品牌认知（brand awareness）。只有潜在顾客对品牌建立了积极的认知，并对产品有足够的了解，他们才会购买。

4P 理论、4C 理论和 4A 理论从不同的视角对营销组合进行了概括，它们的提出都符合当时的社会环境。4P 理论直接指导企业通过对产品、价格、渠道和促销这 4 个营销组合要素进行设计，它始于企业，终于企业，落脚于企业利润。4C 理论和 4A 理论则都前进了一步，从消费者的角度考虑如何设计营销组合要素，它们始于顾客，终于顾客，落脚于企业利润。4A 理论在 4C 理论的基础上进一步细化，从"如何为顾客创造价值"这一根本性问题出发考虑营销的主要内容。

3.1.4　企业如何了解顾客的需要

"顾客需要"是营销的出发点。企业营销的首要任务便是识别和了解顾客的需要。顾客的需要是潜在的，它并不会自动浮现出来。即便顾客知道自己为什么购买某个产品，他们也未必愿意或能够表达出来，更不用说很多时候顾客自己也不知道其行为背后的动机。亨利·福特曾说过，"如果我最初问消费者他们想要什么，他们会告诉我要一匹更快的马"。乔布斯也曾说过，"人们不知道他们想要什么，直到你把产品放在他面前"。这些观点都说明了解顾客需要并不是一件轻松的事情。企业需要练就一双火眼金睛去发现顾客的需要。

为了了解顾客的需要，营销者需要对营销环境进行探测，搜集营销信息并进行挖掘和分析，以形成顾客洞察（consumer insights）。顾客洞察是指从营销信息中提取到的有关顾客的新鲜理解，它是企业吸引顾客和与顾客建立关系的基础。获取顾客洞察的能力是企业的核心竞争力。

营销信息包括一般性的营销信息和与特定问题相关的营销信息。一般性的营销信息包括企业在日常经营过程中所产生的信息（如人口统计变量、顾客满意度、采购、销量数据等）和通过公开渠道获得的营销环境信息（如各种宏观环境要素）。与特定问题相关的营销信息主要通过营销研究（marketing research）获得。

中医四诊可以给营销研究提供很多启发。中医通过望、闻、问、切来了解患者的病情。望诊是指通过人体表现出来的一些特征（形、色、神）来观察体内发生的变化，以辨识病情严重与否。类似的，企业可以通过观察法了解顾客的购买频率、购买行为等。闻诊是指运用听觉和嗅觉，通过患者发出的声音和气味来诊断疾病的一种方法。企业同样可以倾听消费者的声音，如研究消费者在网络和社会化平台上发表的评论。问诊就是询问患者起病和转变的情况。企业则可以通过个人深度访谈或焦点小组访谈的方法来了解消费者的心理偏好。切诊是指通过切脉和触摸了解病情。类似的，企业可以通过民族志研究（ethnographic research）深入了解消费者的生活方式。例如宝洁的营销人员会与顾客同吃同住以了解他们的需要。除以上方法外，企业还可以借助问卷调查法和实验法来收集营销信息。

收集营销信息的方法虽然简单，但是获取顾客洞察并不简单。企业收集到的所有信息都应该档案化，形成企业的营销信息系统，设立专人负责管理，并不断进行分析和挖掘。当前，我国企业普遍存在重广告轻营销研究的问题。据统计，2015 年我国营销研究产业规模仅为广告花费的 3%。这表明虽然很多企业管理者深知"先有市场，再建工厂"的道理，但与真正自觉践行顾客思维还尚有距离。

3.2　顾客思维模式解读

3.2.1　什么是顾客思维

从关注企业（交易）到关注顾客（关系）是营销理论演变中最重要的进展之一，这一转变使得顾客思维成为营销学最基本和最重要的思维模式。顾客思维的底层逻辑是，企业的目的是获取利润，而利润来自满意和忠诚的顾客（即关系）。顾客之所以满意和忠诚，是因为他们从产品中获得了价值。虽然在传统的交易营销中，企业也可以通过将产品推销给顾客来获得利润，但是在竞争激烈、顾客个性化需要崛起的现代商业社会中，这种方式并不具备可持续性。顾客思维就是企业要真正了解和挖掘顾客的潜在需要，并在此基础上提供能够满足顾客需要的产品，在为顾客提供价值、满足需要的同时，自己也获得相应的回报。

世界皆营销。从广义上来说，营销是个人和组织通过创造并与他人交换价值以获得所需所欲的社会和管理过程。人与人之间的关系，本质上就是"交换"。通过交换，我们得到了物质、心理、情感、精神上的满足，我们也同样为交换方提供了某些回报。关系的建立取决于对方所需和自己付出之间的权衡（类似于"顾客价值"）。只有让交换双方彼此都感到满意的交换才可以发生，关系才可以长久。就像企业需要了解顾客一样，人们也只有在了解对方喜好的基础上，才能够给予对方认为有价值的东西。

简单来说，顾客思维就是从对方的角度出发，以对方接受和喜欢的方式来换取我们自己目标的实现。日常生活中的很多用语，如"换位思考""同理心""把自己的脚穿到别人的鞋里"等，体现的都是顾客思维。顾客思维不是单纯的利他或利己，而是一种双赢，单方面的付出并不是顾客思维。顾客思维不仅是一种态度，更是一种能力、一种处世哲学。

正如营销管理哲学包括企业视角和顾客视角一样，在人际交往中，人们看问题的视角包括"以自我为中心"和"以对方为中心"两种类型。"以自我为中心"关注自己的利益和感受，通常表现为去说服别人接受我的观点或听从我的安排。虽然最终自己的目标会实现，但对方可能是"口服心不服"。"以自我为中心"的核心是"索取"，容易引起短视行为，甚至出现为达到目的不择手段的行为，最终影响交换双方的利益。清代王永彬所撰的《围炉夜话》中有云："欲利己，便是害己。"意思是说，想要对自己有利，反而害了自己。而"以对方为中心"则完全不同，先满足了别人，再考虑自己，此时目标的实现是建立在对方心悦诚服的基础上。

拿破仑·希尔（Napoleon Hill）说："懂得换位思考，能真正站在他人立场上看待问题、考虑问题，并能切实帮助他人解决问题，这个世界就是你的。"通过顾客思维，设身处地地从他人的角度思考问题，一方面，企业能有效改善和拉近人与人之间的距离，有利于建立和维持良好的人际关系，有利于积累社会资本、树立个人品牌。另一方面，顾客能够得到合理的解决方案，也能与企业建立值得信赖的长期合作伙伴。总而言之，合理地运用顾客思维有利于交往双方建立良好人际关系，提升双方效率，利人利己。

营销中的顾客分为"挚友""蝴蝶""陌生人""藤壶"四种类型（具体见第8章分类思维），日常交往对象也包括多个层次。顾客思维强调以对方为中心，并不意味着对所有人都等同视之，人们也需要以自己认为正确的方式选择交往对象。顾客思维也不是一味地讨好他人，而是在平等交换基础上建立起来的互动关系。

顾客思维还意味着能够虚心接受他人合理的建议。在企业营销中，顾客的建议、反馈是新产品开发创意的一个重要来源。马云曾说，哪里有抱怨，哪里就有商业机会。人际交往亦如此，良药苦口利于病，忠言逆耳利于行。善于倾听和接纳别人建设性的建议，可以不断塑造自己、提升自己。

3.2.2　如何应用顾客思维

3.2.2.1　树立顾客思维理念

理念是行为的先导。没有理念指导的行为是盲目的，不指导行为的理念是空洞的。企业持有什么样的营销管理哲学，就相应会有什么样的营销管理实践，对个人来说同样如此，个人持有什么样的理念，也会相应有什么样的行为。例如，一个笃信人性本善的人，不会怀有恶意去揣度他人。一个不懂得顾客思维的人，只会从自己的视角出发去索取，绝不可能想到，更不可能做到"先人后己"。在顾客思维被真正内化成为自己价值观的一部分后，我们才会自觉地站在对方的角度考虑问题。哪怕只是发送一封电子邮件这样的小事，我们也会仔细想一个有助于对方理解邮件内容的主题，精心撰写邮件正文，认真考虑附件名称。

3.2.2.2　了解对方偏好，做到有的放矢

营销的起点是了解顾客的需要，因此顾客思维要求首先要了解对方的喜好。理查德·道金斯在《自私的基因》一书中说，"我们只是基因的载体，即使我们存在着这样那样的利他行为，但最后的本质都是为了利己"。正因如此，人们通常只关心自己的需要，而对他人的需要不感兴趣。但是，顾客思维需要我们进行换位思考，首先要知道他人的需要，然后加以满足，我们自然也从这一过程中获益。你想要别人怎样对待你，你就要怎样对待别人。"己所不欲，勿施于人。"接下来的问题便是如何了解对方的喜好。如果我是他，我会喜欢什么？这种简单的自问法每个人都可以套用。鬼谷子提出"揣人"要"察其言，观其色，闻其声，视其行，然后推知其心之所趋"。这与中医望闻问切四诊法有异曲同工之妙。我们要善于观察，善于记录，善于推测。在个人与组织的互动中，更要提前做好准备工作。比如在求职时，求职者需要事先搜集目标企业的信息和岗位的要求，然后在面试时做到有的放矢，以提升求职成功的可能性。

3.2.2.3　提升自己"为他人提供价值"的能力

企业通过满足顾客来获利，为了更好地满足顾客，企业需要不断提升其核心竞争力，如研发能力。顾客思维强调"人欲利己先利人，人欲达己先达

人", 在人际交往中, 个人通过为对方提供有价值的东西来达成自己的目标。我们给别人提供的价值越大, 别人带给我们的回报才有可能越大。所以, 个人也需要像企业一样, 不断提升个人的核心竞争力。今天的社会是一个高度分工的社会, 每个人都不可能成为通才, 个人要有意识地提升某些自己擅长而他人不具备的能力。今天的社会也是一个瞬息万变的社会, 个人的核心竞争力还需要长期打造, 与时俱进。

3.2.2.4 对"顾客"进行分门别类

"二八法则"决定了对企业最有价值的顾客是少量的, 营销是与"正确的顾客建立正确的关系", 因此企业要对其顾客进行分类, 并进行针对性管理。这一道理对一般意义上的顾客思维同样成立。每一个人都扮演着很多角色, 每一个角色都有很多的交往对象, 而个人的精力又总是有限的, 此时为了进行有效的人际交往, 个体也需要对各个交往对象进行分门别类。借用人际圈的概念, 个人可以把自己的交往对象分为核心圈、外围圈, 也可以更细致地分为亲友圈、同学圈、同事圈、客户圈、兴趣圈等, 并为每一类对象设定不同的社交内容、社交频次标准。

3.3 顾客思维模式案例[*]

3.3.1 美食作家王刚的故事

顾客思维是营销最基本和最重要的思维模式, 很多成功人士之所以成功, 很大程度上是因为他们很好地应用了顾客思维。本部分将通过美食作家王刚的故事使顾客思维鲜活化, 以帮助读者活学活用。

---

* 佚名:《最受欢迎的今日头条创作者排行榜: 90 后最关注美食作家王刚》, 见 https://www.sohu.com/a/288820075_120046525; 品牌内参:《从美食作家王刚看如何打造草根 "硬核" 美食 IP?》, 见 https://www.sohu.com/a/270510033_99930876; 央视新闻:《从留守儿童到 3000 万粉丝美食博主, 他如何逆袭?》, 见 https://baijiahao.baidu.com/s?id=1696748507761048491&wfr=spider&for=pc。

3.3.2　网红美食博主的成长之路

王刚 1989 年出生于四川省自贡市富顺县，八九岁时随父母到广东省珠海市生活。王刚的爷爷曾是生产队食堂的师傅，父亲则是专职的川菜厨师。从小耳濡目染下，王刚也立志要当一名厨师，但他父亲并不同意。王刚的哥哥王国春说，弟弟十多岁的时候便开始梦想当厨师，因为父亲反对，弟弟和父亲之间还产生过隔阂，父亲至今都还有些想法。初中毕业后，王刚没有继续读书，而是偷偷跑到一家大排档做杂工。此后又更换了很多餐厅，积累了许多经验。

王刚开始接触网络视频是在 2016 年前后，起初只是工作之余打发时间。2017 年 3 月，王刚抱着"玩一玩"的想法，开始拍摄烹饪视频并发布到网上与人分享。为了体现美食，他特意取了一个好听的名字——美食作家王刚。此后，王刚如同坐上火箭般迅速蹿红，普通人王刚成了全国 150 万个王刚中特别的一个：美食作家王刚。

风格生猛、干净利落，没有废话、没有滤镜……王刚的美食视频被誉为"硬核美食"流派，受到了众多网友的青睐。"哈喽大家好，我是王刚，本期视频我跟大家分享一道×××菜。"这句话是王刚所有视频作品的开场白，简单明了、直入主题。视频中，王刚精瘦的身板、腼腆的笑容、带有四川味的普通话，让人感觉很自然、很亲切。截至目前，王刚拍摄的烹饪视频在全网近20 个平台发布。其中，新浪微博粉丝有 330 余万，B 站粉丝有 571.5 万，知乎粉丝有 42 万……他的粉丝被称为"宽油宝宝""刚丝粉"。

3.3.3　为用户创造优质的学习体验

王刚自始至终站在用户的角度，制作专业化、富有画面感的视频内容，为用户创造优质的学习体验。王刚的美食视频通俗易懂简单好学，真正适合零基础的小白选手，"家庭小灶＋少油"也能做出好味道。当然，也有为熟手进阶而制作的视频，能满足厨房熟手进一步提升厨艺的需求。王刚的视频套路很简单，"出镜—报菜名—切菜搞辅料—开火炒一炒—技术总结"，没有滤镜也没有 BGM（背景音乐），一镜到底。对于制作美食视频，王刚有自己的理念，"教人家做菜的话，你就应该实在一点，一开始就把自己的真功夫拿出来，不应该去加一些与做菜无关的内容"。

王刚的定位是知识型的土味美食 IP，他不局限于传授土味美食的做菜技能，更侧重于同美食粉丝进行深度沟通，让用户不但"知其然"，还能"知其所以然"。他不仅将平常积累的做菜技巧通过短视频分享给观众，手把手教观众如何做菜，更重要的是以粉丝诉求为中心，科普为什么要这样做菜。"知识型"定位下的个人品牌化运作，让很多粉丝在 3 ～ 4 分钟的视频里有所收获。例如，在"蛋炒饭"短视频中，王刚在切玉米环节就告诉粉丝，玉米是起到增加鲜甜度的作用；在炒饭最后加白米饭时则提示翻炒 5 分钟，并说明这是为了让所有原料香味进入米饭里。由此可见，王刚传递做菜技巧时并不是一味告知，而是在分享知识的过程中让用户可以"认知"土味美食。

王刚非常注重有温度的画面传递。在每个视频的开篇，他会以"哈喽大家好，我是王刚……"的固定句式跟粉丝打招呼，并介绍当日分享的家常菜菜名，以打造有温度的互动画面。除此之外，王刚的视频制作，充分营造真人做菜的画面感，让粉丝自然对美食制作者产生亲和力。

洞察用户心理，设定视频黄金时长。在碎片化的新媒体时代，如果视频太长，就会降低粉丝的观看兴趣；如果内容过于短暂，则会导致精华要点被压缩，粉丝学习体验不佳。结合这两大痛点，王刚为视频长度设定了一个 4 分钟的黄金标准，在做到简单内容输出的同时，又不影响用户的观看体验，真正实现有效率的学习。黄金时间的设定，也契合了"土味美食"快餐式文化的定位，简单直接，节约大众的时间。

融入"技术贴"和"知识点"。菜式的技术总结可谓是王刚美食视频的一大亮点。这是王刚瞄准了用户学习做菜的痛点，特地在视频结尾附上技术总结，强化大众对于家常菜的记忆点，方便用户日后重复观看学习。例如在学习"芹菜炒牛肉末"菜式时，王刚以"技术贴"的方式提示观众肉的种类选择，以及芹菜和大葱下锅炒熟的时间等注意事项。做菜细节的温馨提示，正是专业化内容的呈现，这充分展现了"美食作家王刚"专业形象的一面。此外，王刚在做菜过程中会融入一些做菜的知识点，提前解答粉丝有可能产生疑惑的地方，为粉丝创造更好的学习做菜体验。

以用户为中心，塑造贴心"客服"形象。在每次发布美食视频后，粉丝会留言下期期待的家常菜和关于菜式做法的问题，进行留言互动。对此，王刚都会积极与粉丝对话，第一时间解决粉丝留下的问题，让他们感受到被重视。比如在"盐酥鸡"这期节目，有粉丝留言表示期待制作毛血旺、干锅鸡等，以及不理解"宽油"的概念。一方面王刚会及时收集这些粉丝信息，作为下期节目主题的参考；另一方面积极回复粉丝的疑问，即使是被问过上万次的宽油问题，王刚也还是热情、耐心地解答，将自身塑造成贴心"客服"形象。

把粉丝当朋友宠。精细化粉丝运营的背后，还要从王刚的"粉丝观"说起，一直以来王刚都将粉丝视为挚友——一个真心想跟你学做菜的朋友。王刚并不在乎粉丝引流以及粉丝多少，更看重的是用真诚内容吸引用户关注，与真粉进行深度互动。基于这样的"粉丝观"，王刚每天都会抽出三个小时左右的时间跟粉丝互动，与粉丝建立深度的情感沟通。

除此之外，王刚还不断提高拍摄质量。经常向专业人士请教拍摄技巧，调整拍照角度，多机位拍摄切换，让视频节奏紧凑，提升用户的观赏体验。

3.3.4　提升为他人创造价值的能力

王刚的成长之路并不轻松。2006 年，一个偶然的机会，王刚应聘到一家餐馆做杂工，负责洗碗、招呼客人、点菜、洗菜、收碗、送外卖等几乎所有的杂事。不仅事务多，工作异常辛苦，而且王刚每月只能拿到厨师工资的三分之一。面对这种差距，王刚心生羡慕并立志一定要做厨师。于是，王刚便有意识地观察师傅做菜，并尽可能地抓住机会亲手操作。2007 年，王刚换到一家酒楼做切菜工，这次经历让他真正开始进入厨艺的大门。老板对勤快好学的王刚也是另眼相看，并手把手地教他。王刚所掌握的炒菜、切菜的基本功，以及烹饪的基本常识几乎都是在这家酒楼学到的。

2008 年，不甘心再做杂工的王刚准备到其他餐厅"大干一场"，但是在很多酒楼、大排档"试菜"之后，他并没得到录用机会。四处碰壁的王刚改变了想法，他决定进一步积累经验。于是，王刚开始去那些有特色、生意火爆的餐馆应聘，不论是当服务员还是切菜打杂都欣然接受，但他要做一个真正的大厨的目标一直没变。在 19 ～ 25 岁期间，王刚曾在 50 多家餐厅打过工。每到一处，他都抓紧所有的机会学习。为了尽可能地学习技能，王刚努力和厨师们搞好关系，以换取他们传授经验。

在王刚看来，辗转大大小小的餐厅学艺，是一个跟人打交道的工作，这与拿着书本逐字逐句学习菜谱有很大的不同。王刚坦言，"厨艺一方面要靠操作的手感，另一方面要靠平时积累的心得。如果师傅不告诉你这些心得，你只能做出他的样子，而做不出他的精髓"。就这样，在几年时间里，王刚几乎走遍了广东省，学到了川、湘、粤菜以及一些民族菜的做法。

王刚说，学厨过程中最难忘的经历是为了学好一道菜去了很多地方。因为想搞清楚地道的锅包肉的做法和由来，王刚最远去过黑龙江的延寿。即便现在，已经成为知名美食博主的王刚也经常赴外地学习经验，比如到山东学习枣庄辣子鸡的家常做法，到广西贺州学习特色黄田扣肉的做法，到湖北潜江拜访油焖小龙虾的创始人，到湖南学习传统湘菜"血鸭"的做法等。正是这种对新知识、新技能不断追求的个性，使得王刚可以为粉丝提供更多有价值的美食教学视频。

3.3.5　水到渠成

王刚的付出得到了丰厚的回报。王刚创作的美食视频作品被粉丝们称为"硬核美食"，因为其风格干净利落、贴近生活而独树一帜。2018 今日头条创作者大数据显示，美食领域创作者"美食作家王刚"成为"90 后"年轻用户群体最关注的个人账号。王刚不断总结经验，升级拍摄设备，视频的品质越来越好，独特的风格更是大受网友喜爱，最多时每天涨粉达一二十万。王刚在 2018 年 8 月获得由金秒奖颁发的"观众选择奖"。王刚的粉丝不断增加，目前他已是有 3000 多万粉丝的美食博主。

"本来只是爱好，没想到还能赚钱。"王刚收获的拍视频的流量费，很快超过了做厨师长的工资，这也使他信心倍增。王刚坦言，从后厨走进网络，第一是新鲜感，第二是成就感。成就感来自把美食分享给广大网友并得到认可，同时还能挣钱养家。2018 年开始，打着"美食作家王刚"名号的农副产品、小食品在淘宝上售卖，短短数月，月销售量最高已超过 5 万件。他也聚集了近 30 位有理想、有冲劲的年轻人一起工作。

2021 年 4 月，央视新闻频道纪录片《这五年》讲述了百余个普通人不平凡的五年故事，王刚也入选其中。在视频的结尾，王刚说，"像以前的餐饮，只是通过人与人之间的口碑相传，现在已经不是了，通过自媒体也可以学习到，相当于我们产出好的内容出来，供大家学习，我们自己也是最大的受益者。信息时代改变了我们这一代人，真的改变了我们这一代人"。

3.4　本章小结

只有顾客才能为企业创造价值。企业可以生产世界上所有的产品，可以拥有世界上所有的库存，但如果没有顾客，企业就不会有任何生意。顾客中心是现代营销学最核心的特点。正如 Bean 公司所强调的，"顾客不是我们工作的障碍，而是我们工作的目的"。营销就是先让顾客满意，然后企业获得回报，这一概念适用于所有的交换情境。在人际交往中，我们的交往对象不是我们实现个人目标的手段。设身处地从他人的角度出发，为他人提供价值，让他人舒服，我们的目标也就水到渠成。人际交往的最高境界是互利。只有互利，才能够借助别人的力量，实现自己的目标；只有互利，才能使关系长久。单方面的获利不符合营销的理念。

参考文献

［1］KOTLER P，ARMSTRONG G. Principles of marketing ［M］. 17th ed. Harlow Essex：Pearson Education Limited，2017.

［2］SHETH J N，SISODIA R S. The 4 A's of marketing：creating value for customer，company and society ［M］. New York：Routledge，2012.

第4章　关系思维

一个篱笆三个桩，一个好汉三个帮。

——中国民间谚语

营销是关于交换的科学。"交换"连接了企业与顾客，通过交换，顾客的需要得以满足，企业则获得了回报。菲利普·科特勒将营销定义为"与顾客进行浸合（engaging customers），并管理可盈利的顾客关系"。彼得·德鲁克也曾说，"企业的目的就是创造顾客"。这些观点表明，营销的主要任务是吸引新顾客和保留老顾客。可以说，营销即关系。营销之所以重视关系，是因为关系可以为关系双方带来价值。经验数据表明，吸引一个新顾客的成本是保留一个老顾客成本的 5～7 倍，因此维系关系对企业来讲是更有利可图的。企业营销已从传统的交易营销转变为今天的关系营销，在大数据背景下，关系的价值更为突出。

人们生活在一个社会网络中，不可避免地与他人发生各种互动，这些互动本质上也属于"交换"的范畴。人们通过交换，在满足他人的同时，自己也可以获得回报，这种回报可以是经济性的，也可以是非经济性的。例如，当人们遭遇挫折时，良好的社会支持可以有效降低焦虑。因为个人的力量是有限的，很多时候仅靠个人力量无法实现某个目标，但是合理利用人际关系，却可以取得异常的成功。正所谓"一个篱笆三个桩，一个好汉三个帮""众人拾柴火焰高"。关系思维要求我们要注意开发、维护和利用个人的人际资源。

关系思维在企业经营与个人日常生活中无处不在。本章将对关系思维进行系统的阐述。本章的逻辑主线见图 4-1。首先，本章将从营销中有关关系的概念出发，系统阐述关系在营销中的重要地位、关系为企业带来的利益以及关系管理的多种方法。其次，本章将提取出其中的关系思维，从关系思维的定义与重要性、特点及日常生活中的使用几个方面进行阐述，帮助读者系统地认识与学习关系思维。最后，本章将选取耳熟能详的案例，将理论与实践结合，展示关系思维在实际中的具体应用。

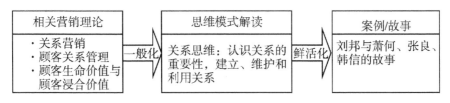

图4-1　本章的逻辑主线

4.1　相关营销学理论

4.1.1　关系营销

4.1.1.1　关系营销的概念

营销的概念本身即体现出重要的关系思维。科特勒对营销的定义是营销是与顾客浸合并管理可盈利的顾客关系。这一定义是从关系角度来界定的，也揭示了顾客关系对营销的重要性。营销一方面要吸引新顾客，与新顾客建立关系；另一方面也要维护与老顾客的关系，很多情况下甚至要努力赢回流失的顾客。营销通过满足顾客的需要、为顾客提供价值、让顾客感到满意来建立关系。一旦关系建立，企业自然而然就可以从这个关系中获得回报。因此，顾客与企业都会从关系中获得价值。从关系的视角定义营销具有划时代的意义，因为它突破了营销仅为交易服务的桎梏，将营销带入了关系的范畴，从而引发了对关系营销的关注，使关系营销（relationship marketing）成为营销学中最重要的概念之一。

关系营销即吸引、维持和增强客户关系。在关系营销被提出之前，交易营销的思想占据了主流。交易营销（transactional marketing）是以产品为中心，着眼于单次交易活动收益的最大化；而关系营销则以长期关系为导向，注重新价值的创造和双方关系中的互动，以构建企业持久竞争优势。虽然关系营销的概念提出较晚，但是关系营销的实践古已有之。我们借用中国宋代的一个简单案例来阐释关系营销与交易营销的区别。

宋代江西某个村子有几家米商，大部分店铺只是等待顾客上门购买，生意非常冷清。一个名叫蔡明华的米商意识到这样不行，于是他主动前往顾客家中进行走访调查，并详细记录了顾客的家庭人数、饮食习惯、每天对大米的消耗量、米缸的大小等信息。根据这些信息，蔡明华提前预测顾客需要买米的时间，并推出免费送货上门服务。通过这种深入的记录与服务，蔡明华逐渐与原本的老客户建立了牢固的关系，同时也吸引新客户，从而扩大了生意规模，一步步成为江西有名的富商。

蔡明华与同村米商正是关系营销与交易营销的典型例子。同村米商将顾客视为均质的群体，他们不清楚顾客的特殊需要，因而只能采取"守株待兔"的方式进行销售，坐等顾客上门。这些销售通常也是一次性的，由于不同米商提供的服务千篇一律，并不会对顾客产生特殊影响，因此，顾客在下一次购买时并不会首先选择这些米店。而蔡明华首先意识到并加以记录每一位顾客的独特需要，并针对这些需要提供针对性的服务，从而加深了自己的米店与顾客之间的联系，因而不但能够吸引回头客，更能够吸引新顾客，最终得以扩张。

从这个案例中我们可以窥见关系营销与交易营销的区别（表4-1）：

表4-1 关系营销与交易营销对比

范畴	交易营销	关系营销
市场特点	每个顾客是需要和欲望、购买能力差异很大的个体，卖方应将有价值的关键客户和其他客户区别对待。顾客是有限理性的"社会人"	市场是由同质性的无关紧要的个体顾客组成，是完全的理性"经济人"
互动性	双方是互动的关系	市场中交易双方的主动性不同，即存在"积极的卖方"和"消极的买方"
交易活动	供求双方的交易是连续过程，前一次的交易往往对以后的交易活动产生作用	交易活动是由具体的单个交易事件组成的，各个交易活动之间不产生相互作用
产品价值	产品的价值包括实体价值和服务	产品的实体价值
市场机制	顾客在交易中不但要得到经济价值，还追求经济价值以外的其他价值	完全依靠市场价格机制发挥作用，追求短期利益的最大化
价值	关系性交易注重新价值的创造	价值来源于产品交易活动完成后价值在供应商、消费者、分销商等在价值链上的分配

资料来源：甘碧群，吴漱. 论关系营销与交易营销的演化与兼容［J］. 商业经济与管理，2002，127（5）：5-8.

从表 4 - 1 对比中不难看出，关系营销更注重关系的长期性，同时，关系思维要求企业更加注重消费者的独特需要，有针对性地进行关系维护，从而能引起消费者的互动，创造新的价值。

当然，关系营销远不止"与顾客打好关系"这么简单。Morgan 和 Hunt 将企业面临的关系主体分为以下几种类型（表 4 - 2），涵盖了企业的大部分利益相关者；企业与不同主体之间有着不同的关系，而不同的关系也需要不同的方式去建立与维持。这表明，关系营销贯穿了企业经营活动的全过程，具有很强的系统性；同时，不同主体需要程度不同的关系，具有一定的特殊性。

表 4 - 2　企业面临的关系

主体	企业面临的关系
供应者	原材料供应者 服务供应者
横向关系	竞争者 非营利性组织 政府机构
购买者	中间购买者 最终消费者
内部关系	上下级 雇员 职能部门

资料来源：Morgan R M, Hunt S D. The commitment-trust theory of relationship marketing [J]. Journal of Marketing, 1994, 58 (3): 20 - 38.

4.1.1.2　关系营销的价值

1. 关系营销对企业的价值

正如米商关系营销案例所显示的，关系营销对企业有重要的价值，具体来说，体现在以下三个方面。

（1）关系营销能够提高顾客保留（customer retention）。关系营销不仅会影响顾客的行为忠诚，如重复购买等，还能够使消费者心智层面与企业建立联系。顾客保留能够在很大限度上为企业节约营销成本，因为企业吸引新客户的成本远远高于维护有价值老顾客的成本。

（2）关系营销能够促进企业优化服务。通过对顾客独特需要的深入洞察，企业得以优化服务流程以满足顾客的需要，如案例中蔡明华提出的送货上门服务等，这更有利于企业进行差异化竞争。同时，关系营销也是服务的核心特征，要求企业通过服务让消费者感到差异性和价值性。

（3）关系营销能够提高外部资源利用效率。关系营销不仅面向终端消费者，也面向产业链上的其他企业等。通过关系营销，企业得以灵活利用其他企业的资源，弥补企业内部资源不足的状态。

2. 关系营销对顾客的价值

顾客同样可以在与企业构建的关系中获得利益。

（1）更好的体验。企业建立关系的种种手段离不开对顾客需要、偏好及消费习惯的记录与预测，这使得消费者在与已经建立关系的企业互动时不需要再一遍又一遍重复自身的基本情况，甚至是消费者尚未发现自己有某一需要时企业就已经给出了解决方案。这也是消费者会在关系营销中获得更高的满意度的原因之一。而许多为企业提供知识价值的消费者同样会影响企业的产品、营销手段等行为，让企业的行为更符合自己的需要，这同样也是消费者获得更好体验的途径之一。例如，网易云音乐会邀请资深用户分选每日推荐给其他用户的歌单，而资深用户则可以在歌单中选取自己喜欢的音乐。

（2）更高效的沟通。企业在与消费者建立关系时经常会使用数据库来记录消费者的信息，当消费者回购时，便可以不用对这些信息进行重复，从而提高了交易效率。同时，当企业对消费者有足够的了解时，也能够更好地满足消费者的预期，使得交易得以顺利进行。此外，对于消费者而言，与某一企业建立良好的关系后，可以省去回购同一品类产品时挑选、比对品牌的时间，节省了消费者个人的时间，加速了消费决策过程的进行。

4.1.1.3　关系营销的应用

传统的营销手段主要是遵循4Ps进行的，然而4Ps并没有认识到企业与顾客建立与维护关系的重要性。关系营销应用的核心即建立企业与关系主体的信任与承诺。企业进行关系营销可以借鉴美国学者舒尔茨提出的4R模型，该模型认为营销组合应该包括关联性（relativity）、响应性（reaction）、关系性（relation）及回报性（retribution）。其中，关联性强调与顾客建立关联，提高其满意度和忠诚度，以减少顾客流失；而企业为顾客提供的不仅是产品本身，而是根据顾客的实用需求、个性心理需求及潜在需求等多方面特点提供的全套解决方案，从而加强顾客与企业的联系。响应性强调提高市场反应速度，倾听和满足顾客的需求，这是由目前的消费方式的转变而决定的。当前的消费方式正在向个性化、瞬间化的方向转变，如果企业不能及时响应消费者的新需求，将可能失去一些市场。关系性重视关系，强调建立长期和稳固的关系，其关联主体是消费者，而且关系还包括了除顾客以外的各种利益相关者。回报性是指企业以满足顾客需求为前提，在充分实现顾客满意、社会满意和员工满意基础上来实现企业满意，企业满意度在很大程度上取决于企业的回报。这一方面要求企业自身具有良好的盈利能力，另一方面要求企业为消费者提供高附加价值的产品。

庄贵军等结合中国情境提出了关系营销的五种方法，即予法（giving）、借法（borrowing）、化法（transforming）、合法（combining）和信法（trusting）（表 4-3）。其中，予法强调企业为消费者提供更多的利益以保留消费者；借法强调企业与他人构建起互惠关系网络，借势发展；化法主要运用于竞争关系中，追求"化敌为友"，良性竞争；合法是通过共同的信念、理想等与对方建立联系，在中国这一注重亲缘、地缘等关系的市场是非常具有本土意义的；而信法则更多像是前面几种方法的目标——取信于人。这与上文提出的信任核心一致。

表 4-3　中国情境中关系营销手段

方法	内涵
予法	强调企业对消费者"施惠"，为消费者提供更多的利益。具体而言，可再分为：①雪中送炭；②锦上添花；③扬人之善；④给人面子；⑤己所欲，施于人
借法	强调企业与他人进行互惠，借他人之力、他人之物，构建互惠关系网络。可再分为借力、借名和借势。借力泛指借他人之人力、物力和财力，惠及自己的关系市场。借名指借别人的名气或名义，发展、维持和增强欲求的关系。借势则指借某种社会趋势，影响欲求的关系朝有利于自己的方向发展

续表 4 - 3

方法	内涵
化法	主要使用在企业与关系主体之间存在明显的竞争关系的语境下，意在将竞争关系转为相生的关系。可再分为两种：一是利诱，二是风雨同舟。前者指的是企业主动给予好处，使得二者得以合作；后者则指与关系主体团结起来一致对外，通过共同的外部敌人达到统一内部的效果
合法	主要指通过共同的经历、理念、信仰等维系关系主体
信法	主要强调企业需要取信于人

资料来源：庄贵军，席西民. 关系营销在中国的文化基础 [J]. 管理世界，2003 (10)：98 - 109，156।

4.1.2 顾客关系管理

4.1.2.1 顾客关系管理概念

在当今的市场中，企业对顾客关系管理（customer relationship management，CRM）并不陌生。著名的 CRM 方案平台开发商 SAS 给予操作化定义：顾客关系管理是一个过程，通过这个过程，企业最大化地掌握和利用顾客信息，以增加顾客的忠诚度，实现终生挽留顾客的目标。从这一定义中可以看出，顾客关系管理追求一种较长期的关系，最终实现客户与企业双方价值的提升。杨永恒等将顾客关系管理的核心概括为顾客价值、关系价值和信息技术。其中，顾客价值是顾客关系管理的出发点，关系价值是顾客关系对企业的价值，信息技术则是实现顾客关系管理的支撑。企业进行顾客关系管理的目标是获得新顾客、延长顾客生命周期以及提高顾客关系质量。从关系的角度来定义顾客关系管理，即为吸引并保持有经济价值的客户，驱逐并消除缺乏经济价值的客户，这与整个关系营销的理念一致。从这一角度可以认为，顾客关系管理是关系营销的方式与手段之一。

企业在进行顾客关系管理时需要注意企业利益与顾客利益的对立与统一，从而使关系更加长久，带来更高的顾客生命价值。杨永恒等认为，企业应当坚持以顾客为中心，满足顾客的个性化需要，尽管有可能由于成本较高而损伤了企业的盈利能力，然而，当企业为顾客创造的价值越多时，顾客也能为企业带来更高的价值。从这一客企关系中可以看出，顾客关系管理也追求关系的互惠性，没有双赢局面的关系是无法长久的。当然，考虑到满足顾客需要所产生的成本，顾客关系管理同样要求企业进行甄别，以服务最有价值的顾客。

科特勒（Kotler）将顾客关系分为基本型、反应型、可靠型、主动型、合伙型，企业可以根据客户的类型采用不同的关系建立与维护策略。检验顾客关系管理的一个重要指标是关系质量（relationship quality），通常包括顾客承诺、顾客满意度及顾客信任这三个维度，当然，根据不同情境，这一标准也将有一定的区别。

4.1.2.2 顾客关系管理的营销策略

顾客关系管理的指导思想是顾客至上，其表现形式通常是精准的顾客洞察以及个性化的服务，同时也强调消费者为企业带来的知识价值、信息价值等，要求客企之间有双向的互动。

在网络时代下，消费者与企业之间的关系与关系建立的流程变得更复杂，而企业之间的竞争也愈发依赖顾客关系管理。为了应对这一趋势，王健康提出，顾客关系管理的核心是客户价值管理。因此，他基于价值链理论提出了一套全新的顾客关系管理流程（图 4-2）：第一步，价值分析，即分析顾客的终生价值；第二步，客户亲近，即了解选定顾客的需求并为其提供个性化服务；第三步，网络发展，即与顾客、供应商等建立强力的关系网络；第四步，价值主张，即在关系网络内发展共赢的价值观念；第五步，关系管理，即对业务内容进行再造，使其能够方便客户、适应竞争变化。

其中，分析顾客的终生价值要求企业考虑未来客户产生的利润、现在客户对企业的价值。价值通常包括三个部分：历史价值，即目前为止已经实现了的价值；当前价值，即如果消费者的消费模式保持不变，在将来会给公司带来的价值；潜在价值，即企业通过交叉销售、消费者口碑等方式而可能增加的价值。

客户亲近则要求企业建立有一套良好的收集或累积客户知识的数据仓库或数据库以便进行系统的分析，并运用这一数据库理解顾客行为。这一步需要贯彻到企业的日常关系运营与维护等种种活动之中，比如可以通过线上社区、电话、直接接触等方式对顾客进行种种关怀等。

网络发展强调的是公司建立具有巨大连通性的网络，并通过这个网络将资源整合利用，从而将企业的产品信息及时快捷地传递给用户。此外，这一网络中包含了企业的供应商等上游企业，这些企业也应当通过网络了解终端消费者，以便对消费者需求的变化做出快速反应。通过网络发展，企业将连同供应商等利益相关者共同组成以消费者为中心的网络格局。

　　价值主张要求企业以及网络中的其他利益相关者共同塑造一种以消费者为中心的价值观，并将这一价值观传递给消费者。在这种消费者导向的价值观中，消费者是企业的重要资产，而企业的最终目标不是盈利，而是创造价值。因此，唯有为消费者创造更多的价值才能为企业创造更多的价值，而在这一过程中，企业也会获得更多的盈利。

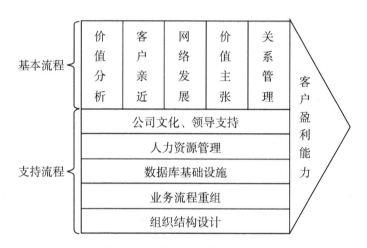

图 4－2　顾客关系管理价值链

4.1.2.3　顾客关系管理与技术

　　自古以来，顾客关系管理都对企业的发展壮大非常重要，而现代的互联网信息技术更是让顾客关系管理如虎添翼。如今，企业能够运用多种技术手段更加精准、规模化地进行顾客关系管理，这其中，被广泛运用的手段当属基于大数据手段的精准营销以及基于消费者线上或线下联结的社群营销。

　　1. **精准营销**

　　在消费者分化愈发明显、需求更加多元的市场背景下，科特勒在 2005 年提出了"精准营销"这一概念，并指出，精准营销就是公司需要更精准、可衡量和高投资回报的营销沟通，需要更注重结果和行动的营销传播计划，还需要更注重对直接销售沟通的投资。精准营销通常需要接触网络作为其信息的载体。因此，大数据营销常常被认为是精准营销的实现手段。

营销建立在顾客洞察的基础上，而顾客洞察则仰仗于对消费者信息的分析。在大数据时代，一切消费者数据都变得更加触手可及，大数据营销也被认为具有 4V 的特点，即大量（volume）、高速（velocity）、多样（variety）和精确（veracity）。大数据营销同样赋予顾客一定的自主性，通过选择自己喜欢什么、想要什么，顾客能够在一定程度上塑造自身的用户画像，从而推动企业为其提供相应的产品与服务。通过这种双向的互动，企业得以与顾客建立关系，并及时把握关系的进程与程度，选择适合的关系管理策略。

李晓英认为，企业在实施大数据营销时，通常按照以下三个步骤进行：第一步，大数据营销信息平台建设。这通常由企业自行收集数据建立数据库，或者购买数据服务商的数据这两个途径构成。前者对于企业的资金投入与技术水平均有不同的要求，因此对于中小型企业而言，购买数据成为理想的选择。第二步，顾客洞察与细分。在获得相应的数据后，企业将利用数据进行消费者画像，分析其基本构成、消费行为与偏好，进而进行市场细分与消费行为的预测。这一步与一般的市场调查没有太大的差别。第三步，制定相应的营销策略。针对每一个市场细分，企业可以有针对性地选择营销策略，这一营销策略基本与 4Ps 无异，此处不再赘述。由于互联网具有强烈的互动性，企业能够轻易得到消费者对于营销策略的反应，因此，企业通过这一属性对营销效果进行评估与调整，并且将这其中的有效信息加入数据库中形成闭环，最终提升营销效果。

2. 社群营销

Muniz 等人将社群概念引入品牌领域。他们认为，品牌社群是一个专门化的、非地理界限的社区，基于一个品牌崇拜者之间的一组结构化的社会关系。品牌的社群营销是指品牌需要寻找一个有认同感的人群，以价值服务为基础，使这群人与品牌产生互动，从而形成忠诚度和产生消费行为，并去影响更多的人，即以某一品牌为中心建立的一组社群关系。从这一定义可以看出，消费者形成社群的中心在于品牌本身，而品牌需要为消费者提供一定的价值（如认同感等）才能维系这种关系。社群营销有利于品牌价值的生产与二次传播，也有利于信息在顾客与企业之间的双向流动。

在当今的网络时代，品牌的社群营销大多是基于互联网的。王佳炜提出了基于社会化媒体的品牌社群运营的核心逻辑，首先，品牌在进行社群营销时需要构建自己的社会化媒体数据中心和客户关系管理系统，从而进行品牌销售转换，这与关系营销的理念不谋而合；其次，品牌应当充分发挥社群中意见领袖的弱关系作用，让社群成为自生长的品牌粉丝社区，对品牌进行二次传播；最后，还应当利用社群中体现出的消费和偏好对产品和服务进行调整，这同样符合关系营销的要求。

4.1.3　顾客生命价值与顾客浸合价值

企业可以从与顾客的关系中获得回报，我们可以从多个角度测量这些回报。结合本章探讨的关系思维，我们将重点介绍顾客生命价值（customer life-time value，CLV）和顾客浸合价值（customer engagement value，CEV）这两个概念。

4.1.3.1　顾客生命价值

顾客生命价值就是顾客在与企业的关系存续期内给企业带来的现金流量的净现值。顾客生命价值可以类比企业的财务投资决策。企业为了吸引顾客，需要进行投资。一旦新顾客变为老顾客，就会有多次交易，而每次交易都会带来现金流。因此，如果所有的交易带来的现金流高于吸引顾客的投资，那这个顾客就是有利可图的。

顾客生命价值的计算公式如下：

$$CLV = \sum_{t=0}^{n} \frac{CF_t}{(1+r)^t}$$

式中，*CLV* 是顾客生命价值；CF_t 是第 t 次交易带来的现金流；r 是折现率；t 是交易次数。从理论上来说，只要知道了顾客与企业的关系存续时间，在关系存续期间的交易次数，每次交易给企业带来的现金流，以及折现率，便可以计算出每个顾客的顾客生命价值。为了提高顾客生命价值，企业需要让每一次交易的现金流尽可能高，让顾客与企业的关系存续期尽可能长。需要注意的是，在实践中，由于这几个指标都无法准确获得或计算，很难精确计算出每位顾客的顾客生命价值，但这并不能否认顾客生命价值这一概念的重要性。我们认为，顾客生命价值可以被理解为一种营销管理理念，即企业既要关注每一次交易（每一次交易的现金流），也要关注未来的交易（关系的存续期）。简而言之，顾客生命价值这一概念进一步强调了关系的重要性。

根据顾客生命价值的高低，可以将顾客分为四种类型（图4-3）。其中，铂金顾客是企业有利可图的顾客，价格不敏感并且对企业忠诚度较高；黄金顾客对价格稍敏感，因此对企业的盈利减弱；钢铁顾客具有一定的数量，但是其消费力稍弱；重铅顾客则会通过抱怨等占据企业的资源，拖累企业的绩效表现。这种分类在实践中经常见到，尤其是在旅游、酒店、租车、零售、电商等行业中。例如，华住集团会将其顾客分为星会员、银会员、金会员、铂金会员四个等级，并为每个等级提供不同的入住权益。

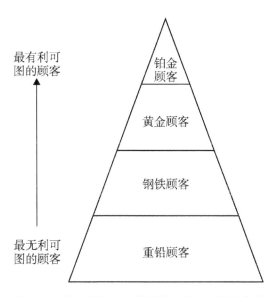

图4-3 基于顾客生命价值的高低，对顾客分类

单个顾客给企业带来的所有现金流被称为顾客生命价值，企业所有顾客的顾客生命价值加总后的数值可以叫作顾客资产。顾客资产这一概念除了强调顾客终生价值所强调的内容外，还进一步指出要关注所有的顾客。有的顾客与企业的关系存续期较长，有的较短；有的顾客每次交易给企业带来的现金流较多，有的则较少。企业需要对顾客进行分门别类，进而采取针对性的管理策略。

4.1.3.2 顾客浸合价值

顾客生命价值的关注焦点是财务指标。但实际上，顾客带给企业的回报还有一些非财务表现，尤其是在社会化环境中，这种非财务回报变得越来越重要。

有学者提出了顾客浸合价值的概念，认为顾客浸合价值涵盖了四个方面内容：顾客生命价值，即源于顾客重复购买或额外购买行为的价值；顾客推荐价值（customer referral value，CRV），即企业通过正式的推荐计划获得的新顾客所带来的价值；顾客影响价值（customer influencer value，CIV），即由企业顾客自发的口碑推荐产生的顾客所带来的价值；顾客知识价值（customer knowledge value，CKV），即顾客通过反馈向企业提供创新和改进的建议，促进知识发展所带来的价值。

这些无形价值又能综合地决定顾客的购买价值，因此从长期来看比实际购买价值更为重要。对于企业而言，维护顾客关系、增加顾客资产的目标在于提高顾客满意度与忠诚度，甚至是让顾客参与进产品价值的创造，实现价值共创，从而让顾客为企业提供更多的无形价值。

4.2　关系思维模式解读

4.2.1　什么是关系思维

从上述概念中我们可以看出，关系思维贯穿了企业运营的全部流程，也面向与企业相关的全部主体。企业运用好关系思维可以获得丰厚利润，个体利用好关系思维同样可以获得诸多回报。虽然关系思维的目的是将关系为我所用，但是关系主体也应该意识到，自己也需要为关系方提供价值，换言之，关系思维强调双赢。

实际上，在生活中，人们也时时刻刻都在和周围的人、事、物产生着关系，正如英国诗人约翰·多恩所说：没有人是孤岛，每人都是大陆的一片。可以说，一个人只要和周围的一切发生互动，那么就会产生关系，只是关系的类型、强弱存在区别而已。这就需要关系主体——下到个体，上到国家——能够处理不同的关系，使得关系能够为自己所用。因此，关系思维可以被认为是认识关系的重要性，有意识地建立关系，并分别加以维护与利用，评估关系价值的思维。

生活中的关系主要指人际关系。正如企业面临着各种类型的关系主体与关系类型一样，现实生活中的人们面临的关系也具有多样性，人们需要对此加以区分，以合理分配自身精力与资源。

在《乡土中国》中，费孝通提出中国的人际关系呈现出一种"以己为中心"由近及远的"差序格局",即存在一种"以人伦为经,以亲疏为纬"的人际网络。在这一网络之下,不同远近关系的人由"缘"联结,其中命定的联系有缘分(长期关系)与机缘(短暂的社会联系)两种,缘分又被划分为亲缘(血姻亲情之缘)、地缘(邻里乡党之缘)、神缘(共同的宗教信仰之缘)、业缘(同行、同学之缘)与物缘(共有的喜好与兴趣之缘),这些不同的关系有着不同的对待原则与方式(表4-4)。在所有关系中,亲缘关系是最核心的,关系程度最强,其他关系则依次减弱;随着关系程度的减弱,维护关系的成本也将提高;在投入相应的成本后,关系程度也将"升级"。而关系间的两个人有了不良的互动从而产生相互怨恨后,将会产生排斥关系。

表4-4　关系基础与其功能

命定的联系	外显的联系	功能				
		对待原则	对待方式	互依形态	良性互动	不良互动
亲缘	家人关系	讲责任、低回报性	全力保护、高特殊主义	无条件、互相依赖	无条件信任、亲爱之情	罪感、沮丧、其他焦虑、愤怒与敌意
除亲缘之外的其他缘分	熟人关系	讲人情、中回报性	设法通融、低特殊主义	有条件、互相依赖	有条件信任、喜好之情	耻感、其他焦虑、愤怒与敌意
机缘	生人关系	讲利害、高回报性	便宜行事、无特殊主义	无依赖	有缘分之感、投好之情	愤怒与敌意、耻感

资料来源:庄贵军,席西民. 关系营销在中国的文化基础 [J]. 管理世界,2003 (10):98 - 109,156.

　　人际关系的建立、维护与发展依靠三个方面来维持,即联系(包括直接的联系与潜在的联系)、联系的媒介(包括实物媒介、信息媒介与情感媒介)以及交往(指关系双方有来有往)(乐国安,2002;引自庄贵军等,2003)。
　　结合国家、企业等其他主体之间的关系,我们可以从人际关系的支持因素提炼关系思维要求人们具备的思维架构。

（1）接触性。即关系并非凭空建立，其建立与发展的前提是主体需要有一定程度的接触；这种接触在当今的全球化趋势下，在国家、政府之间不可避免，在商业领域体现为购买行为、咨询行为或者企业间的合作行为等，而在人际关系间则体现为人们现实或网络中的互动、潜在互动可能性等。

（2）盈利性。正如前文所述，关系的核心是价值提供的。因此，建立与维持关系需要自身能为他人提供价值。同时，当判定一段关系无法为自己带来相应的价值或者利大于弊时，应当合理规避，减少沉没成本。正如三国时期，荀彧本被袁绍收在麾下，作为袁绍的军师。然而，荀彧认为袁绍无法成为君主，实现自己平定天下之乱、破除民生凋敝、建立礼乐王道的政治理念，遂果断放弃跟随袁绍，投奔曹操。在袁绍与荀彧的君臣关系中，尽管袁绍待荀彧不薄，但是，荀彧认定这段关系无法给予他更高的价值，遂弃之。

（3）无形性。因为良好关系的建立不仅会带来关系主体间的经济往来、互赠礼物等方面的实物互动，还会带来社会资本的获得和无形价值的提供，包括信息价值、渠道价值等。这正是所谓的"人脉"的重要性。中国向来重视无形价值的重要性，从中国建设"一带一路"就可以体现这一点。通过"一带一路"的建设，中国得以与沿线国家建立友好的关系，旨在通过这种关系实现政治上讲信修睦、经济上合作共赢、安全上守望相助、文化上心心相印、对外关系上开放包容的人类命运共同体。这一终极目标不只在于经济物质方面的提升，更是出于全人类和谐发展的考量。

（4）互惠性。关系主体间需要有来有往，方能互利共赢。实际上，这也与盈利性有一定的对应关系。关系思维要求每个人都在关系中寻求价值，因此，当一段关系中只有一方可以获得价值时，这段关系将会陷入不平衡的状态，无法深入或者长久发展。

4.2.2　关系思维为什么重要

关系产生于人们的一举一动之中，同样也会影响人们的行为。在企业运营中，基于不同的关系，企业会采取不同的维护手段以保证企业利益的最大化。同样地，在生活中，我们也会因为对方与自己的关系远近而采取不同的态度和行为。从广义上来看，Granovetter 认为，社会关系将会影响社会制度与社会行为。而对于个人、企业与国家而言，关系思维最重要的作用是让关系主体注意到关系所带来的社会资本，从而获得利益。

社会资本是一个社会学概念，由 Bourdieu 提出，他认为，社会资本是现实或潜在的资源的集合体，这些资源与拥有或多或少制度化的共同熟识和认可的关系网络有关，换言之，与一个群体中的成员身份有关。这让我们看到了个人基于自身而拥有的众多关系的价值、重要性与益处。对个人而言，社会资本这一关系网络能够提高个人通过关系而获取价值（即权力、地位、财富、资金、学识、机会、信息等稀缺资源）的能力，从而提高自身的境遇。

企业同样也得益于社会资本。边燕杰和丘海雄将企业之间的关系分为三种：纵向联系（包括企业与上级领导机关、当地政府部门以及下属企业、部门的联系）、横向联系（如企业与其他企业的联系）与社会联系。社会联系即企业的社会资本，能够无形间为企业的经营、创新及稀缺资源的获取提供方便。同时，企业用关系思维的视角观察所处的环境，也更有利于对自身定位、竞争格局的认知。

国家层面，社会资本其实是以信任为核心，同时包括公民参与的网络及互惠互利的规范的同一种资源集合体。良好的社会资本有利于公民形成团结一致的团体，为了共同的利益努力奋斗；有利于促进国家建设与民主社会的建成。这与我们国家的民族精神十分吻合。在当下中国全面建成小康社会、实现社会主义现代化及把我国建成富强民主文明和谐美丽的社会主义现代化强国这三大目标的背景下，这种国家层面的社会资本能够起到一定的推进作用，这也体现了国家具有关系思维的重要性。

4.2.3　如何应用关系思维

关系思维虽然是我们在日常生活中经常使用的一种思维，然而它却比较复杂，这主要是因为生活中接触到的、可建立关系的主体的类型、特点等都有所不同。从关系的角度而言，关系思维的应用主要可以分为三步：第一步识别关系主体并进行分类；第二步采取针对性策略，建立并维持关系；第三步检验可盈利性。其中，前两步具有时间的序列关系，第三步则贯穿整个关系思维的运用。

4.2.3.1　识别关系主体并进行分类

从关系的分类可知，这一步主要要求关系思维的运用者对想要建立关系的主体的属性与特点进行分类，并判断能够与这一主体建立何种关系。用上文中以"缘"为联系的关系分类举例，一个人想要在考场上结交擅长某一学科的同学来提升自己后续的学习成绩，由于这一同学与他非亲非故，又缺乏别的联系, 仅有 "在同一考场" 这一共同点, 那么此时此人仅能与该同学建立基于 "机缘" 的弱关系, 日后的维护需要花费更多成本与时间, 同时, 此人还需要评估该同学是否愿意将学习经验分享给一个与他仅有弱关系的人, 即评估可盈利性; 若此人与该同学聊天时发现该同学恰好与自己是老乡, 则可以与这一同学建立基于 "地缘" 的强关系, 建立与维护关系的成本将会降低, 这一同学愿意分享自己学习经验的概率也会有所上升。当然, 亲缘关系虽然强度最强, 但是人数较少, 属于 "可遇不可求" 的范畴, 故不在此举例。

4.2.3.2 采取针对性策略建立并维持关系

根据不同的关系类型, 需要采取不同的建立与维护策略。当然, 这不仅受到关系类型的影响, 同样与环境、语境、双方性格等多种因素有关, 可以参考前文中关系的应对方式。关系思维唯一不变的原则就是需要具体情况具体分析, 需要有针对性。沿用上文的例子, 如果这个人试图与自己关系较弱的同学建立关系 (例如基于 "投缘" 这样的关系), 他可能需要更加礼貌, 并且为对方提供一些利益, 以便让对方感受到关系的价值。相对而言, 如果这个人想与关系较强的同学 (例如基于 "地缘" 这种紧密关系) 建立联系, 他可以更随意一些, 联系的频率也可以适当降低, 不必过于频繁。

同时需要注意的是, 关系是可以发展与升级的。这意味着, 在对关系的现状进行评估的同时需要做出策略调整。比如这个人在基于 "机缘" 的弱关系中把握住了机会, 成功与同学建立了联系, 并在此后的交往中, 发展成为有共同爱好的好朋友, 及发展出了基于 "物缘" 的强关系, 那么可能策略需要由弱关系的完全互惠发展为强关系的不完全互惠, 比如出去吃饭不一定严格遵从AA制等。

4.2.3.3 检验可盈利性

在不同语境下, 可盈利性的标准也不一样。同时, 每个人的价值观也在塑造着 "价值" 对于个体的概念。总的来说, 对于关系强度较低的关系, 有形的可盈利性 (如经济利益、地位提升等) 往往是人们衡量关系可盈利性的关键。当这一关系在弱关系阶段就无法提供适当的盈利且潜在的可盈利性也不足时, 应当及时放弃关系。而对于关系强度较高的关系, 可盈利性往往体现在无形的方面, 如提供情绪价值等, 这一层面上, 关系的价值则是见仁见智的。

4.3 关系思维模式案例*

4.3.1 高祖用人：得民心者得天下

《史记·高祖本纪》曾记载，西汉时期，刘邦称帝后宴请百官。刘邦问群臣"所以有天下者何"，群臣纷纷夸他大仁大义，然而刘邦却说："夫运筹帷幄之中，决胜于千里之外，吾不如子房；镇国家，抚百姓，给馈饷，不绝粮道，吾不如萧何；连百万之军，战必胜，攻必取，吾不如韩信。此三者，皆人杰也，吾能用之，此吾所以取天下者也。"刘邦认为，战争谋略自己不如张良，振国抚民自己不如萧何，而率兵打仗自己则不如韩信。这其中虽然有自谦的成分，但是能将张良、萧何及韩信收于麾下，这的确令刘邦称帝如虎添翼。

本节将从关系思维的角度出发，分析刘邦的关系思维、关系思维对于刘邦的重要性以及刘邦是如何运用关系思维的。

4.3.2 刘邦的关系思维

刘邦天生具有强大的关系思维，能够敏感地认识到关系对自身的价值，这从他对待张耳、吕雉等人的关系中已经可见一斑。在刘邦的诸多关系中，最为人所知的则是他与张良、萧何及韩信三者的关系。

从刘邦关系的建立与维持中不难看出，他最关注的便是关系是否能为自身带来价值，对这一原则的追求也使得他有着"冷酷无情"的一面：刘邦称帝后，认为韩信位高权重，对他的价值已尽且后患无穷，便对韩信多有忌惮。成语"分一杯羹"更是体现了刘邦在权衡关系的利弊时，连亲缘关系都可以弃之不顾，而完全由关系思维分析自身状况。

当然，刘邦同样用自身的资源、价值为长期关系给予互惠性，从而维持大部分关系的稳定发展。刘邦青年时结识的信陵君门客张耳后期与韩信一起为他

* 司马迁：《史记·高祖本纪》，见 https://so. gushiwen. cn/guwen/bookv_46653FD803893E4F798041F369016D2A. aspx；新华思路数据库：《BRI 指的是什么？中国的"一带一路"倡议有什么目的?》，见 https://www. imsilkroad. com/news/p/397747. html。

"背水一战"，大败赵军，且二者青年时期私交甚好，出于回报，刘邦封张耳为赵王，定都邯郸。

4.3.3 关系思维对刘邦的重要性

正如刘邦的自谦之词，对于关系出神入化的使用与依赖成为刘邦制胜的助推之力。

4.3.3.1 人才各有偏重

每个人都有各自擅长的领域，正所谓"天生我材必有用"。而关系思维则有助于发现不同关系主体的特点与价值，并加以运用，使得每段关系的价值都能得到最大化体现。刘邦正是善于与有价值的人结交建立关系，同时善于利用关系的价值，方能最终称王。刘邦的将领中，韩信擅长带兵打仗，其军事才能甚至高于刘邦，更是有着"韩信将兵，多多益善"的才能；张良善于用计，深明韬略、文武兼备，扮演着"智囊"的角色；萧何则善于治国，擅长打理安抚百姓、提供粮草等后勤活动。刘邦与这三人建立了长期的关系后，在战争中满足了武力、智力及后勤这三大关键点，为最终的获胜创造了条件。

而在当代，关系主体如果想要让这段关系的价值最大化，也应当根据关系主体的特点分别采取措施并加以利用。在企业中，雇佣关系虽然对每一位员工都适用，但是根据不同的岗位与人才要求，仍然需要不同的待遇及管理制度。以华为为例，干部岗位的考核目标是实际贡献，这是由干部岗位需要做多种发展决策、掌握一定的流程走向的特质决定的；专家岗位则主要对过程负责而不对结果负责，这是因为专家岗位时常需要进行创新，且并不是每一次创新都一定有结果。由于华为对每一种岗位的特点把握清晰，因而设计出更好的工作制度，这既有利于员工在岗位中发挥最大价值，为公司的发展出力，也有利于提高员工的满意度，使得员工与企业之间的雇佣关系更加长久。

4.3.3.2 社会资本的重要性

关系思维的一个重要结果是社会资本的提升，这往往是独有且稀缺的。刘邦通过自己不凡的气质获得了吕公的赏识，随即将女儿吕雉嫁给他。这一桩婚姻为刘邦带来的不仅仅是一段传奇佳话，更为他带来了有形如经济利益、无形如地方威望等利益，这让彼时仅仅是一个亭长的刘邦得以施展自己的才干，更加得民心。实际上，与百姓打好关系从而得民心便是刘邦最有利的社会资本。

为了这一社会资本，刘邦在攻入咸阳城，自封为"关中王"后，不忘与将士约法三章，保障百姓的利益。而他的对手项羽与之相反，没有注重民心这一重要的社会资本，在巨鹿之战大捷后将秦军活埋，引起民愤。

正所谓"水能载舟，亦能覆舟"，社会资本正是这样一种能够在无形之间助人成功，又同样在无形间使人失败的重要力量，产生于人与人的联结之中。在中国社会中，关系是人们联结的一个重要形式，在许多关系形式中，社会资本以特殊主义的形式出现，加剧了社会资本的稀缺性与独有性。对社会资本的有效利用能够提高个人无法替代的竞争力，使其在当今竞争激烈的世界中占领一席之地。

4.3.4　刘邦如何运用关系思维

刘邦对关系思维的运用是潜移默化的，也是因地制宜的，但这其中，仍然有对关系思维运用步骤的基本体现，即对关系主体进行考察、分类与判断后进行关系的维护，在全过程中都应当注意衡量关系的可盈利性。

4.3.4.1　对关系主体进行分类与判断

刘邦对可能与自己产生关系的人都有大致的分类与判断，在战国时期，主要是判断其是否可以争取，或是否会成为自己的敌人。

对于张良，二人在投奔景驹的路上相见后，刘邦便非常赏识张良的治国理念，于是说服张良跟随他，帮他打理军队后勤。这是由于张良的治国理念在当下的战争场景中能够迅速地为刘邦所用，且张良与刘邦目标一致，不容易发展为敌对力量。

而韩信在项羽阵营中一开始是一名不受重用的将领，在刘邦占领该城打算杀掉他时，韩信表现出了不俗的气魄，方才留下一命，此后也经历了较长时间的打拼才在刘邦的阵营中有了一席之地。这意味着，韩信作为敌对阵营的将领，刘邦本来将其划分为"威胁"，并不打算与韩信建立关系，但由于韩信的军事才能与气魄令刘邦看到了他潜在的价值，方才网开一面，且并没有一开始就与他建立强关系，而是在他逐渐表明才干与忠心后才提拔他的。

4.3.4.2　建立与维护关系

刘邦对于身世与特征不同的关系主体采用不同的维护方式。对于张良，刘邦在认为他对自己价值大于威胁的情况下，选择立刻重用张良，在自身带兵时命张良掌管军队后勤，发展了较强的关系程度，这也使得张良更加死心塌地地投奔刘邦，长期的关系得以存续。

而韩信本是项羽的手下，又善于用兵，对于刘邦而言早期属于既不能提拔又不能放任的威胁，因此一直没有重用，仅用弱关系维系，直到萧何为韩信的忠心担保，刘邦才勉强让他做将领。而反观韩信，在弱关系期间打仗也英勇善战，为这段关系付出了较多的成本后，关系程度才能升级。

萧何与刘邦结识时间较早，在早年刘邦尚籍籍无名时，萧何就已经认识到了刘邦必能成就一番大业，因此对刘邦多有袒护。对于这种一开始产生程度就已经较强的关系，刘邦也有意维护关系的强度，因而一直对萧何不薄，对萧何的意见也采纳较多。

在现代生活中，对于各种关系的存续与维护手段可谓数不胜数，如小到亲朋好友的互赠礼物，大到国家领导人的相互访问，实际上都是根据关系的类型与当下的情况来进行的维护关系的手段。可以说，只要关系存在，就会有无法避免地维护的手段。

4.3.4.3　评估关系价值

刘邦对于关系价值的评估贯穿了他所有关系的全程，实际上，也正是对关系价值的不断评估，才使得他做出了一些对待关系的决策。这些决策如果用普通的视角去看或许显得缺乏深谋远虑，然而，从关系思维的角度代入，则显示出了自洽的逻辑。

刘邦称帝后，对待帮他打下天下的三位将领有着截然不同的态度，这实际上也是刘邦对不同关系类型、关系主体类型的不同处理方式的体现。

萧何与刘邦的关系程度最强，且从一开始就已经是互帮互助的积极关系，二者产生了较高的信任程度。此外，由于萧何擅长富国安民，对百废待兴的汉朝而言仍然有重用，因此刘邦在论功行赏时封他为首功，称他为"开国第一侯"。而萧何相应地也更忠心，不但在治理国家时尽心尽力，当刘邦质疑韩信的忠诚时，萧何也站在了刘邦的一边。可以说，刘邦对萧何的重用得到了萧何全力的回报。

张良虽然与刘邦的关系是基于"机缘"建立的，然而由于刘邦对其重用，二者的关系程度也相对较强，且在张良救刘邦于鸿门宴之后，二者的关系程度得到显著提升。此外，张良的足智多谋不仅在战争中发挥了较大的价值，在后续的治国理政中张良多次劝谏、笼络众臣，对刘邦而言这仍然是价值大于威胁，因此，刘邦同样给予了张良较高的待遇，直到张良后续自行隐退。

然而，韩信在这三者之中与刘邦的关系程度最弱，曾经一度属于敌对关系，后又执掌重兵。在战争年代，韩信获得刘邦的提拔只是因为能够带兵打仗；在刘邦称帝后，韩信位高权重，在士兵面前较有威望，这便成为悬在刘邦头上的一把剑。对于刘邦而言，手握兵权的韩信威胁远大于信任，此时重用他无异于自掘坟墓。因此，刘邦选择斩断这一段具有潜在威胁的关系。

关系思维需要因地制宜、与时俱进，且随着关系发展的变化而变化，因此我们需要不断评估关系当下所带来的价值。正如英国前首相丘吉尔在铁幕演说中说的："没有永远的朋友，只有永远的利益。"当然，这句话中的"利益"很容易被理解为经济利益、地位提升等能为关系主体带来实际益处的利益。然而在人际关系中，利益的范围却可以进一步扩大：即使一段关系无法带来实质性的好处，也可能会为关系主体提供情绪价值等作用于心理层面、有利于个人身心健康发展的利益。

4.4　本章小结

只要与周围的事物发生互动，就会产生关系，关系在日常生活中是如此普遍又不易察觉的事物。然而，关系的力量不容忽视。如果能够有意识地选择关系、有针对性地维护关系并且善于合理运用关系，关系将会为个体、组织的发展与成长带来很大的独特作用，为关系主体提供有形、无形、长期与短期四个维度的益处。此外，关系更是人类作为一种社会性动物的必需品。本章通过对关系思维所涉及的营销概念的梳理，回答了关系思维的特征、重要性以及关系思维的思考逻辑的问题，提炼出了关系思维从识别到维护、同时贯穿评价的应用步骤，对于现实具有一定的指导意义。

参考文献

［1］边燕杰，丘海雄. 企业的社会资本及其功效［J］. 中国社会科学，2000（2）：87 - 99.

［2］甘碧群，吴淼. 论关系营销与交易营销的演化与兼容［J］. 商业经济与管理，2002（5）：5 - 8.

[3] 胡荣，胡康，温莹莹. 社会资本、政府绩效与城市居民对政府的信任 [J]. 社会学研究，2011，25 (1)：96 – 117.

[4] 李晓英. 大数据时代互动式整合传播营销体系的建构 [J]. 当代传播，2015 (4)：80 – 82.

[5] 王佳炜，李亦宁. 社会化媒体时代品牌社群营销的核心逻辑 [J]. 当代传播，2014 (5)：93 – 95.

[6] 王健康. 网络时代的客户关系管理价值链 [J]. 中国软科学，2001 (11)：73 – 76.

[7] 杨永恒，王永贵，钟旭东. 客户关系管理的内涵、驱动因素及成长维度 [J]. 南开管理评论，2002 (2)：48 – 52.

[8] 余晓钟. 4R：一种新的营销理论 [J]. 管理现代化，2001 (5)：41 – 43.

[9] 庄贵军，席酉民. 关系营销在中国的文化基础 [J]. 管理世界，2003 (10)：98 – 109.

[10] 左仁淑. 关系营销：服务营销的理论基础 [J]. 四川大学学报 (哲学社会科学版)，2004 (4)：19 – 23.

[11] BERRY L L. Relationship marketing of services perspectives from 1983 and 2000 [J]. Journal of Relationship Marketing, 2002, 1 (1)：59 – 77.

[12] BOURDIEU P. Social space and symbolic power [J]. Sociological Theory, 1989, 7 (1)：14 – 25.

[13] GRANOVETTER M. Economic action and social structure：the problem of embeddedness [J]. American Journal of Sociology, 1985, 91 (3)：481 – 510.

[14] KOTLER P, ARMSTRONG G. Principles of marketing [M]. 17th ed. Harlow Essex：Pearson Education Limited, 2017.

[15] MORGAN R M, HUNT S D. The commitment – trust theory of relationship marketing [J]. Journal of Marketing, 1994, 58 (3)：20 – 38.

[16] MUNIZ A M, O'GUINN T C. Brand community [J]. Journal of Consumer Research, 2001, 27 (4)：412 – 432.

第 5 章　目标思维

凡事预则立，不预则废。

——《礼记·中庸》

任何企业和个人都无法回避的一个问题："我存在的目的是什么?"企业的使命（mission）回答了它存在的意义，建立了使命的企业不一定都能够成功，但是没有使命的企业注定不会走远。实际上，纵观商业史上成功的企业，无一不具有清晰而坚定的使命。随着市场中各种诱惑的出现与竞争者之间的激烈竞争，如果企业没有一个清晰的使命或者目标，它会迷失方向。使命之于企业，就好像灯塔之于航船，不可忽视。从企业整体来看，使命确定了企业前进的方向。使命是一个长远的目标，它需要进一步分解为各个功能层面上的目标（例如营销目标）和具体的行动方案。企业需要坚守使命，并通过各种战略达成使命目标，这便是营销学中的目标思维。

使命或目标之于个人，也同样重要。"我是谁? 我从哪里来? 要到哪里去?"被称为哲学的终极三问，其实回答这些问题就是在回答自己的目标。周星驰导演的电影《少林足球》中有一句经典台词"做人如果没有梦想，跟咸鱼有何分别"。《礼记·中庸》告诫人们"凡事预则立，不预则废"。谈起世界上各个领域的成功人士，我们会发现他们都有一个共同点，就是他们都有一个清晰且具体的目标，并一直朝着设定的目标逐步向前迈进。这些道理告诉我们，做任何事情都需要有所计划和执行，不然我们很难踏上成功之路。目标的设定与实现帮助我们在生活中找到存在的意义，继而达到人类最高层次的需要，即自我实现。这便是成功者在生活中常常运用的目标思维。

首先，本章对营销学中的企业使命陈述与营销目标概念进行说明，让读者对营销领域中的目标思维模式有初步的了解。其次，推广到非营销情境中的思维模式，试图阐述目标思维在人们日常生活中的重要性、如何有效实现目标等。最后，通过案例将目标思维呈现出来，让读者深入了解目标思维，以期为读者带来更多的启示。本章的逻辑主线见图 5 - 1。

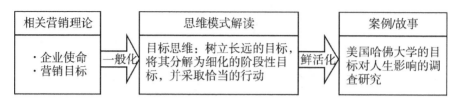

图 5 - 1　本章的逻辑主线

5.1　相关营销学理论

营销学中的企业使命陈述（mission statement）和营销目标（marketing ob-jectives）均体现了目标思维，本节将对这两个概念的定义、特点、作用等内容进行详细的介绍，以便提炼出目标思维的内涵。

5.1.1　企业使命

5.1.1.1　企业使命的定义

企业使命回答了企业存在的目的，即它需要完成什么任务。企业的使命是一只"无形的手"，指引企业及其内部所有人员向同一个方向行动。彼得·德鲁克曾经说过："企业不是由它的名字、章程和信条定义的，而是由它的使命定义的。企业只有具备了明确的使命和目的，才可能制定出明确和现实的企业目标。"德鲁克的话表明使命对于一个企业或组织非常重要。如果一个组织没有使命，它甚至都不能称为一个组织。使命犹如灯塔，指引企业的前进方向。企业使命充分描绘了企业未来发展的方向，同时也解释了企业在市场中存在的终极意义。纵观商业史上成功的企业，无一不具有清晰且坚定的使命。Google公司创始人拉里·佩奇（Larry Page）和谢尔盖·布林（Sergey Brin）希望每个人都可以通过互联网获取无边无际的信息资源，所以在创业之初便设定出其使命"组织全球范围的信息，使人人皆可获取并利用"。正是在这一使命的指引之下，成就了互联网领域最伟大的企业。

使命陈述（mission statement）是一个简短的声明，说明一个组织存在的原因，其总体目标是什么，确定其运营目标：提供什么样的产品或服务，其主要顾客是谁，以及其经营的地理区域如何。德鲁克认为企业使命应该回答以下四个问题：我们的业务是什么？（What is our business?）顾客是谁？（Who is the customer?）顾客看重什么？（What do consumers value?）我们应该成为什么？（What should our business be?）当企业认清自己在市场中的位置，进而明确企业的任务，确定目标顾客以及了解顾客需要后，企业才能迎来发展的新机遇，从而获得利润并继续生存。

同时，企业使命应该重点描述其核心价值，并确定业务的可持续性，不能随业务范围和运营管理的变化而变化（Kompella，2019）。这一点中小企业尤其要注意。许多中小企业在设定使命时并没有考虑使命的长期作用，所以一旦业务范围有些改变，它们的使命也随之更改，以至于影响了企业原来的发展方向。从定义上看，可以说企业使命是抽象的，所以一般企业会将其转换为不同级别的、具体的营销目标和业务目标以便于指导。同时要求这些目标保持一致，才能制定出有针对性的战略。

5.1.1.2　好的企业使命陈述具备的特点

使命造就成功，但并非所有具有使命的企业都能成功。好的使命能深入人心，能把作用发挥到极致。那么，企业使命陈述如何才被评价为好？我们可以依据以下几个特点来评价企业使命陈述。

（1）好的使命陈述是顾客导向的。使命陈述应该从顾客的角度出发，是在深入了解顾客需要的指导思想下制定的。如果企业以产品导向而非顾客导向来界定企业使命，进而集中人、财、物资源在提高产品质量和技术方面，那么在这种情况下极易导致营销近视。德鲁克在《管理：使命、责任、实务》一书中提道："任何技术、任何产品、任何流程和任何市场最终都会过时。"即便此时拥有高科技也并不代表明天不遭受市场的淘汰。相比之下，顾客的需要永远不会过时，因此以顾客导向界定企业使命不但能有效克服营销近视，而且能寻找并创新营销机会。就如 100 年前，亨利·福特重新定义了人类的出行方式一样，他深深地认知到当时消费者需要的其实就是一个快速的交通工具，而并非一匹马，所以将集中力都投入在制造汽车的工作上，造就了历史上最伟大的汽车公司。

（2）好的使命陈述只专注于有限的目标。企业资源与能力是有限的，因而最好只提出企业有足够把握实现的一个或两个目标。提出过多且不明确的目标不仅分散企业的注意力而造成不利，也容易造成顾客对企业的质疑。例如，宝洁的使命陈述仅仅表明通过提供好产品来改变顾客的日常生活，既有利于企业集中资源和能力去提升生产技术，又帮助顾客了解企业的目的。

（3）好的使命陈述应该明确企业想参与竞争的主要领域或范围。例如，奔驰公司的使命——努力使自己成为世界汽车工业的领头羊，公司的任何发展都要顺应时代的需求，不断创新，推动汽车工业的发展。明确经营的主要领域或范围实质上是为企业划定发展的范围，促使企业将全部资源都投入该领域，同时还表明了企业要在该领域发挥创造力的决心。需要注意的一个问题是，在确定经营范围时要考虑范围是否适当，过于狭窄或者广泛均不利于发展。例如，一家电影公司的使命是制作好的影片，其涉及的范围过于狭窄，那么在后期发展仅限于影视业。因此，应将该公司的使命制定为提供娱乐服务的企业，将来才可以开发与娱乐相关的其他市场。

（4）好的使命陈述应强调主要政策和价值观。企业的成败不是一个人决定的，而是由企业内部所有员工决定的。因此，企业使命要具有一个内部员工都认同的价值观，有利于各部门之间、管理者与员工之间的有效沟通。阿里巴巴的一位员工曾经分享过这样一个故事："阿里价值观的第一条是客户第一，我们在讨论过程中都会以这价值观为准，使得讨论变得更加有效。早期的时候，我们公司计划在淘宝上线旺旺，便于卖家和买家双方沟通后可以约在某个地方进行交易。但是考虑到这样会影响线上交易，企业内部便形成反对方和支持方。在讨论的时候，有一位员工突然问了一句：'我们是不是要讨论下顾客需要的是什么？'此时大家的讨论才开始变得简单，最终决定推出利于顾客的旺旺。"

（5）好的使命陈述必须立足于长期视角。使命不能三五天就换一个，或者在短期内频繁更换。短期内就可实现的使命会显出企业管理者没有长远目光，也很难激发员工的斗志。每家企业都立志于能长期为顾客提供服务，且长期在竞争市场中占据一席之地，因而使命制定以 10 年或者 20 年的时间最为合理，应在这段时间内为企业提供发展方向。当企业已经完成使命或者该使命不再符合市场需求时，就可以寻找更合适的使命，或进行适当的调整。

（6）好的使命陈述应简短易记但意义深远。人在阅读或者倾听的时候经常不会把全部的注意力都集中在句子中的每一个字上，而是仅记住一些通俗易懂或者有意义的字眼。正所谓"弱水三千，只取一瓢"，企业在制定使命时要考虑在众多的目标中只选出最重要的一个，并且思考如何用最少的字表达出全部的意思。例如，迪士尼——让世界快乐起来，沃尔玛——天天低价，联邦快递——平常心（peace of mind），阿里巴巴——让天下没有难做的生意等。一个意义深远的使命陈述更容易长期坚持。

5.1.1.3　企业使命的作用

企业使命陈述对企业整体、企业内部部门及员工、顾客认知都有着至关重要的作用。

（1）明确的企业使命为企业提供方向，具体为外部环境分析、战略目标制定、战略方案选择提供了清晰的思路，并且使企业在管理过程中保持专注且不容易偏离正轨或迷失自我（余成洁，2021）。Ireland 和 Hirc（1992）认为企业使命是企业灵魂的象征，其充分体现出企业在竞争市场中是独一无二的，进而能在消费者心目中树立独特的形象。另外，具有清晰的使命还帮助企业有效地使用和分配资源，实现资源利用最大化。相反，如果一个企业没有清晰的使命，他可能就会做出错误的决策，如不合适的多元化。

（2）企业使命具有协调各个岗位员工的行动与激励员工有效工作的作用。企业内部有很多的部门和员工，企业使命不但可以加快企业文化的建设，而且还引导管理者与员工拥有共同的价值观以达到有效地沟通，进而增强企业员工之间的凝聚力以及对企业的认同感。企业员工一旦了解了企业使命的意义所在，或者达成共识，就会对企业产生强烈的使命感，即拥有更高的组织承诺（林泉等，2010），从而调整自己的工作态度，充分发挥对工作的激情。Google公司给每位员工营造创始人思维，将企业使命与员工联系在一起，让他们深深体会到工作的意义，进而尽情发挥自己的创造力以及激活工作激情。

（3）明确的企业使命有利于提升顾客对企业的认知，进而提升企业声誉。企业使命可以增强员工对企业的使命感，不断激发员工的创新力，从而为顾客创造出更多有价值的产品。同时，顾客也可以通过多个接触点（如企业网站、广告等）了解企业的使命，有助于对企业建立起积极的形象感知。例如，3M公司的使命"成为最具有创意的企业，并在所服务的市场里成为备受推崇的供应商"，该使命能时时激励员工勇于创新，创造出符合顾客需求的产品，同时它也让顾客知道 3M 公司具有提供好产品的能力。

5.1.2　营销目标

5.1.2.1　营销目标的定义

企业使命是一个高度抽象的目标，它需要进一步分解为功能层面的目标。营销目标是企业使命在营销领域的分解，是企业需要通过营销组合、市场开发等策略达到的目的。营销目标上承企业使命，下接行动目标（如传播目标、产品目标、价格目标等），从抽象层面的企业使命，到具体的行动目标，形成一个目标层级体系。德鲁克曾在《管理的实践》一书中提到，企业目标是多重的，而非单一的，营销目标也不止一个，而是多个。在以顾客为导向的前提下，企业在设定营销目标时也需要同时考虑间接与直接的竞争对手，他认为企业需要有以下营销目标：①现有产品在目前市场上的理想地位，以市场份额和销售额表示；②现有产品在新市场上的理想地位，以市场份额和销售额表示；③淘汰哪些旧产品，淘汰原因可能是技术原因、市场趋势、改善产品组合等；④目前市场需要的新产品，以产品数量、性质以及市场份额、销售额作为衡量标准；⑤应该开发哪些新产品和新市场；⑥达到营销目标和适当的定价策略所需要的销售组织；⑦服务目标，即企业如何在产品、销售和服务方面为顾客提供有价值的产品。

营销本身就是一个管理顾客关系的过程。营销者通过接触顾客，进一步了解他们的需要，并设计出能够满足他们需要的产品，从而与他们建立起良好关系。因此，营销目标除了实现销售目标外，也要兼顾企业与顾客之间的关系，并且将其发展利益与社会各方挂钩。但是，很多企业都将市场份额和销售额视为营销目标，认为市场份额的数量与销售额可以反映出企业在市场中的竞争力与优势，所以致力于降低投入成本和销售价格以实现利润最大化，而忽略了顾客满意度、顾客忠诚度和品牌形象。实际上，尤其是在关系营销新范式下，提升顾客满意度和顾客忠诚度才是长期维持和提升市场份额的有效手段，也是最终的营销目标。

5.1.2.2　目标制定的 SMART 原则

科学、有效的目标设定通常都遵循 SMART 原则，分别由 specific、measurable、attainable、relevant、time-bound 这五个英文单词的首字母组成。营销目标的制定也同样应遵循这一原则。

Specific（具体的、明确的）：制定的营销目标要具体和明确，不能因为面面俱到而过于笼统。越具体、越明确的目标设定越有利于目标的实现，反之将会阻碍目标的实现。

Measurable（可衡量性）：营销目标的设定在某一个程度上能数量化或行为化，即能够通过行为或某个标准获得明确的数据或信息，进而衡量目标达成与否。

Attainable（可实现性）：营销目标的设定要考虑企业在付出努力的情况下

可以实现，即目标不能过于简单或者复杂。如果目标设定与执行者能力不匹配，目标超出执行者的范围或能力就会降低完成的可能性，使得执行者可望而不可即。而目标低于执行者的范围或能力尽管可以完成，但是不能完全发挥执行者的实力。

Relevant（相关性）：制定的营销目标与其他部门的目标要有密切的关联。阶段性目标和最终目标必须相一致，即目标彼此之间不产生冲突。反之，如果目标之间没有任何关联，那么目标实现的意义与价值并不会高，效果也不明显。

Time-bound（限时性）：营销目标要规定在具体的时间内完成。如果没有时间限制，企业各部门员工会对目标实现的时间存在偏差，进而拖慢工作进度，或者影响他们对工作的热情。

5.1.2.3　营销目标的作用

首先，营销目标是营销计划的核心。在确定目标前，对市场外部环境进行深入分析，分析及评估市场的机会与威胁，为制定目标奠定基础。确定目标后，为实现这一系列的营销目标制定出营销战略和执行方案。由此可见，营销目标对营销计划有指导的作用。一方面它指明了企业在一段时间内应该向何处发展；另一方面它决定了营销组合的设定，即产品、渠道、价格、促销的综合运用，同时使营销组合中组成部分相互协调（如提供什么产品、产品如何定价、使用何种传播策略与渠道等）以发挥企业竞争优势，进而有效地实现营销目标。

其次，营销目标可以测评营销计划是否可行或者达到目标。营销目标是希望所达到的结果，而营销计划则是实现目标的方案，因而营销目标对营销计划起到一个监督作用。为了营销目标可以有效实现，营销计划中的战略和策略在范围上和时间上都受到目标的约束。发生变化时，营销计划也要在营销目标的基础上进行合理地调整，有效地再次分配资源。

5.2 目标思维模式解读

5.2.1 什么是目标思维

企业为什么存在？回答这个问题即回答企业的使命。同样地，个人为何而活？回答这个问题也是在回答个人的使命。使命不是一个具体的目标，而是一个宏大的目标，它可以被分解为一系列具体的行动目标。目标的实现需要战略。清晰的使命加上恰当的战略，是企业和个人成功的前提，二者缺一不可。志当存高远，如果没有使命，个人就容易迷失方向；千里之行，始于足下，如果没有战略或行动，使命就只能停留在空想阶段。使命回应的是"做正确的事"（doing the right things），战略回应的是"正确地做事"（doing things right）。南辕北辙的寓言故事告诉人们，即便马跑得再快，腰中的盘缠再充足，驾车人的技术再高超，因为行车的方向错了，离目的地的距离只会越来越远。简而言之，目标思维就是，人们需要为自己树立一个长远的目标，并将其细化为阶段性目标，进而采取恰当的行动，最终让人生变得有意义。中国有句老话：有志之人立常志，即告诫人们要目标明确，并为此奋斗不息，不达目的，誓不罢休。古希腊大哲学家亚里士多德给人们提出了实现成功的三点建议：第一，要有一个明确的目标；第二，要尝试用一切可行的方式实现目标；第三，调整使用一切可能的方法，获取成功。

诸葛亮曾给二姐的儿子庞涣写下《诫外甥书》这一封信，欲教导他如何立志做人。《诫外甥书》的开头是"夫志当存高远"，意思是人应该胸怀大志，具有长远的志向就不会迷失方向。接着是"慕先贤，绝情欲，弃凝滞。使庶几之志揭然有所存，恻然有所感。忍屈伸，去细碎，广咨问，除嫌吝，虽有淹留，何损于美趣，何患于不济"。诸葛亮认为要向先贤这些好榜样学习，不要过于沉湎于爱情之中，要懂得平衡情感和志向之间的关系，接着要舍弃那些阻碍自己前进的诱惑，做到以上这点才能立志。"忍屈伸，去细碎……"是实现目标的方法，意思是人要做得到能屈能伸，不在乎眼前的小利益，听取他人的宝贵意见并虚心学习，还要心胸开阔、不猜疑，也不能吝啬。即便遇到挫折，也不会妨碍自己实现目标。结尾是"若志不强毅，意不慷慨，徒碌碌滞于俗，默默束于情，永窜伏于凡庸，不免于下流矣！"诸葛亮还叮嘱外甥在逐步靠近志向时，一定要有坚毅的意志。如果人没有坚毅的意志，那么人生只能随波逐流；如果被情感约束，那么人生只能在平庸中度过。这篇文言文很好地揭示了目标思维的三个方面：一是志当存高远，目标要宏大；二是实现目标的方法；三是要持之以恒，坚持实现下去。

美国成功学大师及世界顶级演讲者安东尼·罗宾斯（Anthony Robbins）认为成功是达到预期的目标，目标尽管十分重要，但是实现目标的过程更加精彩，于是他提出了成功的一个万能公式，即：成功＝明确目标＋详细计划＋马上行动＋检查修正＋坚持到底。实际上，这个公式也同样解释了目标思维。在我们的生活中，很多成功人士白手起家的过程都经历过如此阶段。阿里巴巴主要创始人马云曾经说过"在任何时候，你都必须明白你要做什么，你正在做什么"，这句话很好地说明我们在行动前要明确目标，深知我们做这件事的意义所在，并制订出指导我们行动的计划。在目标与计划都确定完后，"我们就坚定目标，无论什么时候都不怀疑、不放弃，直到成功"。凭借着自己在创业之初的经验，马云为我们总结出成功的精髓，其与罗宾斯提出的公式恰好相符。

由此可见，目标思维强调设定目标之后，也要注重实现目标的路径与过程，这两者缺一不可。凡事有了清晰的目标，我们就会有明确的行动方向；有了具体的计划，我们就能着手逐步实现目标；再凭着我们对目标的那份坚持，目标的实现就会离我们越来越近。

5.2.2　目标思维对个人的重要性

世界万物的存在都有它的意义。为了证明存在的意义，万物不断寻找并流动地奔向目标。因此，目标十分重要，小到个人，大到万物宇宙都在不停地追求着，就是为了让生活变得有意义。

5.2.2.1　帮助我们指明方向，并认清自我

流沙河在《理想》中说，"理想是灯，照亮夜行的路；理想是路，引你走到黎明。"目标便是指引我们方向的明灯，照亮我们努力向前的道路，从而帮助我们在如此之大的世界中清晰地找到渺小而伟大的自己。同样地，法国思想家米歇尔·德·蒙田曾说过一番引人深思的话："如果没有一定的主意占据心灵，把它约束范围住，它必定无目标地到处漂流，入于幻想的空泛境遇里。灵魂没有目标，它就会丧失自己。"可以说，目标的作用在于指引方向，也在于

认清自我。在生活中，我们常常忙于面对各种压力和诱惑，但是只要有了一个正确的方向，即便社会上有再多的诱惑，我们都能经受得住，能一心一意地完成事情。有目标的人能很清楚地知道"我是谁"，从来都不易走偏，而没有目标的人，无疑是对自己不了解，所以只能漫无目的地生活着，并且对未来感到十分迷茫。

5.2.2.2 激发我们的动力，进而发挥潜能

目标给个人带来的力量，确实不可忽视。正如安德鲁·卡耐基所说，"如果你想要快乐，设定一个目标，这目标要能指挥你的思想，释放你的能量，激发你的希望"。对于个人，目标是一种渴望，我们越想得到它，自然就会利用各种方法推动自己，进而发挥自己前所未有的潜在能力，最终从中获益。目标的实现也会给人带来很多正反馈，提升人们的快乐感。有目标的人就会有前进的动力，而且这些人通常都会处于一个充满力量的状态中，对目标自然也会多了一份执着与坚持，从而获得成功。

5.2.2.3 因为人生短暂，所以要活出自我

人的生命是有时间限制的，事实上唯有对理想不断地追求才能在有限的时间中活出无限的自己。法国文学家托马斯·布朗爵士有这样一段富有哲理的名言，"你无法延长生命的长度，却可以把握它的宽度；无法预知生命的外延，却可以丰富它的内涵；无法把握生命的量，却可以提升它的质"。良好的目标管理可以拓宽生命的宽度，丰富生命的内涵，提升生命的质量。在马斯洛需要层次理论中，自我实现是人最高层次的需要，而目标实现的时刻也是达到自我实现的时刻。因此，目标思维不仅引导我们找到自己存在的意义，也有助于我们提升工作效率，进而以最快的步伐实现自己的人生价值，并赋予生命更多的价值。

5.2.3 个人如何应用目标思维

目标支配着我们在生活中的行动，帮助我们划出明确的去向，时时点燃我们工作和学习的动力，而计划为我们提供实现目标的方法，切实有效地约束与监督我们的行动，让我们可以更好地实现自我价值。那么如何在生活中运用目标思维，使得自己总是走在别人前面，并获得成功？我们认为目标思维中至关重要的两个步骤是确定目标和实现目标的计划，具体需要严格遵循这一逻辑，

即"确定目标 – 分解目标 – 采取方法 – 坚持目标"。

5.2.3.1 对自己有所了解,然后制定目标

目标制定的前提是要了解自己的需要和能力。首先,通过对自己进行全面的评估,我们将会发现自己的优点和缺点及擅长的领域和兴趣。一方面能够充分发挥自己的长处,另一方面能够有效地弥补自己的短处。然后,我们有针对性地制定出可实现的目标。但是,可实现的目标不等同于容易实现的目标,而目标应该是要高远的。正所谓"取法乎上,得乎其中;取法乎中,仅得其下",意思是说人以高标准制定目标,结果只能达到中等水平;人制定中等的目标,结果只能达到低等水平。因此,从长远的角度制定目标,以高标准严格要求自己,我们才能加以努力并达到人生的巅峰。例如,在考研前,通过对自我认知与需要的了解,学习能力中等的同学可以报考自己梦寐以求的大学,哪怕这些大学都超出目前的能力,但是只要自己有足够的恒心和努力,一切皆有可能。

5.2.3.2 将大目标分解成若干小目标

确定目标之后,我们需要根据目标的复杂性分成若干个小目标,目的在于将大目标具体化,更有利于目标的实现。当然,各个小目标之间的关系要密切,而且必须与大目标相一致。针对每个小目标的难度规定出相应的完成时间,以及相应的奖励。小目标的实现将提升个人的获得感与满足感,并持续不断地提供保持到底的动力,有利于加快实现大目标的进度。我们需要注意的是,大目标需要从多个角度分解成若干个小目标,但是应适可而止;如果角度过于单一,将会限制实现目标的路径,造成很多资源未能被人们利用;如果角度过于多样,将会很难选择与确定实现路径,也有可能会制定出一些起不到很大作用的小目标,从而浪费了很多资源。

5.2.3.3 确定恰当的战略

将目标分解完后,我们需要深思熟虑地选择可利用资源,并根据这些资源制定出不同的具体实现方法,以便有效地、更好地完成任务,进而缩短达到目标的时间。以提高英语水平为例,若想在考研中获得高分,目标是 95 分(大目标),我们可以进行不同的工作如增加生词(小目标 1)、提高口语(小目标 2)、提高听力(小目标 3)。针对增加生词方面,我们可以在教材上或者网站上(资源)选择一些适合自己能力范围的生词进行学习,如做笔记、复习

等（方法），或者向英语老师请教。在提高口语方面，我们可以寻找一些英语水平较好的同学作为练习对象，将已学的单词运用到对话场景中。如果有接触外国人的机会也可以向他们提出对话的请求。在提高听力方面，可以在一些学习频道上查找听力资料并进行练习，也可以看一部英文电影，以便习惯本地人的语速。善于利用身边的资源并采取对应的方法能让效果立竿见影。

5.2.3.4　具备始终坚持的精神

因为人很容易受到外在因素的影响，所以有很多时候会出现放弃的念头，甚至被诱惑蒙蔽住我们的初心。目标思维要求我们时时谨记原来的方向，即便有时方向偏离了，都能及时调整回到正轨继续前进。"有志、有识、有恒"，目标的确定是第一步，计划的制订是第二步，目标思维还要求我们要做到"有坚忍不拔之志"。纵观历史上有目标的人虽多，但是真正获得成功的人终究还是少数，他们缺乏的就是坚持的恒心。只要功夫深，铁杵磨成针。所以，成功往往只留给那些遇到困难或者诱惑却依然朝着原来的目标、保持始终如一的人。

5.3　目标思维模式案例[*]

美国哈佛大学曾经做过两个关于目标对人生影响的研究调查，调查结果揭示了目标对人生未来发展的重要性，以及强调目标与计划并行，才能迎来人生的高峰。该研究告诉我们，一旦我们拥有了具体的目标，我们就会产生无穷大的力量，且不断奋斗奔向目标，直到目标得以实现为止，这便是我们常听到的"目标效应"。目标决定人生，我们希望将来拥有什么样的人生，取决于树立什么样的目标。

---

[*] 吉姆·霍普金森：《3%的目标效应》，载《21世纪商业评论》，2013年第2期，第27页；夏爱华：《世界会向那些有目标和远见的人让路》，载《文史月刊》2014年第2期，第1页。

5.3.1　美国哈佛大学研究的内容

5.3.1.1　研究一：一个长达 10 年的跟踪调查

参与该研究的被调查者都是哈佛大学的 MBA 毕业生，他们都被问到同一个问题："你是否为将来制定了清晰的目标，并且是否计划实现这些目标。"调查结果发现：

84% 的毕业生没有找到方向，所以没有明确的目标；13% 的毕业生虽然有目标，但是并没有把目标写下来；剩下 3% 的毕业生对将来的方向非常清楚，他们不仅有清晰的目标，而且还写下实现目标的计划。

10 年之后，针对同样的被调查者再次进行调查，这次的调查问题与收入有关。调查结果发现：

那些拥有目标的 13% 的毕业生的平均收入是完全没有目标的 84% 的毕业生的两倍多；而那些拥有清晰的目标，并把计划写下来的 3% 的毕业生的平均收入竟然比其他 97% 的毕业生的总收入要多出 10 倍。

5.3.1.2　研究二：一个长达 25 年的跟踪调查

参与该研究的被调查者是一群智力、学历、环境等条件相当的年轻人，他们同样被问到以上问题。该项调查结果发现：

27% 的人没有任何目标；60% 的人有目标，却很模糊；10% 的人有清晰的目标，但是较短的目标；3% 的人有清晰的目标，且是长远的目标；唯独 3% 的人把目标和实现计划写下来，并且经常对照检查。

25 年过后，这些被调查者的生活状况和分布现象都各有不同，而且十分有意思。

那些占 27% 的没有目标的人，25 年来他们依然没有找到人生目标，几乎都生活在社会的最底层。他们过着不如意的生活，常常处于失业状态，收入来源来自社会补贴，而且常常不是抱怨他人、社会，就是抱怨自己，从未想过要努力奋斗。

那些占 60% 的目标模糊的人，他们几乎都生活在社会的中下层，虽然他们过着安稳的生活，但是都没有做出什么特别的成绩。

那些占 10% 的有清晰目标的人，他们大都生活在社会的中上层，他们设定出的短期目标都不断被达成，生活水平稳步上升，成为各行业不可缺少的专业人士如医生、律师、工程师等。

而剩下最后的 3% 的人，25 年来他们未曾更改过自己的人生目标，一直朝着同一方向坚持不懈努力前进。25 年后，他们几乎都成为社会各界的大赢家，其中不乏白手起家的创业者、社会精英等。

从调查研究中可以看出，3% 的人之所以在人生中获得成功，是因为他们对自己的人生有全盘的计划。换言之，他们比起其他人更懂得目标思维，并且知道如何在生活中运用。将理论与实践结合，造就了他们今天的成就。

5.3.2　3% 的成功人士如何运用目标思维

5.3.2.1　3% 的成功人士都有清晰且长远的目标

研究中发现，在平均收入方面具有清晰目标的人要比没有目标的人高出多倍，而在职业成就方面，他们成为社会各行业有地位的人士，不是医生、律师就是企业高层或者社会精英。由此可见，制定目标对个人发展起着重要的决定作用。值得一提的是，在研究二中占 10% 的人尽管有清晰具体的目标，但是缺乏长远规划，所以每达成一个短期目标，就有可能再制定另外一个与其不相干的短期目标，以致不能完全投入在一个领域中并得以充分发挥。对于那些没有目标的人，或者目标模糊的人，他们对将来的发展没有一个明确的方向，如同船只没有罗盘，漫无目的地在大海中漂流着，不知道该往何方前行，因而他们在社会中一直无所作为。

5.3.2.2　3% 的成功人士都有实现目标的计划

与其他人不同，3% 有清晰且长远目标的人在确定目标之后，他们同时也制订出实现目标的计划，从而可以预测变化并确定采用哪些方法，才能有效地实现目标。从研究中可以看出，其他人群即便有了明确的目标，但是他们没有深入考虑如何实现它这个问题，遇事都是"见一步走一步"。他们往往对与目标有关的信息不够敏感，有时也不知道该如何迈出第一步，进而无法利用自己拥有的资源去实现目标，导致实现的过程总是遇到阻碍，甚至容易消磨意志。然而，在生活中，他们仍然能达到自己制定的目标，但是目标的实现对他们而言并没有给他们带来很大的意义，因此只能过着平淡无奇的生活。

对于日后踏入社会的大学生来说，即便他们对职业有具体的目标，但是由于习惯性地依赖长辈的监督与激励，导致大部分学生尚未意识到计划制订的重要性。他们常常遇到的情况就是，即便人生有方向，却没有走向那个方向的道路，永远都比他人慢一步。合理的计划可以利用已有的资源尽可能设定出不同的行动方案，让我们可以进行适当的调整，以便有效学习。因此，计划的制订是职业生涯规划的第二重要步骤，能为我们提供非常全面和系统的实现措施。

5.3.2.3　3% 的成功人士守住初心，始终如一

研究二中的 3% 的人 25 年来未曾改变自己最初的目标，不断朝着一个方向前进，这些行为体现了坚持到底的精神。他们对目标有着执着的信念，所以才能成为社会中各个领域的佼佼者。"有恒则断无不成之事"，意为有毅力的人绝对没有不能完成的事情，强调做事要有决心，即便遇到再大的困难都能够克服。在确定清晰的目标，制订出完美计划后，如果对目标没有强烈的坚持，就难以继续按照计划进行。所以，持之以恒也是他们成功的关键。

当代大学生在家长与老师的过度爱护下容易缺乏识别能力、判断能力，极其容易受到诱惑因素的影响，即使对职业做好规划都会出现半途而废的事情。此时，我们要开始追问自己做这件事的目的所在，尽量让自己回到初始的状态，通过实现每一个小目标获得的小小奖励，保持实现目标的热情与目标感。因此，实现目标的决心就是职业生涯规划的推动力。

5.4　本章小结

只有明确使命，企业的存在才能变得有意义。无论是对于企业还是对于个人，目标都是引领人向前发展的动力。"有理想的人，生活总是火热的"，理想帮助我们对未来有一个全面的设想，且总是在我们失落的时候再次点燃起我们对希望的激情，让我们坚定地走向未来。由此可见，目标的重要性，正如我们常说"人生没有目标，就没有存在的意义"，更谈不上成功。世界上很多成功者之所以获得成功，是因为他们都找到自己存在的目的并加以证明其意义，而且在生活各方面都有效地运用目标思维。所以，人们若想获得成功，首先要找到自己人生的目标，让自己具有使命感，并想方设法地实现它，才能最终受益其中。

参考文献

［1］林泉，邓朝晖，朱彩荣. 国有与民营企业使命陈述的对比研究 ［J］. 管理世界，2010 (9)：116－122.

［2］王宗萍. 论财务目标与营销目标的一致性与矛盾 ［J］. 经济体制改革，2004 (3)：122－123.

［3］徐兆林. 基于目标管理 SMART 原则的课堂教学有效观测 ［J］. 中国职业技术教育，2019 (35)：68－72，81.

［4］叶丹. 诚外甥书原文及翻译赏析 ［EB/OL］. (2020－02－03) ［2020－11－21］. http://www. gaosan. com/gaokao/268204. html.

［5］余成洁. 企业使命陈述研究综述 ［J］. 商讯，2021 (18)：102－103.

［6］DRUCKER P. Management：tasks，responsibilities，practices ［M］. New York：Harper & Row，1973.

［7］IRELAND R D，HIRC M A. Mission statements：importance，challenge，and recommendations for development ［J］. Business Horizons，1992，35 (3)：34－42.

［8］KEMP S，DWYER L. Mission statements of international airlines：a content analysis ［J］. Tourism Management，2003，24 (6)：635－653.

［9］KOMPELLA K. Marketing wisdom ［M］. Singapore：Springer Nature Singapore Pte Ltd. ，2019.

［10］KOTLER P，ARMSTRONG G. Principles of marketing ［M］. 17th ed. Harlow Essex：Pearson Education Limited，2017.

第6章　因果思维

一发不可牵，牵之动全身。

——清·龚自珍《自春徂秋偶有所感触》

企业是以盈利为目的而从事生产经营活动，为顾客提供产品或服务的经济组织。在企业内部，各个部门或活动之间形成一个逻辑严密、环环相扣的价值创造过程，这一过程被迈克尔·波特称为价值链。企业并非在与世隔绝的环境中经营，其产品或服务只有被市场接受才可以实现盈利目标，企业内部的经营活动成功与否反映在企业外部的市场和财务表现上。赫斯克特（Heskett）等人的服务利润链和凯勒（Keller）等人的品牌价值链将企业内部活动和外部结果建立起了关系。① 波特价值链、服务利润链、品牌价值链均可统称为价值链，它们在本质上是高度相似的：一系列原因和结果构成的因果链条。因果链条意味着，一旦有某一活动环节出现问题，就会产生多米诺骨牌效应，从而影响链条的最终结果。因此，企业首先需要从整体上把握价值链，而且需要认识到每个活动在整个价值链条当中的战略位置。

价值链理论反映的是因果思维。我们生活在一个复杂的世界中，很多事物之间存在因果关系。古英格兰著名的民谣"少了一枚铁钉，掉了一只马掌；掉了一只马掌，丢了一匹战马；丢了一匹战马，败了一场战役；败了一场战役，丢了一个国家"。就是对因果思维最生动的解释。因果思维对个人具有重要的指导意义，从因到果，可以帮助我们更好地预测事物的发展走向和最终结果；从果到因，可以帮助我们发现事物背后的真相，进行合理的归因。

首先，本章从价值链的概念切入，让读者初步了解营销中的价值链是什么。其次，探索价值链背后的思维模式，从中抽离出因果思维这一思维模式，

---

① Heskett J L, Jones T O, Loveman G W, et al. Putting the service-profit chain to work. Harvard Business Review, 1994, 72 (2): 164-174; Keller K L, Lehmann D R. How do brands create value?. Marketing Management, 2003 (12): 26-31.

具体从三个方面阐述因果思维：一是介绍什么是因果思维，二是解释因果思维为什么重要，三是指导人们如何运用因果思维。最后，以《一纸救江东》的案例进一步让读者理解因果思维的实际应用。本章的逻辑主线见图 6-1。

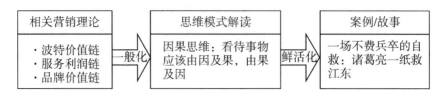

图 6-1　本章的逻辑主线

6.1　相关营销学理论

在营销学的很多理论中蕴含着因果思维。本节重点介绍波特价值链、品牌价值链、服务利润链三个理论。波特价值链是一般意义上的价值链，描述的是企业内部各个价值创造性活动构成的因果链。品牌价值链和服务利润链是特定领域的价值链，它们将企业内部活动与外部结果整合起来，形成了更加完整的价值链条。

6.1.1　波特价值链

价值链（value chain）这一概念首先由迈克尔·波特（Michael E. Porter）于 1985 年提出，他在《竞争优势》中指出：每一个企业都是在设计、生产、销售、交货和售后服务等过程中进行种种活动的集合体，所有这些活动构成一个整体性的价值创造链条。波特价值链把企业视为一个存在上下游环节且紧密联系的单位，价值链的过程就是原材料转换成最终产品并不断实现价值增值的过程。

波特价值链把上下游相关价值创造活动分为两个层次（图 6-2）。其一为基本活动，它直接创造价值并将价值传递给顾客，具体涉及产品的物质创造及其销售、转移给买方和售后服务的各种活动；其二为支持活动，指的是那些对企业有辅助作用投入的基本活动和基础设施，它不直接创造价值，但会为基础活动提供条件，具体涉及采购、技术开发、人力资源管理、基础设施。波特价值链理论帮助企业将经营的视野扩大，避免局限于生产、销售等消费者常常关注的环节，同时还需要将视野拓展到整个价值链。不同价值单元之间横向相互协同发挥作用，又存在前后相关的因果关联。

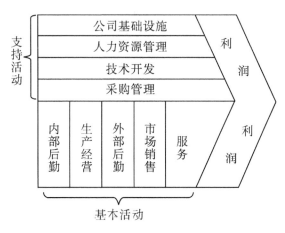

图 6-2　波特价值链

　　回溯价值链的过程可以帮助企业把握经营的关键环节。价值链管理的核心就是价值增值，而价值增值的前提应该是掌握关键的价值活动。通过对企业活动的价值链分析可以看出，在企业的价值活动中，并不是每一环节都创造价值。实际上，只有某些特定的价值活动才能创造价值。这些真正创造价值的活动就是价值链上的战略性价值环节，即形成企业竞争优势的环节。一个企业要想通过价值链获取行业竞争中的地位，则必须掌握和培养自己的核心竞争优势，通过识别价值链中的关键价值活动，使其优化为竞争优势环节。因此，波特价值链理论要求企业把设计、生产、销售等环节分解成不同的价值环节，通过准确评估不同价值环节在整个价值链条中的重要性，有针对性地对弱势环节进行优化，对那些居于竞争优势的环节加以重点关注，关注重要价值活动并对其进行更多投入，帮助企业获得竞争优势，从而实现系统整体的最优目标。

　　企业可基于价值链理论进行成本的优化。在波特价值链分析下，企业不仅可以更加清晰地识别成本管理的对象，还可以拓宽成本管控途径。由此，企业可以借助波特价值链的分析优化成本管理。首先，企业需要对现状进行分析，包括成本管理现状、企业营收活动、人员管理等；其次，需将本企业价值链的具体环节可视化，明确企业价值链过程。在波特价值链理论分析下，企业的成本和资产被分配到不同价值链环节中去，因此需要清晰地识别并划分不同的价值环节，以明确成本管理的具体对象；在前两者的基础之上，企业需要依据成本控制现状以及可视化的价值链，来评估出不同价值环节所占总成本的比例和相应成本增长趋势，优化成本投入产出下降较快的价值环节，强化能够创造利润的关键价值环节，进而实施适合自身发展特点的成本管理。因此，在价值链理论下，企业的成本控制应当贯穿于企业生产经营的全过程，这需要企业各个活动环节的通力合作。

6.1.2 服务利润链

服务利润链理论（service profit chain，SPC）是由詹姆斯·赫斯克特等人在1994年提出的，它回答了服务企业利润的来源。服务利润链提出了一系列相关因素之间的关系，构建的是企业获利能力、顾客满意度和忠诚度、员工满意度和忠诚度、生产效率各要素之间的联系，反映了服务企业盈利与成长的递进关系（图6-3）。

服务利润链将企业利润与顾客忠诚度、顾客忠诚度与员工忠诚度、员工满意度与顾客满意度等要素之间的关系联系起来。在服务利润链理论中，员工的能力、顾客满意度、顾客忠诚度、劳动生产率等要素之间存在直接的、牢固的关系，服务利润链模型阐述了以下的内在逻辑：企业获利能力强弱由顾客忠诚度决定，顾客忠诚度由顾客满意度决定，顾客满意度由顾客认为所获得的服务价值大小决定，服务价值大小最终由忠诚的员工来创造，员工对公司的忠诚取决于其对公司是否满意，员工对公司是否满意又受到所处工作环境的内部服务质量影响，内部服务质量又会受到企业受益的积极影响。由此来看，服务利润链也可以被视为一条闭合的价值链，前后每一环节紧密关联，上一环节的质量直接影响到下一个环节的实施。

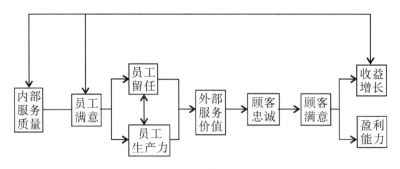

图6-3　服务利润链

服务利润链提醒企业应当关注内部员工的重要地位。企业既要让消费者满意，也要让公司员工满意。服务利润链的核心内容是顾客价值等式，即：顾客价值 = （为顾客创造的服务效用 + 服务过程质量）/ （服务的价格 + 获得服务的成本）。从该核心等式来看，要想提高服务所创造的价值，离不开内部服务员工的支持。员工是服务型企业经营的关键，服务价值影响着顾客满意，而服务价值是由那些满意的、忠诚的、有积极生产力的员工创造的。因此，追根溯源，唯有提高员工的积极性以及满意度，员工才能更好地发挥所长，更好地为顾客创造服务价值，从而提高顾客满意。

基于此，服务利润链提出了内部服务质量这一概念，指出企业若想提高外部顾客的顾客价值，则需要先优化公司对内部员工的服务质量。一方面，企业应当对有突出贡献的员工制定必要的物质或精神激励制度，并给予员工一定的决策自由，使员工切实感受到自身工作的付出得到了重视，以此提高内部员工的积极性与成就感。另一方面，员工的满意和忠诚还可以通过员工培训来实现。通过企业培训向员工灌输企业积极的价值观，增强员工对组织的认同感，从而使得整个员工团队形成融洽的工作氛围，增强员工的工作满意度。技能性的员工培训也可以不断提高员工的行为规范与服务水平，使得员工真正地掌握技能，提高服务水平与服务效率。

服务利润链已得到较多实证研究的支持。正是因为服务利润链的存在，服务企业广泛采用了内部营销理念和策略，甚至有些企业提出了"员工第一，顾客第二"的理念，其合理性即员工是服务企业的核心竞争优势，员工的满意度决定了顾客的满意度，员工要先于顾客得到较好的内部服务质量。虽然服务利润链是针对服务企业提出的，但是在服务业比重不断攀升，制造业服务化的现实背景下，其重要性将会得到越来越多企业的认可。

6.1.3 品牌价值链

品牌本质上是一个顾客导向的概念，因此，品牌的价值创造过程需要同时兼顾企业内部活动与外部效果。品牌价值链（brand value chain）是由 Keller 和 Lehmann（2003）提出的，它是一种评估品牌资产（brand equity）的来源和结果的结构化方法，揭示了营销活动如何创造价值。品牌价值链的价值创造活动包括四个阶段（图 6 - 4）：品牌价值创造过程始于企业针对实际或潜在顾客营销活动的投资（第一阶段）。营销活动包括产品研发和设计、中间商的支持、营销传播（包括广告、促销、赞助、直接和互动营销、人员推销、公共关系等），以及员工培训。相关营销活动会影响顾客的心智（mind-set），即顾客对品牌的所知和所感（第二阶段）。顾客心智主要包括品牌认知、品牌联想、品牌态度、品牌忠诚和品牌行为五个方面。大量顾客所形成的心智影响品牌的市场表现（第三阶段）。市场表现包括价格溢价、价格弹性、市场份额、品牌延伸、成本结构和盈利性六个方面。最后，品牌的市场表现又进一步影响其在股市上的反应，即股东价值（第四阶段）。具体表现为股价、市盈率、市场资本总额。

品牌价值链从一个阶段过渡到另一个阶段的过程中，品牌价值的产生还受到营销活动质量、市场环境、投资者情绪等外部因素影响。首先，从营销活动投资到顾客心智阶段受营销活动质量的影响，营销活动的质量直接决定营销活动对顾客心智的影响效果，具备信息明确的、有记忆点与针对性的营销活动才能够更好地向顾客传达品牌价值，从而得到顾客认同；其次，顾客心智所创造的价值转化为市场业绩的阶段受到市场环境的影响，企业外部竞争情况、供应商的支持、顾客规模等不同方面的外部因素影响着市场环境的稳健性，当这些外部因素稳健并且对品牌有利时，顾客会对品牌进一步产生积极的印象，由此才能顺利地将在顾客心智中所创造的价值变现为市场绩效；最后，产品业绩的表现转化为市场中品牌价值表现阶段受到投资者情绪的影响。投资者决定投资前会考虑多方面的因素，其中包含资本市场活力、市场风险等，如果投资市场不乐观，那么品牌市场业绩所产生的价值就很难转化为品牌价值。

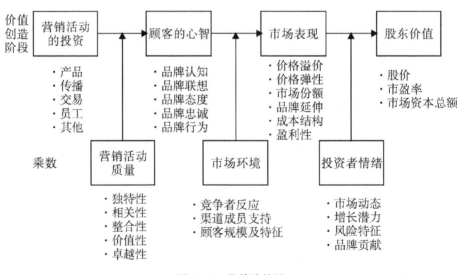

图 6-4　品牌价值链

比起波特价值链以及服务利润链，品牌价值链有着更突出的优势所在。一是波特价值链与服务利润链缺少对外部环境的关注，而品牌价值链会考虑了企业外部环境因素，更多地关注品牌价值链在不同外部条件影响下的变化。二是比起波特价值链与服务利润链，品牌价值链不仅仅关注产品与服务本身，而更关注其向顾客传递的价值，更接近营销观念，避免营销短视。

建立健全的品牌价值链，可以帮助企业提高品牌资产的价值。企业可以有效地利用品牌价值链理论来刻画出品牌资产的整体面貌，比如可以品牌价值链为基础来构建品牌资产的整合性模型，由此对品牌资产进行评估测量。依据识别品牌价值链，企业能追踪品牌价值创造的整个流程，有效地优化价值链的不同环节，从而达到品牌资产增值的最终目的。

品牌资产增值的同时也提高了品牌竞争力，品牌竞争力的提升也是企业品牌价值链优化升级的结果。为维护品牌的强势竞争力，企业往往把品牌价值从注重短期的产品盈利向注重长期品牌收益进行转变（孔令顺和宋彤彤，2017），通过多元化的商业开发来优化品牌价值链。迪士尼就是其中一个很好的案例，迪士尼公司前任董事局主席兼 CEO 的迈克尔·埃斯纳利用品牌价值链理论为迪士尼打造了一个具有很强竞争力的商业运作模式。第一个环节是推出各项影片新作，迪士尼旗下的传媒平台扩大了其影视作品的影响力，保障了第一轮收入；第二个环节是发行这些已公映电影和 CD 并获得第二轮利润，从而保证成本的收回；第三个环节是迪士尼品牌价值链中极其重要的部分，即迪士尼依靠知名的电影或动画角色吸引游客前来迪士尼主题公园。从线上到线下，迪士尼不断丰富着顾客体验，占领顾客心智；最后，再通过 IP 衍生品牌产品与 IP 授权等方式进一步增加市场业绩与品牌价值。迪士尼旗下每一轮商业活动环环紧扣，持续地实现品牌价值的不断增值，最终成为成功的"品牌乘数型企业"（方政和鲁皓，2009）。

6.2　因果思维模式解读

6.2.1　什么是因果思维

价值链的概念背后实际上隐藏着一种我们常用的逻辑思维——因果思维。在价值链概念中，各个能创造价值的活动被联系在一起，每一个价值活动既是上一环节的结果，又是下一环节的原因，由此形成具有很强因果递推逻辑。价值链背后的因果思维实际上是一种"顺藤摸瓜，因果寻因"的思维方法，指导我们看待事物时应当追溯事情因果，层层递进，从而"顺藤摸瓜"地分析事物、解决问题。

因果思维告诫我们，要从整体层面关注原因与结果的关系。如果只关注原因而忽略结果，可能会导致个体行动力不足。如果只看到结果而忽略原因，则可能会导致短视。例如，企业的目的是获得利润，但如果忽略了利润是来自顾客满意和忠诚这一原因，企业就有可能为了追逐短期的利润而做出有损顾客利益的事情，进而破坏企业长期利润。但是，从整个因果链角度思考，企业会认识到顾客满意和忠诚与企业利润是一种因果关系，从而想方设法确保顾客的满意和忠诚，这样利润也就水到渠成。再如，《我要的是葫芦》故事中的主人公不知道叶子与葫芦之间的关系，当邻居提醒他要治一治葫芦叶子上的蚜虫时，他却说："叶子上的虫还用治？我要的是葫芦"。结果，叶子上的蚜虫更多了。小葫芦慢慢地变黄了，一个一个都落了。

因果思维也提醒我们，要关注原因与结果之间的边界条件或情境因素，在有些条件下，原因更可能触发结果，在另一些条件下，二者的关系强度则可能较小。例如，当市场竞争不激烈时，顾客满意和忠诚程度越高，企业的利润就会越高；相反，当市场竞争很激烈时，顾客满意和忠诚与企业利润之间的关系就会变小。再如，通常来说，个人学习投入越多，成绩一般就会越好。但是二者的关系可能还会受到学习方法有效性、他人帮助等因素的影响。为了更好地应用因果思维，个体需要尤其注意这些情境因素。

因果思维突出"牵一发而动全身"的关键作用。在因果思维下，特定的"因"会产出对应的"果"，而"果"又会形成新的"因"，从而使得相互关联的事件一环扣一环。因此，当我们用因果思维看待问题时，从中可以发现我们所遇到的很多事情实际上都构成了一种环环相扣的因果链。这种因果链的结构类似于我们常说的多米诺骨牌效应，每一张牌看似独立，但实际上前后相连，如果我们没能在第一张牌倒下后及时扶住后面的牌，那么就会导致所有的牌连续倒下。亚马孙河流域的一只蝴蝶扇动翅膀就能掀起密西西比河的一场风暴，这不是因为蝴蝶翅膀的力量有多大，而是因为蝴蝶在扇动翅膀时所产生的微弱气流恰好处在大气循环系统的敏感位置中，才导致风暴的出现。其实，引起最终局面改变的并不是某个环节的力量，而是某环节改变后由链式效应所带来的结果。

在因果思维中，影响事情后果的"因"或大或小。一个错误的数据，可以导致整个实验面临失败；一条细微的缝隙，可以导致整条船只岌岌可危。当我们回顾在现实生活中的失败时，可以发现失败往往不是因为某个十恶不赦的重大错误引起的，而恰恰是那些看似微不足道的一个个小问题导致的。这里有一个日常案例可以充分说明这一点：在工程施工中，部分工人因为觉得麻烦就没有遵守规章制度戴好安全帽，抱有侥幸的心理来到工作岗位，正是这一环节的疏忽，导致了许多死亡事故的发生。我们大部分人的生活与工作也是如此，不仅由一些非同小可的大事件构成，同时也离不开一个个看似不足挂齿的小细节，而我们的事业成功、健康安全也就是在这一个个或大或小的事件中一步步实现的。

6.2.2　因果思维的优势

因果思维能够有效地去理解世界。一方面，我们通过把握事物的因果链关系，从而高效、清晰地认识世界。任何事物或现象都有相关的因果联系存在，各式各样的联系是复杂的，为了更好地理解这个世界，人类根据自己的认知提炼出相对简化的因果思维。因果思维看似简单，但却能够高效地为个人提供结构化、层次化的处理思路，比如，我们在日常说话或者写作中，就常用"因为""从而""由此"等关键词强化因果逻辑，以更清晰地表达我们的想法。另一方面，因果思维能够帮助我们不断改进错误的认知。古代，当人们无法理解事物发生的因果关系时，就会陷入迷信的怪圈，例如，将雷电现象认为是"雷公电母"发怒所致，将地震的来袭认为是"阴阳失衡"所致。如今，科学家十分讲究因果链的逻辑，认为科学发现的过程就是由果溯因的过程，他们用科学解释因果链条的每一环，由此纠正了许多过往人类错误的认知。因为善于思考，人才与动物不同，人们会主动地在成长过程中利用因果思维不断地对事物的因果关系进行反思，挖掘问题本质。由此，才逐步破除了过往许多错误的因果关系，逼近科学的真相。

通过因果思维，我们寻找科学的因果关系。一些事物的因果关系是被科学与实践经验验证过的，通过该种因果关系，我们可以对事件的后续进展进行推导，从中预测事物未来的发展和变化。利用因果思维对未来进行推理是企业家在创业过程中常用的思维方式，企业家们既能根据事物之间的因果关系有效地预测未来行业的发展趋势，把握风口，同时也能通过因果预测来防范目前业务可能出现的风险、损失等。人是具有能动性的，未来也是由人创造的。掌握对未来的正确预测，能帮助我们未来能动地改变事物，做出正确的选择与规划，从而将事物引导到正确的轨道上。但是，我们需要注意，对未来的预测应足够理性。环境条件是不断在变化的，预测结果的有效性并非一成不变的。利用因果思维对未来进行预测时，我们还需要考虑不同条件下各种随机性的影响。

因果思维可以帮助我们开阔视野，放长远目光，更深入地处理事情。从个人视角来说，因果思维强调不局限于表层思考，而是更多地从事物的因果链上剖析事物发展过程中的不同环节，由果推因，再由因导果。我们每个人的一生实际上就是在打造因果链的过程，如果我们掌握了良好的因果思维，则可以将我们的目光放长远，用深谋远虑的眼光提早合理规划好未来路线。例如，若我们从小就立志做科学家，那么少年时期我们就需要勤奋刻苦学习，以此帮助我们进入更好的平台；然后利用平台丰富的资源，我们又能进一步找到感兴趣的科研方向，为未来从事科研工作打下研究基础；到中年，我们才能用已知的学识探索未知，在专长的领域发光发热，发挥科研工作者的社会价值。由此，人生规划中的各个计划因果相连，通过一步步知识的积累，最终成功实现科研梦想。此外，因果思维还能帮助我们更多地从全局的高度看待事情。任何一件大事要想成功，都离不开前期各个环节的支持。作为团队中一员，即使个人综合能力并不是非常突出的，也依然可以利用因果思维，将自己的角色嵌入到一个团队的因果流程链中，发挥某一方面的个人能力，做一颗优秀的"螺丝钉"。如果在团队合作中每个人都充分发挥所长，找到自己"因"的位置，那么每一个人的工作环环相扣，就可以成就最终不可估量的团队成绩，从而达成目标的"果"。

6.2.3　如何应用因果思维

6.2.3.1　事出必有因：由果推因

依据因果思维，我们可以根据结果来推导原因，高效地分析任务、处理问题。

由果推因的逻辑可以帮助我们分析任务，为自己的目标制订计划。如今许多看似复杂的事物都可以通过因果推断发现其因果链结构。社会环境的变化要求我们处理的任务越来越复杂，当面对这些任务时，我们就可以根据我们想要达到的目标来构建清晰的因果链条，从中梳理我们需要实现哪些"因"才能得到想要的"果"，从而使得目标实现计划变得清晰化、步骤化。需要注意的是，我们在利用因果思维分析任务时，还需要识别并掌握好因果链中的关键环节，这可以帮助我们更好地对任务实施计划进行优先级划分。一个事物从产生到发展的因果链是由诸多因素构成的，有的"因"发挥着主要作用，有的"因"则发挥着次要作用。比如，我们想要提高书籍的销售量，就需要把握住书籍的出版销售流程中的关键环节，任何一本书进行正式销售前都需要经历选题论证、作者写作、编辑校对以及上市营销的过程，其中，书籍内容写作质量的高低才是该本书籍是否能畅销的关键性原因。"打蛇要打七寸"，"擒贼先擒王"，把握住关键因素，能帮助我们分清主次关系，从而有针对性地合理分配投入成本。

另外，由果推因的逻辑可以帮助我们解决问题，发现现象或问题的本质。我们常用的鱼骨图分析就是采用了由果推因逻辑，即透过现象看本质。在鱼骨图中，我们将所发现的问题置于鱼骨的头部，以鱼头为起点，由浅至深地追溯问题的根本原因，从而层次分明、条理清楚地研究如何产生、为什么会产生这样的问题。"无风不起尘埃，无祸不起事端"，我们处理事情的时候应当避免只看表象或结果，通过结果去寻找本因，才能透过现象看到本质。当我们遇到问题时，如果我们能够深谙因果思维，我们就可以尝试用因果思维梳理问题的根源，顺藤摸瓜地查找究竟是哪一个环节不尽如人意，从而有针对性地优化问题。比如，演讲紧张的时候，很多人认为是对演讲内容不够熟练，缺乏练习。但实际上，导致我们演讲紧张的根本原因可能是小时候所受到的心理创伤。因此，解决不了核心的心理问题，尽管练习多次可能也收效甚微。正如《朱子语类》中提到的"不可去名上理会。须求其所以然"。因果思维让我们在解决问题时深入理解问题产生的原因，看待问题不可止步于"知其然"的阶段，更重要的是"知其所以然"，只有知道了为什么，才能对症下药地根治问题。

6.2.3.2 有因必有果：据因推果

我们还可以利用因果思维对未发生的事情进行预判，从而做出正确的选择。世间的万事万物之间都存在千丝万缕的联系，在现实生活中，我们在做重大的决策时不可以想当然地我行我素，应当关注事物之间相互的关联性，因为任何一个环节的变化都有可能引发一系列因果变化，最终导致意想不到的结果。就拿下象棋来说，有时候我们想当然地以为我们只走了简单的一步棋，但是若从全局的视角，我们会惊讶地发现这一枚小小的棋子就可能打开了漏洞，让我们处处碰壁，甚至影响我们全盘的思路。因此，聪明的弈棋者善于把握因果思维，提前预测每一步棋的"果"，他们看似轻松地摸子走子，其实通盘慎重，脑海里模拟着每个棋子落下后的棋盘局面，并预判对手的走棋。下棋的规则是落子无悔，一旦一着不慎，就会满盘皆输，生活中的其他事情也是如此。

我们之所以总是听到很多前辈告诫我们"选择比努力更重要",是因为错误的开始会使得人们走上一条错误的道路,最终会让努力付诸东流。"善因结善果,恶因结恶果",只有一开始进行正确的预判,做出正确的选择,事情才能朝着一个正确的方向前进。提前平衡不同的"因"所产生的不同的"果",那么做一些简单的预测将不在话下。所谓"人无远虑,必有近忧",任何事物都处在因果联系之中,我们需要自觉树立因果观念,增强我们看问题、做事情的预见性,优化整体规划。

6.2.3.3 关注因果之间的边界条件

事物之间的因果关系并不是绝对化的。一方面,事物之间的因果联系不仅受到内部要素的影响,也时常受到外部环境因素的影响;另一方面,事物之间存在相互联系的同时,事物也在变化与发展。因此,在不同条件下,因与果之间的关联关系或关联程度也有所不同,我们应当依据不同情况对事物的因果关系进行判断。举一个我们常见的例子,我们依赖过往经验性的因果逻辑,以为自己没有优秀的学历背景,就没有信心向行业的一些头部公司投递自己的简历,殊不知,这会让我们丧失许多珍贵的机会。实际上,在某些企业,较高的学历的确可能更有概率获得面试机会;但在另一些公司中,依据企业特质与岗位的不同,他们评估人才的标准会有所不同,比如在一些强调技术性能力的岗位招聘中,应聘者的学历与获得面试的概率关系不大,应聘者过硬的技术水平才是企业看重的能力。

因此,我们在应用因果思维时需要警惕我们的刻板印象。因果思维将事情结构化,有助于简化人们的认知过程,但这种便利性也往往导致我们一些刻板印象的产生,使得我们用惯性思维去认定一些看似困难的事情不会有结果,让我们在面对一些挑战时止步不前。事实上,许多事物的因果联系并不具有绝对性,作为新时代的年轻人,我们应当既要有"明知山有虎"的理性认知,也要有"偏向虎山行"的勇气。

6.3　因果思维模式案例[*]

6.3.1　一场不费兵卒的自救：诸葛亮一纸救江东

这个智谋故事见于《三国演义》第五十八回。三国时期，江东发展为富庶之地。曹操等人虽然基本统一了北方，但依然觊觎荆州和江东两地。曹操计划决定进攻江东，但是却担心西凉州的镇东将军马腾会乘曹操起兵关中时期来袭击空虚的许都，因此假借朝廷的名义命令马腾随军讨伐孙权，由此设计使得西凉马腾被杀害。此后，曹操认为进攻江东已无后顾之忧，于是进攻。诸葛亮听闻该消息后对刘备承诺道："主公只用修书一封，并且派人援助马超，那么不用耗费大兵之势，就能让曹操大军退兵。"刘备听闻，立刻修书并派使者投送西凉的马超。马超得知了父亲与弟弟遇害的消息十分悲痛，恰逢刘备书信寄来，信中刘备痛斥曹操，深情怀念与马腾的旧情，并指出马超擒下曹操，不但大仇可报，汉室也可兴。

在马超决意起兵时又恰逢与韩遂相遇。原来，韩遂收到了曹操的指令，被要求擒拿马超。殊不知马超与韩遂叔侄情谊颇深，韩遂也悲愤于马腾之死中。由此，韩遂愿相助马超，带兵擒拿曹操等人。马超、韩遂大军的来袭拉响了关中的警报，使得曹操等人不得不放弃攻打江东，转而退兵护卫关中安危，起兵应对马超、韩遂等人。

6.3.2　《一纸救江东》的因果链

我们将价值链背后的因果思维方法导入经典故事中，同样可以得到解读。诸葛亮救江东的整个过程中，每一环节相联，构成了一条环环相扣、密不可分的链条：曹操杀害了马腾父子三人，使得马、曹之间产生了巨大矛盾。而使者寄送书信这一举动使得矛盾激化，从而激发马超起兵攻打长安。韩遂听闻此事后联军加入，使得擒曹队伍壮大。由此，关中面临危险，曹操只得放弃派出大

---

　　* 佚名：《围魏救赵是怎么回事？孔明是怎样一纸救江东的》，见 https://wenku.baidu.com/view/065d20d264ce0508763231126edb6f1aff0071d8.html。

量兵力攻打江东，转而驰援后方抵御关中危机。最终，诸葛亮目标达成，江东安宁。在《一纸救江东》这个故事中，决定江东安危的要素实际上并不是单一某一项环节事件的发生，而是多项活动的相互作用与环环相扣，如图6-5所示。如果曹操不杀害马腾，便不会产生马、曹之间的矛盾；若刘备没有修书激化矛盾，那么马超也许就会忍一时怒火；若韩遂没有联军加入马超阵营中，那么西凉进攻的力量就远远不敌曹操，从而难以逼迫曹操退兵保卫关中。

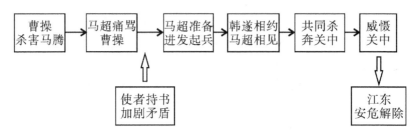

图6-5　《一纸救江东》故事因果链

6.3.3　《一纸救江东》如何体现因果思维

6.3.3.1　由果溯因，查找事件的关键要素

在《一纸救江东》中充分体现了诸葛亮的逆向思维，通过由果溯因的逻辑较好地运用了因果思维。古人云："治兵如治水。"面对来势凶猛的强敌，一味硬碰硬，无异于以卵击石。"围魏救赵"或"一纸救江东"等计谋的奥秘就在于避免就事论事，头痛医头，脚痛医脚。直接改变结果是困难的，我们若要想改变结果，就不能只把视线着眼于结果，而是需要从原因上努力。

首先，诸葛亮在运用因果思维之前需要先确认目标。在江东安危迫在眉睫之时，"保护江东"是诸葛亮计谋想要达成的最终目标，即"果"。然后，通过由果溯因的逻辑，诸葛亮对"曹操计划攻打江东"这一事件的因果链进行了反向的梳理，思考如何通过拆解关键性的"因"来破坏最终的"果"。因果思维告诉我们，事物或现象之间以及事物内部各要素之间总是存在着大量的因果关系，因与果或因与因之间总是环环相扣的，若是能从中抓住事物联系中的关键节点，那么便可牵一发而动全身，攻破其核心薄弱的环节来使得结果发生改变。就曹军而言，其关键的薄弱之处在于军事布局的大后方，稳定的后方是

"曹操计划攻打江东"这一事件的关键性前因条件，唯有西凉兵稳定与关中安宁，曹操才能有良好的出兵条件。曹操一旦带领精兵锐卒攻打江东，关内必然就只剩下老弱或妇女，倘若能趁其出兵之时占领其后方，避其实而攻其虚，击其不意，那么就能够有效地威慑关中，使得曹军回国自救，从而阻止曹军南下进犯。可以说，对关中的威胁和牵制是解救江东危机的重中之重。那么，通过什么途径来对关中的安全造成威胁呢？诸葛亮从曹操的人物关系情况开始进行梳理，并且获得了马超与曹操之间具有杀父之仇这一重要信息。传闻"神威天将军，西凉锦马超"，马超是西凉的少寨主，在西凉大军中具有很强的号召力。由此，诸葛亮瞄准了一个关键势力——马超以及其背后的西凉大军，意图从关键性的"因"着手，拆解事件的因果链，通过迂回的策略来保卫江东的安全。

6.3.3.2　由因导果，利用因果链的连锁效应

在《一纸救江东》这个故事中，诸葛亮充分认识到事物因素之间存在紧密的因果关系，各因素环环相扣，相互联系并相互制约。我们只要掌控或调动最关键的因素，使得因果链中的关键节点发挥负效应抑或是被瓦解，便会破坏重要因素之间的联系，使得其他因素也随着关键因素的变化而变动，从而产生连锁效应，最终影响整体结果。因此，任何一个关键因素的变化都会产生牵一发而动全身的效果。诸葛亮意识到，一旦西凉兵对关中产生威胁，便会牵动曹操大军折返关中，从而使其进攻江东的计划失败。由此，诸葛亮借助该连锁效应，用一封薄薄的书信，不费一兵一卒就保护了江东的安宁。

因果链中能引发连锁效应的关键因素或大或小，就《一纸救江东》这个故事而言，看似只是一封薄薄的书信，但是它所引发的却是翻天覆地的变化。实际上，能激起马超起兵的不是书信本身，而是书信内容的共情作用，通过书信所传达的共情能够很好地促进刘备与马超之间的合作行为。

诸葛亮等人之所以能有效利用书信引发共情，从而激起马超起兵，是因为诸葛亮等人明白自己在哪些方面或环节上占有优势，哪些处于劣势。曹操由于谋害了马超之父，在与马超的关系上相较刘备处于劣势地位；刘备与马超之父曾经结交，情谊犹存，这就是诸葛亮计谋的优势所在。利用该优势，诸葛亮让刘备修书一封，通过书信内容米痛斥双方之间的矛盾早就难以调和，战争可能一触即发。诸葛亮不过是善于运用因果链的逻辑，以一封书信来充当事件导火索，在恰当的时间点内介入马超与曹操之间的矛盾中，激起马超之怒，有效地挑起了马超的起兵意图。最终，诸葛亮等人成功地激化了西凉与曹操之间的矛

盾，并与马超建立合作关系，破坏了曹操进攻江东这一原计划中的重要环节，以此打破曹操原先的计划路线，从而达到保护江东这一最终目的。

6.4　本章小结

营销中的价值链理论有效地指导了企业从联系、整体的视角来看待业务，而价值链背后的因果思维对我们的生活与工作也具有重要意义。没有无果之因，更没有无因之果。世界是一个复杂的系统，因果关系普遍存在着，许多人在生活中能意识到因果关系的重要性，但却时常不懂得如何运用因果思维来分析任务和处理问题。学会从因果思维看待事物，就会发现我们的视野进一步得到了开拓。因果思维摒弃了从表象看待问题或结果的视角，更多强调从根源与本质上了解事物的发展。通过回溯因果链，抽丝剥茧，我们可以更加轻易地找到处理问题或达成结果的新路径、新方法。

参考文献

［1］何佳讯. 基于顾客的品牌资产测量研究进展：量表开发、效度验证与跨文化方法［J］. 商业经济与管理，2006（4）：53－58.

［2］孔令顺，宋彤彤. 从 IP 到品牌：基于粉丝经济的全商业开发［J］. 现代传播，2017，39（12）：115－119.

［3］迈克尔·波特. 竞争优势［M］. 北京：华夏出版社，1997.

［4］KELLER K L，LEHMANN D R. How do brands create value？［J］. Marketing Management，2003（12）：26－31.

第7章 应变思维

兵无常势，水无常形，能因敌变化而取胜者，谓之神。

——孙武《孙子兵法·虚实》篇

当有人问松下公司的总裁松下幸之助有什么经营秘诀时，他说："没有别的，看到下雨了，就要打伞。只不过是顺应天地自然的规律去工作而已。"企业是构成现代商业社会的基本单元，其营销活动受到市场环境的影响。古希腊哲学家赫拉克利特曾言："世界上唯一不变的就是变化。"营销学者将其修改为"市场唯一不变的就是变化"。在现代社会中，企业所面临的环境瞬息万变，而且变化的速度日益加快。环境变化既可能为企业带来新的发展机遇，又可能让企业陷入万劫不复之境。《易经》有云，"为道也屡迁，变动不居，周流六虚，上下无常，刚柔相易，不可为典要，唯变所适"。企业若想捕捉机会，规避威胁，只有对环境抱有敏锐的感知，应时而变，顺势而为，才能成功。

企业的经营离不开环境，个人的生存和发展同样受制于环境。达尔文的进化论指出，进化是物种与外部环境的相互作用、适应，那些不适应环境的物种就会被淘汰。从人类的发展史看，人类的发展过程就是不断适应环境、完善自己的过程。能够敏锐感知环境变化并迅速做出反应的个体才能把握环境的馈赠，避开环境的陷阱。优秀的个体甚至能够提前预测环境的变化，未雨绸缪。相反，也有一些人，无视环境的变化，以致错失良机。

本章的逻辑主线见图7-1。首先，本章将对具体的营销环境、应对营销环境的相关概念进行解释，让读者对营销中的应变思维有大致了解。其次，本章将应变思维从营销环境中抽离，上升到一般领域，成为一种普适性较高的思维模式提炼。最后，本章将选取生活化的场景，更加生动地体现应变思维在生活中的存在。

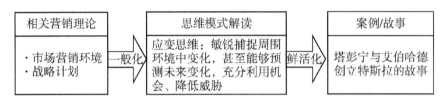

图 7 - 1   本章的逻辑主线

7.1   相关营销学理论

7.1.1   市场营销环境

7.1.1.1   市场营销环境的概念

市场营销环境（marketing environment）是指影响企业与其目标顾客建立并保持成功关系的一切要素和力量（图 7 - 2），它既包括宏观环境也包括微观环境，既包括企业内部环境也包括企业外部环境，既包括可控环境也包括不可控环境。

宏观环境是指影响企业营销活动的外部大环境，它对企业营销活动的影响是系统性的，会影响到所有的企业而非单一企业。宏观环境对企业的影响是间接性的，即它通常先作用于微观环境再影响企业。宏观环境包括人口环境、经济环境（包括国民生产总值、居民收入、外贸收支等因素）、自然环境、技术环境、政治法律环境和社会文化环境等。宏观环境通常是企业外部的环境要素，因此企业并不能控制宏观环境。宏观环境要素在长期内不断发生变动，不断产生新的环境可能性。

微观环境是指存在于企业周围并密切影响其营销活动的各种环境要素。相对于宏观环境要素，微观环境要素对企业的影响往往是非系统性的，通常只会影响一个或少数几个企业。微观环境要素对企业的影响也较为直接。微观环境包括公司自身、顾客、供应商、营销中介、竞争者以及公众等。企业自身作为一种微观环境，包括企业的管理层、研发、采购、运营、财务和会计等部门。企业自身属于内部环境，也属于可控环境。微观环境中除企业自身以外的要素属于外部环境，大部分是不可控的。

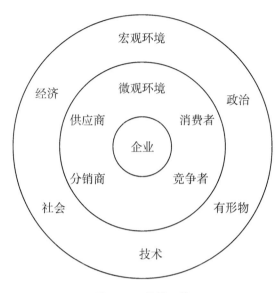

图 7 - 2　营销环境

　　营销环境具有动态性的特点。在微观环境中，消费者、竞争者等因素每时每刻都有可能发生变化，从而导致企业的竞争格局、细分市场等发生变化，影响企业的营销计划乃至发展战略；在宏观环境中，经济环境、政治环境乃至文化等均受到全球化浪潮影响，加之信息化工业革命的大趋势，全球环境中不稳定因素持续增加，影响着全面的市场格局。调查数据发现，北半球企业的平均寿命小于 20 年，然而也有存在了 100 年甚至 700 年之久的大企业（如斯托拉公司等）。针对这一现象，提斯等进行了研究，发现对外部环境变化的反应能力是解释企业成功发展的关键。能够适应技术与市场环境的变化、通过内外部资源整合进行创新的企业有更长的生命周期。

　　简而言之，环境的复杂可变要求企业必须保持一种高度的敏感性。海尔集团 CEO 张瑞敏提出的"三只眼"理论可以给企业带来一些启发。第一只眼盯住内部员工，使员工的满意度最大化。第二只眼盯住顾客，使顾客的满意度最大化。第三只眼则盯住外部环境机遇。

7.1.1.2　市场营销环境分析

　　市场营销环境的变化产生于朝夕之间，这就要求企业衍生出成熟而全面的环境监测机制。营销是"满足顾客的需要并且获得利润"，因此，在众多外部营销环境的因素中，顾客是最重要的一环。环境分析的重点应当落到顾客身上，因为满足顾客需要的前提是了解顾客的偏好。顾客洞察（customer insight）反映了企业在对营销信息进行深入分析的基础上所获得的对顾客的新鲜的理解，它是企业与顾客建立关系的基础。企业需要关注的环境要素见表7-1，接下来将重点介绍常用的环境分析工具。

表7-1 环境分析

内容	含义	信息来源
政治环境	影响该行业的政府方针、政策、规定	政府控制的新闻媒介
法律环境	对企业以及该行业强制性的法律因素	法律文件
经济环境	与该行业产品有关的市场购买力因素	统计报告
技术环境	将资源转化为产品或服务的过程特性	行业刊物、专利资料
社会文化环境	特定人群的价值观和行为方式	生活性刊物、栏目、档案馆、博物馆、实地观察
人口环境	特定地区人口的性别、年龄、收入、职业等人口统计指标的构成情况	人口统计报告
自然地理环境	与所售产品或服务有关的气候、地理因素	气象资料、地图册、实地观察
消费者用户	各个细分市场与所售产品或服务有关的消费者轮廓，心理行为特点	问卷调查、访谈、现场观察
组织用户	企业、政府、事业单位及社会团体的业务特征，购买程序，采购中心背景资料	行业指南/大全、行业统计资料、电话簿、行业分析报告、观察、访谈
竞争者	同行业竞争者、跨行业竞争者或产品替代者	公开媒介、现场调查

1. PEST 分析

PEST 是政治与法律（political）、经济（economic）、社会（social）与技术（technological）的简称，是一种分析企业外部的宏观环境的工具（图7-3）。其中，政治与法律因素主要指政策制定者对商业行为的干预，包括对交易、劳动力、税收等相关领域的政策、法规和政府行为等，政治稳定性对于企业的经营起到了决定性作用。此外，除了本国的政策，随着国际化趋势的增强，国际政策同样会对企业的经营与竞争有较大影响。外部营销环境要素通常可以采用二手数据搜集的方法获得。

经济因素包括 GDP、货币政策、利率等一系列经济相关的指标与政策，对企业的影响最为明显。这些指标反映了一个地区当前的经济状况，同时对未来的经济发展趋势也有一定的预测作用。对于企业而言，地区经济会影响企业自身的盈利、成本，以及所处行业的发展水平。

技术因素由技术创新推动，更新换代的速度较快，这对企业的适应能力提出了较高的挑战，需要企业将技术与产品生命周期、企业发展周期相结合。

社会因素主要是与人相关的一些影响因素，包括一个地区的消费态度与行为、人口统计学特征等，对于企业而言，这将影响其产品开发的规划以及对企业发展阶段的判断。

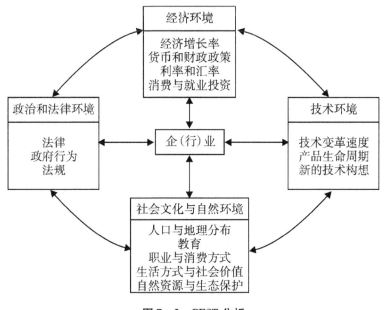

图 7 - 3 PEST 分析

2. 营销调研

PEST 分析可以收集到一般性的环境要素，这些环境要素并不与特定的营销问题直接相关。很多情况下，企业需要针对特定的营销问题开展调研，此时需要用到营销调研这一方法。营销调研是对企业所面临的特定市场情况的相关数据进行系统的设计、收集、分析和报告，是针对企业的特定需求而生的调研过程之一，也是企业在进行决策时不可或缺的步骤。

营销调研分为四个步骤（图7-4），分别是界定调研问题和目标、制订调研计划、实施调研计划、撰写调研结论。

图7-4　营销调研步骤

资料来源：Kotler P，Armstrong G. Principles of marketing［M］. 17th ed. Harlow Essex：Pearson Education Limited，2017：129。

（1）界定调研问题和目标。这是营销调研过程中最困难也是最重要的一步，它为营销调研奠定了方向，同时也决定着营销调研过程能否成功实施。因此，这一步首先需要企业相关的管理人员与研究者共同确定企业现阶段急需解决的问题，随后根据这一问题制定合理的调研目标。通常，调研目标可以分为三种：探索性研究（其目的是收集有助于确定问题和提出假设的初步信息）、描述性研究（其目的是客观描述现状）、因果性研究（其目的是检验因果关系的假设），企业管理者与研究者应当根据此次研究的特定问题选择一种调研目标。

（2）制订调研计划。这一步主要是对调研问题与目标进行操作性的细化。研究者需要确定收集什么样的信息、如何收集信息、采用一手数据或是二手数据等一系列操作性问题。这一步主要要求具体，需要将研究目标转化为具体的要求。此外，研究者还应当将一系列计划写成书面报告的形式，以便后续在进行操作时能够更加有效地传递信息。

（3）实施营销计划。这一步包含按照营销计划收集相关数据以及分析收集的信息两部分。为了确保数据的真实性与有效性，研究者在这一部分应当对实施计划的过程进行监控。且在分析的过程中，应该保持客观与深入，从而对数据的结果有更准确的洞察。这一部分在电子信息技术与数据分析技术较为发达的今天常常体现为大数据营销。大数据营销作为一种双向的沟通方式，不仅让消费者得以通过大数据营销获得更加准确的推荐、匹配，也让企业在这一过程中获得消费者海量的行为数据。而在这一部分中，将体现为企业获得数据的渠道之一。

（4）撰写调研结论。在撰写调研结论时，研究者需要确保没有对数字进行夸大，报告最重要的结论即可。同时，企业管理者也需要参与这一步骤，从管理者的角度理解研究者的结论，并结合自身对此次营销调研的特定问题的理解将结论转化成为对这一问题的解决与发展更有指导意义的建议和举措。

3. 数据库营销

在当今的数字化媒体时代，消费者面临着更加"碎片化"的信息，受到更多因素的影响，人们对单个信息的关注度以及关注持续时长正在被不断地压缩，消费者的消费群体、消费能力、消费需求、消费理念、消费习惯、消费偏好均发生了一系列改变，这对企业的顾客洞察能力提出了更高的要求。这就催生了数据库营销与大数据营销。

数据库营销是在企业通过收集和积累消费者大量的信息，经过处理可预测消费者有多大可能去购买某种产品，并利用这些信息对产品的性能和外观质量进行精确定位，并据此制作营销信息以达到说服消费者去购买本企业产品的目的。而大数据营销是比数据库拥有更大体量、更高实时性特点的数据，具有数量巨大（volume big）、类型多样（variable type）、实时快速（velocity fast）和价值高但密度低（value high and low density）的 4V 特点。

通过对大数据的捕捉，企业能够对顾客数据进行整合与预测，更好地进行市场分析，因为从数据的关联中可能会出现一些意想不到的消费者行为，而这些难以预料的市场变化往往能够催生出新的商机，让一个企业得以抓住一个新的销售潮流。比如著名的沃尔玛"啤酒与纸尿裤"案例：沃尔玛通过对数据的挖掘，发现每个周五晚上，啤酒的销量与纸尿裤的销量呈现出相关性。沃尔玛的管理者们经过研究发现，这种相关性源自周五下班的男性——周五下班时，男性总想着喝一瓶啤酒放松一下，而他们的妻子则打电话让他们回家时买一点纸尿裤。基于这一发现，沃尔玛创造性地将纸尿裤摆在了啤酒的附近，从而极大地提高了二者的销量。

企业应将通过各种方式获得的营销信息档案化、数据化，汇总成为企业的营销信息系统，并设专门机构或专人，例如首席情报官（chief information officer，CIO）或收集知识官（chief knowledge officer，CKO），进行动态管理和数据挖掘。营销信息是企业重要的经营资源，要从知识经济下的知识管理高度去重视它。

7.1.2 战略计划

7.1.2.1 战略计划的定义

战略计划（strategic planning）是指企业将自己的资源和能力与外部环境进行匹配的过程。通过这一匹配，企业就可以更好地捕捉到变化的环境中所隐含的机会，这使得企业得以根据自身的情境、机会、目标及资源长期生存发展。这是一种具有可行性的、面向未来的行为，也是一种企业层面的战略部署，有助于企业在不断变化的环境中抓住机会。战略计划的前提是环境分析，是对营销环境的回应。

7.1.2.2 战略计划的过程

科特勒等指出，战略计划大体应当遵循四个步骤（图7-5），即确定企业使命、设定企业目标、设计业务组合以及设计营销及其他功能性战略，形成一个目标的层级结构。这其中，前三步是整个企业层面的，最后一步是业务单元、产品及市场层面的。

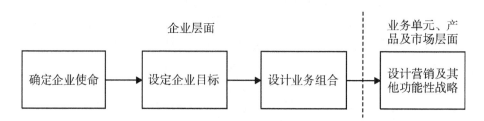

图7-5 战略计划步骤

资料来源：Kotler P, Armstrong G. Principles of marketing [M]. 17th ed. Harlow Essex: Pearson Education Limited, 2017: 63.

（1）确定企业使命。企业使命回答了"企业为什么存在"的问题。企业使命应当是顾客导向而非技术或产品导向的，因为产品和技术会过时，但是顾客的需要却永远存在。企业使命相当于一只无形的手，指引企业前进的方向。比如无印良品公司的使命"能够容纳所有人思想的终极的自由性，带给消费者'这样就好'的满足感"，并非仅仅围绕在无印良品公司的某一项产品上，而是点出了企业对用户应当实现的目标和企业应当承担的社会责任，企业的其他各个环节都是围绕着这一相对抽象的宏观目标进行具体的部署。

（2）设定企业目标。这是将企业使命转为可实现的、具体的、层级化的目标的过程，这些目标需要回应使命的要求。在很多情况下，企业的目标常常以愿景的形式体现出来。例如无印良品公司的愿景为"以真正必要的方式，制造生活中基本的、并真正需要的产品"，相比起围绕社会责任的使命而言，这一目标非常具体，聚焦在了产品的特点上。

（3）进行业务组合分析。一个企业通常具有较多的产品线或者品牌，企业应当选择合适的商业投资组合以更高效地实现各个层级的目标，最终实现企业使命。波士顿矩阵是最常用的业务组合分析工具之一。波士顿矩阵根据市场增长率和相对市场份额将企业的业务分为"明星""金牛""问号"及"瘦狗"四类（图7-6）。业务组合分析就是根据每一类业务的特点，决定应该对其采取什么策略。

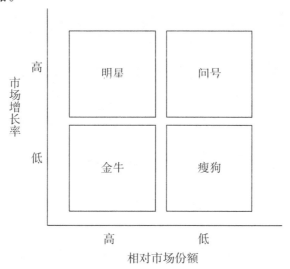

图7-6 波士顿矩阵

资料来源：Kotler P，Armstrong G. Principles of marketing［M］. 17th ed. Harlow Essex：Pearson Education Limited，2017：67.

（4）营销及其他功能性战略。这一部分是企业战略层级的最低级，是落在了企业经营的各个流程的实际运用的战略。这一部分战略的变化性较大，经常需要根据市场环境的发展进行调整，多用4P等营销组合工具进行决策。而不变的是，营销战略总是在企业层面战略的指导下进行。

7.2 应变思维模式解读

7.2.1 什么是应变思维

上述对企业战略分析的基础在于，企业能够准确地把握市场环境、消费者需求等一系列内外部环境的变化，可以说，对于环境的把握最终决定了企业的经营、营销战略。成功的企业是那些能够敏锐地捕捉并及时利用营销机会的企业，反观那些失败的企业，则往往是应对环境变化较为迟钝的企业。而保持高度的环境敏感性和应变能力对个人同样具有重要作用。英国著名幻想小说家特里·普拉切特说："我们要知道我们来自什么地方，如果你不知道你来自何处，你就不知道现在何处，如果不知道现在何处，你就不知道将来要去哪里，如果不知道将来要去哪里，你很可能会迷失自己。"在生活中，一叶知秋、见微知著同样是人们能够顺利发展，甚至逆风翻盘的重要原因。"机不可失，时不再来"，机会往往是转瞬即逝的，人们必须要快速应变。所谓应变思维，即人们能够敏锐地捕捉到自身周围环境中的变化，甚至能够预测未来的变化，并充分利用机会、降低威胁的技能。

实际上，环境敏感性是人类在应对大自然时拥有的一种能力。根据进化心理学的观点，那些对环境（主要是自然环境）不敏感的人已经被大自然所淘汰。换言之，今天的人类都具有环境敏感性。但是，相对于远古时期，今天的人类所面对的环境无论是类型还是复杂程度，都异于远古时期，当今的环境并不会直接决定人的生存或死亡，但会决定一个人的成功还是失败。因此，我们需要有充分的环境敏感性，有良好的应变思维。

心理学家 Aron 等认为，高度敏感型人群更能够注意到环境中的信息并进行深度加工。得益于这种对环境细致入微地观察以及深度加工信息的能力，高敏感度人群能够将自身的优势发挥到极致，且其创造力也更高。

应变思维要求人们对各种可能的环境信息加以筛选和分析，结合自身的优势进行利用，最终为我所用，正如高敏感度人群对信息的感知与深度加工能力所体现的那样。然而，强调环境敏感性，并不意味着敏感性越高越好，而应当把握一定的程度，做到恰好有利于自身应对而不为自己带来更多的负担即可。正如高敏感度人群经常被评价为"过度情绪化"一样，过高的敏感性可能容易让人患得患失，反而不利于人们有效抓住机会。

7.2.2 应变思维的重要性

信息化社会的时代中，人们生活、工作的环境每天都在发生巨大的变化。应变思维不仅能够让人们意识到变化的发生，也有助于人们在错综复杂的环境信息中准确地发现对自己有利的机会，规避不利的威胁。

7.2.2.1 机会转瞬即逝，需要及时把握

古罗马诗人奥维德在《变形记》中写道："一切都在变化，没有东西会消失。"而不断变化的局势往往也孕育着巨大的潜力，正因如此，才会有诸如项羽、岳飞等乱世中的英雄，前者为了能"取天子而代之"英勇地参加了无数场战役，最终彰显了自己的军事才能；后者在乱世中多次有投戎的想法，却在征战中机缘巧合下立身扬名。这些乱世英雄正是因为在混乱的世道变化中牢牢地把握住了展现自己谋略的机会，才占得一席之地。

不仅是历史上的英雄与帝国需要把握环境中的机会，古今中外，内外的环境变化所带来的影响都为人们所重视。"石油大王"洛克菲勒正是因为看到了传统的石油加工过程的漏洞而研制出了更加节省焊接剂的工具，也开启了他事业成功的第一步。应变思维承接着这种对环境变化的关注，提醒人们在朝夕万变的世界中，准确地识别环境真正的变化，从而为自己做出反应提供基础。

7.2.2.2 信息纷乱复杂，需要有效梳理

如果仅仅是能够接收到大量的信息，而无法从这些信息中提炼出一个综合的结论，那么只会分散个体与组织的注意力，最终降低信息处理的效率，反而造成不利的影响。而在互联网时代，信息与数据更是以海量计算。根据国际数据公司（IDC）发布的《数据时代 2025》报告，2018 年，全球每年产生的数据已经高达 33 ZB，报告预测 2025 年这一数字将上升到 175 ZB，如果要以 25 Mb/s 的网速下载这全部的信息将要下载 18 亿年。面对如此庞大的信息量，辨别什么信息与自己相关、什么信息对自己有用是现代社会每个人必不可少的能力之一；而个人更需要思考的问题是，这些信息组合起来将会解释怎样的现象、预测怎样的趋势。

应变思维强调个体或组织通过建立某种信息的处理流程，对感知到的环境信息流进行筛选与分析，从而得出一个相对准确的结论，为自身的决策制定提

供更精确、有价值的依据，降低信息过载对传播链双方的负面影响。

7.2.2.3 未来竞争激烈，需要合理规划

在任何领域，竞争都是不可避免的。正所谓"人之处于世也，如逆水行舟，不进则退"，如果不能时时留心变化，做"有准备的头脑"，最终会因为落后于时代而被抛弃。柯达公司的创始人乔治·伊士曼敏锐地察觉到当时的人们对于更轻便、更易于使用的相机的需求，于是苦苦钻研出了干版配方，成立了伊士曼干版公司，也就是柯达公司的雏形。然而，伊士曼之后，柯达公司的数任高层却自认为可以高枕无忧，拒绝新的技术，因此错过了推出电子化产品的最佳时机。也正是因为这份对环境变化的麻木导致靠着胶卷发家的柯达人忽视了影像业在其他地区的崛起，竞争者诸如日本富士、索尼等纷纷推出的无胶卷电子相机，抢占了市场的先机，导致了柯达公司失去电子相机市场，最终破产。

在柯达公司中，创始人伊士曼与他的继任者法伦等是否具有应变思维的正负体现：伊士曼正是因为觉察到市场对于便捷相机的需求，并通过自身刻苦的学习与敏锐的领悟能力发明了干版技术，使得柯达公司一度引领了摄影技术的风潮，成为"相机"的代名词。然而，也正是因为忽视了海外市场的竞争者与新时代消费者对于无胶卷相机的需求、技术的发展等一系列环境变化，伊士曼的继任者没能带领柯达公司乘上电子化时代的列车，最终落后于时代，宣告破产。

7.2.3 如何应用应变思维

应变思维顾名思义，要求思维应用者随着环境变化而变化。但是实际上，要做到这一点，需要做到时刻准备、识别环境真正的变化、筛选分析环境中的信息、将整合信息与自身匹配这四个步骤。唯有这样，人们在面对环境变化时才能够察觉并有效利用这一变化，指导自身决策、发挥自身优势。

7.2.3.1 时刻准备

"机会偏爱有准备的头脑"，这是置之古今中外而皆准的道理。唯有时刻准备着应对环境的变化，当变化真正来临时才能更加及时地启动。发现电流磁效应的奥斯特正是这样一位通过自己的积累而最终对机会有所察觉的人。在当时，学界普遍认为电与磁之间并无关联，然而在当时奥斯特则观察到了一些电

磁现象（如雷电让刀叉、钢针等物品磁化等现象），并基于此认为电与磁之间必有联系。此后，奥斯特便展开了电磁方面的研究，然而，正如其他试图研究电磁关系的科学家们一样，他的实验也多以失败告终。在一次偶然中，奥斯特无意间将通电的导线靠近指南针，指针竟然有所变化，这引起了一直试图在这一领域有所发现的奥斯特的注意。于是基于这一现象他着手开展了多次实验，最终发现了电流磁效应。

从奥斯特的故事中，我们可以看到，奥斯特不但能够意识到电流磁效应是真实存在的，而且在这一领域他具有扎实的研究基础。因此，奥斯特成为第一个发现并证明电流磁效应的人并非偶然。

7.2.3.2　识别环境真正的变化

识别环境虽然是最依据本能的一步，但是由于信息的多样性与重复性，很多情况下我们识别到的环境信息并非环境真正的变化。何为真正的变化对于不同的个体而言有着不同的表达方式，需要个体或组织依据自己的长远目标，为信息的相关性提供一个标杆。"老干妈"风味食品的创始人陶碧华就具有这种对真正环境变化的识别能力。陶碧华从一开始就非常看重诚信与质量，秉持着这种朴实的品牌理念，在消费者购买力上涨、公司规模扩大的环境下，并没有选择涨价、上市等大部分企业都会选择的道路，因为这种环境的变化与可能的道路对"老干妈"这一企业实现其诚信、质量的品牌理念并没有较大的影响。针对市场对调味酱口味的需求逐渐多样化这一变化，陶碧华则将其体现在产品的开发上：先后开发了包括腐乳、香辣菜等在内的多种调味酱，改变了之前产品单一的状况。

"老干妈"的案例体现了应变思维"相关性"的特点，即针对环境做出的回应必须要与个体或组织的长远目标有关。

7.2.3.3　筛选分析环境中的信息

在获得相关环境中大量的信息流后，应变思维要求个体或组织能够对这些信息进行深加工。

在现代社会中，组织与个人可以使用数据流程图、已经建构好的模型（如 STP 模型等）等对信息进行系统性的梳理与分析。在生活中，如果无法使用科学的信息系统对信息进行加工，则可以根据自身需求对信息进行分类、筛选与组合。正如 Covey 提出的时间管理四象限（图 7－7）中将占用时间的工作和信息以"紧急""重要"两个维度分为四种类型，在生活中，个人也可以将相关环境信息流按照相关程度以及影响程度（重要性）分为四种类型。当然，根据个人与组织目标、习惯与具体的所处环境的不同，分析环境中的信息的方法也应因地制宜、因时制宜。

图7-7　时间管理四象限

总而言之，无论采用何种环境信息的分析方法，这种方法都需要具有一定的结构化特点，从而更好地让环境信息全面地、深度地呈现。这也体现了应变思维的"全面性"的特点。

7.2.3.4　将整合信息与自身匹配

应变思维不仅需要重视外部环境的变化，更需要个体与组织进行"自省"，时常了解自身的优劣势与特点。因此，在对外部环境的变化有了一定的认识后，应变思维要求个体与组织同样深入分析自身的条件，与外部环境进行匹配，以此来确定是否及如何利用环境变化。

1812年在俄法战争中拿破仑失败的决策正是因为忽视了环境变化与自身的匹配程度：俄法两国军队的战斗力不相上下，甚至法国还要略胜一筹；且法国此前又攻占了欧洲大陆大量的土地，国土相当辽阔。此时正值俄国公开对法国表示敌对，拿破仑为了取得更大的国土面积、赢得法国的稳定决定进攻俄国。但是，拿破仑没有考虑到俄国的地势条件与气候都不适合长期在南方作战的法国军队，南部的后勤补给也难以供给至俄国。正是这种自身条件与环境的不匹配最终导致了拿破仑的失败。

在这个案例中，拿破仑虽然在综合考虑了兵力、国际局势、国土面积等环境因素后决定出征俄国，甚至考虑到出征俄国路途遥远因此修建了多个后勤补给站。然而，拿破仑却在对自身军队劣势的分析中不够全面，俄国环境的严酷程度远超拿破仑的想象，此前对外部环境的分析与准备只不过是杯水车薪。

总之，除了深入而全面地分析外部环境之外，还应当对内部环境有准确的认知。只有对二者进行相应的匹配后，才能最大化利用环境。

7.3　应变思维模式案例*

7.3.1　硅谷诞生的汽车：塔彭宁与艾伯哈德的创业故事

特斯拉公司一直是汽车行业内话题度最高的公司之一，不少人称其为汽车行业的苹果、谷歌，但也有许多人在预测着特斯拉的破产。无论特斯拉接下来将如何发展，不可否认的是，特斯拉的开创本身就是对现代汽车行业的适应与突破。

自燃油汽车之后，电动汽车一直作为科技创新的形象出现。但通用公司研发出电动汽车后，由于市场表现不好而放弃。创始人之一的塔彭宁由于年轻时游览沙特阿拉伯的经历而意识到：打破世界对化石能源的依赖刻不容缓，这不仅是气候方面的问题，更有经济与文化等人文方面的问题。因此，对电动汽车的开发研究极有兴趣。正好此时特斯拉的另一位创始人艾伯哈德意识到，在环

---

　　* 第一电动：《特斯拉联合创始人塔彭宁回忆创业故事》，见 https://www.d1ev.com/kol/78392；豆丁网：《电流磁效应的发现过程》，见 https://www.docin.com/p‑2010355244.html；光明网：《百年柯达：成也胶卷，败也胶卷》，见 https://epaper.gmw.cn/zhdsb/html/2012-04/04/nw.D110000zhdsb_20120404_1-16.htm；南方周末：《最畅销的电动车是如何造出来的特斯拉传奇》，见 http://www.infzm.com/content/90921；和讯名家：《不可思议的数字：互联网每天到底能产生多少数据？》，见 http://tech.hexun.com/2019-04-15/196823249.html；新浪：《"汽修女孩"古慧晶：努力做最闪亮的"金子"》，见 https://edu.sina.com.cn/l/2021-07-05/doc-ikqcfnca4990307.shtml；高科数聚：《汽车行业深度报告：以美国为例》，见 https://zhuanlan.zhihu.com/p/104379699；千语鸟：《一段艰辛的创业道路，特斯拉（Tesla）创业历程》，见 https://zhuanlan.zhihu.com/p/37880913。

保呼声日益提高的当下，未来美国的高收入人士不是为了省油才购买节能型的车，而是为了表达对环境问题的不满。二人相遇后便主动找到当时参与通用汽车公司项目的工程师，提出可以用锂电池作为汽车的动力，这成为今天特斯拉的电动汽车的雏形，成立了特斯拉。

本节将从应变思维的角度切入，分析塔彭宁、艾伯哈德二人的应变思维、应变思维对于二者的重要性以及二人如何运用应变思维。

7.3.2 塔彭宁与艾伯哈德的应变思维

塔彭宁与艾伯哈德具有对环境变化的敏锐洞察力，同时也擅长在环境变化中发挥自身的优势。这在两人看好电动汽车理念并对电动汽车进行改造的过程中得到了充分的体现。

彼时美国的传统汽车行业发展势头正值迅猛阶段，汽车保有量一度达到每千人 773.4 辆，可以说占据了绝大部分的市场。然而，经历了两次石油危机后，市场消费结构发生了潜移默化的改变，许多消费者的消费理念也发生了变化。在这一市场环境下，塔彭宁敏锐地察觉到世界对于化石能源的过度依赖并非长久之计，使用化石能源强度较大的传统汽车行业应当首先做出变革；艾伯哈德则意识到，在对环保愈发重视的消费者市场中，未来汽车的核心卖点应当是环保而非省油。在察觉到这一市场趋势后，二人将目光投向了电动汽车行业。在面对通用公司研发的电动汽车时，来自硅谷的艾伯哈德提出了使用锂电池作为电动汽车动力的想法，这便是如今特斯拉汽车的原型。二人也因这一车型的问世携手成立了特斯拉汽车公司。

在特斯拉的创始中，塔彭宁与艾伯哈德都是计算机工程背景出身，具有过硬的 IT 行业基础知识，为后续开发电动汽车提供了 IT 技术的支持。此外，二人还意识到中高端消费者对于环境保护的认识正在逐渐加强、化石能源并非人类发展的长久之计这一大趋势，因此在电动汽车市场表现欠佳的当时仍然坚定地投入电动汽车的研发。

7.3.3 应变思维对塔彭宁与艾伯哈德的重要性

塔彭宁与艾伯哈德之所以能够发现连通用公司这种成熟的汽车企业都难以发现的商机，很大程度上归功于二人对行业、市场发展趋势的敏锐评估。可以说，正是因为二者的应变思维模式深入决策的每个阶段，才能勇开行业之先锋。

7.3.3.1　市场不断变化

应变思维的一个重要应用在于能够发现环境中有价值的变化，从而能够"顺势而为"，占领市场先机，获得成功。这也是塔彭宁与艾伯哈德得以进军电动汽车领域的根本原因。在通用公司仍然用研发传统汽车的思路进行电动汽车的研发，并且迅速放弃这一条产品线的情况下，塔彭宁与艾伯哈德却敏锐地意识到电动汽车向好的发展趋势，从而在技术不成熟的情况下投入时间与精力进行电动汽车的经营，最终实现了行业与技术的突破。

在个人日常生活中，觉察环境中的变化将会对许多人的生活决策与规划产生影响，如果能够敏锐察觉好的变化，便能够借环境之便实现自身的突破。在国家高级技术型人才严重短缺的情况下，一些像古慧晶这样的"汽修女孩"觉察了这一缺口，勇敢地跳出了传统的升学道路，转而学习一技之长，致力于解决各类技术难题，从而在主流之外的领域实现了自身的价值。

7.3.3.2　机遇一生难求

机遇可遇不可求，而环境变化所产生的机遇则有利于个人发挥自身所长，为个人的发展提供了更广阔的平台。塔彭宁与艾伯哈德本身具有计算机工程学的知识背景，许多像他们这样的人在毕业之后会成为硅谷一名默默无闻的程序员。然而，正是由于这两人能够运用自身的储备牢牢地锁定了电动汽车发展的风口，才成就了以 IT 技术运营的特斯拉，也成就了两人作为电动汽车一把手的地位。同时，也正是由于二人对于计算机工程技术具有扎实的储备，在电动汽车的研发遇到难题时，二人能够及时化解危机，没有让到手的机会溜走。

7.3.4　塔彭宁与艾伯哈德如何运用应变思维

塔彭宁与艾伯哈德在特斯拉的创始中体现了应变思维的四个关键步骤，同样，应变思维也给予二人应得的回报。

7.3.4.1　时刻准备

塔彭宁在获得计算机工程学位后，前往沙特阿拉伯任职。在沙特阿拉伯期间，塔彭宁深深地认识到化石能源对世界政治、经济与文化发展的制约作用以及对环境的破坏。从那时起，塔彭宁便意识到摆脱化石能源将会是世界能源发展的趋势。此外，塔彭宁也在多家软件公司工作，在软件开发方面颇有成就。艾伯哈德先后获得了计算机工程的学士学位与电气工程的硕士学位，同样对计算机开发与能源有深刻的理解。因此，二人在通用公司研发出电动汽车并弃用后能够迅速地认识到电动汽车对于传统汽车行业的冲击，并完善了电动汽车的技术，推动电动汽车走向世界。

这并不意味着人们在日常生活中需要随时准备就绪，而是要针对自己擅长或者感兴趣的领域进行深入思考与钻研，只有这样当环境的机遇与自己擅长与感兴趣的领域契合时，个人才能快速反应，抓住机会。

7.3.4.2　识别环境真正的变化

应对思维的核心在于能够察觉环境的变化，而且是能够为自己所用、真正会产生影响的环境变化。彼时由于石油危机等事件，美国、欧洲等国家和地区的大多数政府有扶持环保、新能源行业的政策；同时，消费者的环保意识也逐渐觉醒，购买节能环保的产品成为一些消费者彰显自身诉求的渠道。这些变化虽然来自不同的领域，有着不同的原因与影响，然而，对于传统汽车行业而言，传统汽车未来虽然仍然会占有绝大部分的市场，但是消费者对于电动汽车的需求呼之欲出。塔彭宁与艾伯哈德基于自身的经历与知识储备准确地察觉到了市场的这一潜在的需求，因此才有了后来特斯拉的创立。

人们对于环境变化的察觉很多时候是基于自身有一定知识储备的领域，这并非应变思维对于每个人发展领域的限制，而是客观的大概率事件：只有当一个人在某一领域中有所储备，才更有可能先人一步感知到细小的环境变化，同时迅速理解这一环境变化可能的意义。

7.3.4.3　筛选分析环境中的信息

得到环境中纷杂的信息后，应变思维要求人们能够将这些信息进行深度分析、组合解读，最终得到一个能为自身所用的结论。塔彭宁在经历过石油危机后看到了其底层的解决方案是减少世界对化石燃料的依赖，这是他对电动汽车投入兴趣的契机。艾伯哈德在看到通用公司研发的电动汽车销量较差时并不认为这预示着电动汽车没有市场，而是通过分析认为，这是由于广大消费者此时仍然没有将环境问题作为重要议题考虑，因此对新生的事物持有怀疑态度；当消费者环保意识与电动汽车"环保"的符号形象逐渐增强时，电动汽车最终会在中高端市场占据一席之地。

这一环节的核心在于深度与客观，许多情况下，一个"机会"的出现、一些环境的变化带来的并非全部是有利于自身目的实现的状况。唯有正确地分析了环境变化带来的利弊，才能在利益到来时积极化为自身的机遇，在威胁到来时及时应对，扬长避短。

7.3.4.4　将整合的信息与自身条件匹配

应变思维的最终目的是将环境变化、时代机遇等转瞬即逝的事物为自身所用，因此，在对环境变化进行觉察、分析后，更需要与自身优劣进行比较，进行合理地转换，得出最佳的应对方案。对于塔彭宁与艾伯哈德二人而言，所学的计算机工程专业与市场所需要的汽车行业并不相符，这是他们的劣势，因此在汽车研发方面，二人必须向传统汽车行业学习经验。然而，由于站在市场前沿的是电动汽车，其重点在于以电力、科技驱动，因此，塔彭宁与艾伯哈德的 IT 背景反而成为跳出传统框架的优势。二人不但以电脑、手机的电力驱动原理解决了电动汽车的电池问题，在后续公司的运营方面也借鉴了互联网企业的运营，这才使得特斯拉在一众汽车企业中与众不同。

从这个案例中可以看出，应变思维需要的不仅是根据环境趋势、灵感改变自身的发展方向，更需要灵活地改变自身所拥有的优劣势，使得优势在新的环境中被放大，直至成功。

7.4　本章小结

世界上的一切都是瞬息万变的，察觉某一领域暗中涌动的变化性要素、准确预测变化趋势的人往往能够率先回应变化，获得先发优势。而应变思维的重要性正是随着人们这一需求而日渐凸显。应变思维总能够提醒人们时刻做好准备，让人们在变化的环境中抓住机会，将变化转变为机遇，扬长避短，实现自身的突破。本章通过对应变思维所涉及的营销概念进行梳理，回答了应变思维的概念、重要性以及应变思维的思考逻辑的问题，并提炼出了应变思维从前期准备到后期价值匹配的四个应用步骤，对于现实具有一定的指导意义。

参考文献

[1] 刘刚. 企业成长之谜: 一个演化经济学的解释 [J]. 南开经济研究, 2003 (5): 9 – 14.

[2] 于焱. 数据库营销在顾客关系管理系统中的应用 [J]. 情报科学, 2007 (10): 1556 – 1558.

[3] 余云珠. 新零售时代我国零售业机遇、挑战和竞争优势构建 [J]. 商业经济研究, 2019 (7): 25 – 27.

[4] ARON E N, ARON A. Sensory-processing sensitivity and its relation to introversion and emotionality [J]. Journal of Personality and Social Psychology, 1997, 73 (2): 345.

[5] COVEY S R, MERRILL A R, MERRILL R R. First things first [M]. London: Simon and Schuster, 1995.

[6] KOTLER P, ARMSTRONG G. Principles of marketing [M]. 17th ed. Harlow Essex: Pearson Education Limited, 2017.

第 8 章　分类思维

物以类聚，人以群分。

——《战国策·齐策三》

　　任何一家企业的资源和能力总是有限的，这决定了企业只能集中优势资源为一部分顾客提供产品和服务。顾客是千差万别的，但一些顾客又总是拥有相似的需要，这为市场细分提供了基础。因此，企业需要将顾客按照不同的标准进行市场细分，选择其中某个或某些细分市场作为自己的目标顾客，并为不同的细分市场设计不同的营销策略，从而集中优势资源，瞄准最有价值的顾客，实现利润最大化。这便是营销学中的分类思维。

　　营销中有分类思维，万物也皆可且应该进行分类管理。《战国策》有云："物以类聚，人以群分。"在《打胜仗的策略》一书中，著名商业记者 Hoffman 指出，任何一个人，都会遇到新问题，此时不应该着急去寻找解决方法，而是先要给问题分类、定性。只有正确理解了问题的类型，才更容易找到有针对性的解决方法。神经生物学家 Pieter Goltstein（2021）曾说过："我们的大脑正试图找到一种方法，来简化和组织我们的世界。如果没有分类，我们就不能如此高效地与环境互动。"因此，合理的分类有利于简化工作、整合资源、提高效率。

　　本章将对分类思维进行阐述，逻辑主线见图 8-1。首先，阐述相关的营销学理论——市场细分的定义、原因、细分标准、细分后的应用，让读者初步了解具体营销领域中的分类思维是什么。其次，抽象上升到一般领域中的分类思维模式，阐述人们日常生活中为什么要运用分类思维、如何运用分类思维。最后，以一个鲜活的案例，将理论联系实际，使得读者彻底且深入地了解分类思维。

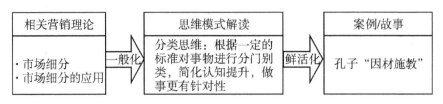

图 8-1　本章的逻辑主线

8.1　相关营销学理论

营销学中的市场细分（market segmentation）体现了分类思维，本节将详细介绍市场细分的定义、原因、细分标准、评价，以及具体应用等内容，以便为分类思维的提出做好铺垫。

8.1.1　市场细分

8.1.1.1　市场细分的定义

1956 年，美国市场学家温德尔·史密斯（Wendell R. Smith）提出了市场细分的概念，指营销者通过市场调研，依据消费者的地理区域、人口统计特征、心理特征、购买行为和习惯等方面的差异，把市场整体划分为若干个消费者群（子市场）的活动过程。市场细分的目的是对顾客进行分类，在此基础上选择一个或几个顾客群体作为自己的目标市场，并为不同的目标市场设计不同的营销策略。简而言之，市场细分就是在异质的顾客整体中寻找具有相同需要的顾客群体的过程。

市场细分有两个极端，一个极端是无差异化营销（undifferentiated marketing）或大众营销（mass marketing），即整个市场上所有的顾客都具有高度相似的偏好；另一个极端是每一个消费者都有独特的需要，这种情况叫作一人市场营销（markets-of-one marketing），即每一个细分市场上只有一个消费者。

8.1.1.2　市场细分的原因

企业和消费者的特点共同决定了应该要进行市场细分。企业有限的资源是外在基础。顾客需要的差异性是客观基础，顾客需要的相对同质性使市场细分有了实现的可能性。

（1）企业资源和能力有限，而市场无限。大仲马在《基督山伯爵》中曾说，"上帝给了人们有限的力量，但却给了人们无限的欲望"。这句话在营销中同样适用。任何一家企业，无论规模大小，其资源和能力总是有限的，而企业面对的顾客数量庞大，顾客欲望无限。企业资源和能力的有限性与顾客规模的无限性之间构成了明显矛盾。因此，企业为了将有限的资源物尽其用，实现收益最大化，必须要对顾客进行分类，在此基础上选择那些能够给自己带来最大回报的顾客群体。

（2）消费者的偏好存在差异性，也存在相对同质性。消费者因其地理区域、性别、种族、心理因素等不同而表现出不同的需求。例如，"男女有别"表明男性顾客和女性顾客有不同的行为偏好。一方面，"十里不同风，百里不同俗"表明不同地区的人们有不同的文化习俗。另一方面，我们也观察到总有一部分消费者存在着相同的需求或偏好，从而可以将他们归为同一类顾客。以图 8 - 2 为例进行说明，在冰激凌市场上，假如只考虑甜度和奶油度，在左图中，所有的顾客在奶油度和甜度上都有相同的偏好，此时没有必要进行市场细分。在右图中，顾客明显地分成了三个小的群体。第一个群体喜欢较低甜度和较低奶油度，第二个群体喜欢正常甜度和较低奶油度，第三个群体则喜欢正常甜度和较高奶油度。因此，企业应该根据顾客的类别，决定生产哪种或哪些冰激凌。从该例子可以发现，市场细分实质上就是在一个异质的市场上寻求同质消费者的过程。

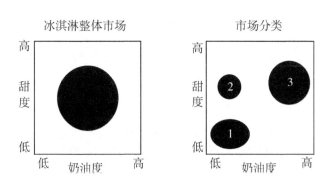

图 8 - 2　消费者需求分类

8.1.1.3 市场细分的标准

分类必然涉及分类标准。菲利普·科特勒和加里·阿姆斯特朗指出，企业可以根据地理要素、人口要素、心理要素和行为要素进行市场细分（图 8 - 3）。本节我们将详细论述这四个要素。

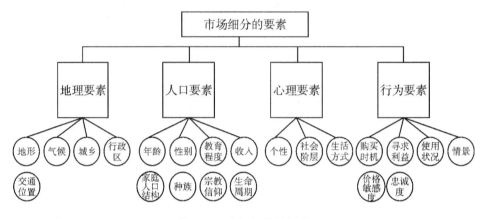

图 8 - 3 市场细分的标准

（1）地理细分。地理细分是指根据消费者所在的客观地理位置来细分市场。其合理性在于，不同地理环境下的消费者，往往有不同的风俗和文化背景，这会影响他们的消费偏好。地理要素主要包括地形、气候、城乡、行政区、交通位置等。以购买鞋子为例，南方潮湿炎热，消费者更看重防水性和透气性；而北方干燥寒冷，消费者更看重保暖性和实用性等。

（2）人口细分。人口细分即按人口统计因素进行细分，主要包括年龄、性别、教育程度、收入、家庭人口结构、种族、宗教信仰、生命周期等。人口要素是最经常利用的市场细分变量，这是因为不同人口统计变量特征的消费者往往有不同的偏好和行为，而且人口统计变量相对于其他变量更容易获得。例如，男性和女性由于先天基因和后天习惯不同，在消费动机、购买行为等方面具有显著的差异，大到产品的功能、类别，小到产品的颜色、样式等均有不同的偏好。服装、化妆品，甚至是牙膏、婴儿纸尿裤、饮料等都体现了性别细分。

（3）心理细分。心理细分是指通过个性、社会阶层、生活方式等心理变量对市场进行细分。生活方式（lifestyle）是指人们生活和花费时间及金钱的模式，一个人的生活方式，表现在他/她的行为（activities，如工作、爱好、社交活动等）、兴趣（interests，如娱乐、饮食、时尚等）、观点（opinions，如文化、教育、社会话题等）中。生活方式不同，消费倾向和需求的商品也不一样。心理细分最著名的模型当属斯坦福国际研究院（Stanford Research Institute）提出的价值观和生活方式模型（values and lifestyles，VALS），该模型根据消费者动机和拥有的资源将所有人群分为创新者、思考者、成就者、体验者、信任者、奋斗者、生产者、幸存者八种类型。

此外，不同社会阶层（social class）的消费者对汽车、服装、家具、娱乐、阅读习惯等都有明显不同的偏好，消费能力也存在明显差异。个性（personality characteristics）是指区别于一个人或群体的独特的心理（内在）特征，国外很多企业的营销人员都已使用个性来细分市场，赋予产品/品牌个性，以迎合相应的顾客个性。

（4）行为细分。行为细分主要包括购买时机、寻求利益、使用状况、情景、价格敏感度、忠诚度等标准。例如，可以根据消费者从产品中获得的不同利益（benefits）将市场划分为不同的细分市场。利益分割通常会产生多个具有不同利益集的市场产品，最为典型的例子是宝洁公司的洗发水，海飞丝主打去头屑，飘柔主打飘逸柔顺，潘婷主打营养发质。再如，根据消费者的忠诚度，可以将他们区分为完全忠诚、部分忠诚、不忠诚群体。航空公司的常旅客计划，酒店的会员计划，都属于这种类型的市场细分。

需要注意的是，本小节分别从四个方面描述了市场细分的标准，而在实践上，企业往往会综合多个指标进行市场细分。比如牙膏市场可以综合消费者的性别、追求的利益等进行市场细分。

8.1.1.4 市场细分有效性的评价

营销者可以运用四类变量对顾客进行市场细分，因而市场细分的结果自然也就有多种可能性。需要进一步思考的是，市场细分的结果是否是有效的？我们可以运用五个标准来评价市场细分是否有效：可测量性（measurable）、差异性（differentiable）、足量性（substantial）、可接近性（accessible）、可行动性（actionable）。前三个指标反映的是细分市场的特点，后两个指标反映的是企业自身的资源和能力。

（1）可测量性。细分的市场必须是可以测量的，如细分市场内的规模、购买力、购买时间等关键指标都是可以获取并且进行衡量的。

（2）差异性。不同细分市场上的顾客应当有不同的需求，即不同的细分市场应该有较为清晰的边界，不然分类是没有意义的。

（3）足量性。细分市场必须足够大、能盈利。如果细分的市场小到只有几个人，那么分类反而会增加企业的负担，使得资源过度分散。

（4）可接近性。企业可以有效地到达和服务市场，如果是企业力所不能及的市场，细分出来也只是可望而不可即。

（5）可行动性。企业能制定有效的营销策略来进入细分市场，并为之服务。比如一家美妆企业把防晒霜的受众分为六个细分市场，但由于资源和人员的不足，不能为每个细分市场服务和进行营销，那这样的细分无异于纸上谈兵。

上述五个指标侧重于从静态角度评估细分市场。除此以外，一个好的细分市场还应该具有良好的成长前景、较高的结构吸引力（体现为供应商和顾客的谈判能力，新进入者的威胁，替代品的威胁，细分市场内部的竞争情况等），与企业的资源、能力和目标相匹配。

8.1.2　市场细分的应用

企业在做完市场细分工作之后，就可以选择一个或若干个细分市场作为自己的目标市场，并为不同的目标市场设计不同的营销策略，例如，提供不同的产品或服务，制定不同的价格，选择不同的营销渠道，设计不同的营销传播策略等。美国市场学家麦卡锡（McCarthy）提出了市场细分的一整套程序，包括七个步骤，具体见图 8－4。首先选定目标市场，探索目标市场顾客的需求，寻求差异作为市场分类的标准，以此选取细分市场并评估每个市场的规模。

在通过某种标准对市场进行细分，并从中选择了自己的目标市场以后，企业就可以为不同的细分市场设计不同的营销策略，这种"对症下药"也是分类思维的重要内容。我们通过两个例子进行说明。

细分市场完成后，企业可以从中选择若干个不同的细分市场作为自己的目标市场，并为每个细分市场开发不同的产品，制定不同的价格，设计不同的渠道，执行不同的传播策略。企业采用差异化营销策略，可以使不同细分市场的需求能够得到更好的满足，也促使每个细分市场得到最大程度的挖掘，将有限的资源发挥出最大的效果。

例如，华为公司根据消费者的收入和年龄将市场细分为四类群体，每一类群体都有独特的需求和偏好，有不同的支付能力，因而华为可以为不同细分市场提供不同的手机系列，并在产品的设计和定价方面进行针对性的设计（表8－1）。

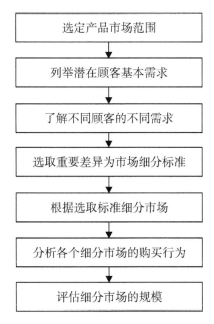

图 8-4　市场细分七步模型

除采用差异化营销策略外，企业还可以采用利基营销策略（niche marketing），即关注一个小的细分市场群体，或个人营销策略（individual marketing），即将每 个消费者视为不同的。

表 8-1　华为不同手机系列

手机系列	目标人群		手机情况	
	年龄	收入	价格	产品设计
Mate 系列	35 岁以上中年商务人士	高收入	3000～4500 元	大气外观，稳重奢华，安全流畅
P 系列	25～30 岁时尚人士	中高收入	3000～4500 元	奢华时尚外观，性能出色
G 系列	25 岁左右白领人士	中等收入	2000 元左右	中端性能，时尚外观
畅享系列	定位广泛	低收入	千元机	入门机型

资料来源：李金林，赵中秋，马宝龙. 管理统计学 [M]. 3 版. 北京：清华大学出版社，2016.

再如，企业可以根据顾客的"忠诚度"和给企业带来的"利润率"将消费者分为蝴蝶（butterflies）、挚友（true friends）、陌生人（strangers）和藤壶（barnacles）四类（图8-5），并有的放矢地针对不同群体实施关系管理和营销策略。

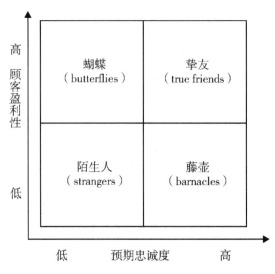

图8-5　潜在利润率和顾客忠诚度分类矩阵

蝴蝶是指潜在利润很高，但忠诚度较低的消费者，像蝴蝶一样，享受一会儿产品的利益就会飞走。对待这类消费者企业要努力将其转化为真正的朋友，通过微观营销、定制化产品来满足消费者更高层次的需求，提高消费者的忠诚度。

挚友是既忠诚又有利可图的消费者，这类消费者是企业最喜欢、最重视的群体，对于企业而言是挚友般的存在。企业应加强和稳固他们与产品/品牌的关系。

藤壶是指高度忠诚但利润微薄的消费者，虽然如船底的贝壳般紧紧相随企业，但是作用却不大，如果船底的藤壶过多，船体反而还会受损，使得运行速度降低。因此，对待这类消费者企业一般听之任之或适时抛弃。

陌生人是具有较低潜在盈利性和预期忠诚度的消费者，对于这一类消费者企业是可以不用做任何投资和营销措施的。

8.2　分类思维模式解读

8.2.1　什么是分类思维

营销学中的市场细分提醒人们要关注分类思维的重要性。分类是实现某种目的，依据一定的逻辑和依据，将不同质的、无规律的、散乱的事物划分为不同的、具有明显差异性的类别，发现和找出事物的内在规律，从而实现更好管理的过程和方法。分类思维是一种通过对事物分类、简化并进行针对性管理的行为模式。如果缺乏科学的分类，很容易导致"眉毛胡子一把抓"，做事没有重点。分类思维应用广泛，分类对象可以是人，也可以是物。分类思维涉及三项重要的工作：

（1）确定分类标准。分类的方式多种多样，可以是单一的标准，也可以是两个或多个标准的组合；标准可以固定不变，也可以随时间变化。采用单一标准的分类方法中最简单的方法就是二分法，即把事物一分为二，例如阴和阳，有和无，是最先也最容易认识、理解和掌握的分类方法。随着事物复杂程度的增加，二分的分类方式不足以满足认识事物和针对性管理的要求，于是，更加细化深入的分类方法和体系便应运而生。

（2）确定分类的有效性。分类可以有不同的标准，不同的分类标准得到的结果差别巨大。分类的有效性需要结合分类的目的来确定。例如，大学课堂中要求学生分组完成小组作业，那么按照身高或体重等指标进行分类，并无实质意义，因为它们跟学生的个人能力、学习态度并无实质关系。

（3）分完类后需要针对性地采取行动。正如市场细分完成后，企业要进行目标市场选择一样，任何分类完成后，都要有相应的行动。例如，教育中的"因材施教"便是，根据不同学生的认知水平、学习能力以及自身素质进行分类，然后制定适合每一类学生的教学方法，以发挥学生的长处，激发学生的学习兴趣。

分类标准、分类有效性、针对性行动这三者对分类思维缺一不可。如果没有分类标准，分类就变成了"老虎吃天，无从下口"；如果有分类但无有效性评估，会导致分类过多，反而浪费资源，占用精力，使分类变成无用功；有效分类后，如果没有采取针对性行动，分类就变成了纸上谈兵，没有实际意义。

事实上，分类思维在人类的学习和成长过程中发挥着重要作用。心理学家让·皮亚杰（Jean Piaget）指出，图式（schema）、同化（assimilation）、顺应（accommodation）和平衡（equilibration）这四种概念是智力发展的过程和原因。图式可看作概念或"类别"，刚出生的婴儿脑海中几乎没有图式，但随着他们的成长，图式会越来越概括化、多样化，图式指的变化和完善永远也不会停止。因此，分类是人们从出生下来就一直会经历的事情，生活中处处可分类形成人们脑海中的图式。

如果某个事物人们之前没见过，就会自动将其同化，即把其归到已有的图式中。例如，儿童看见一只蝴蝶，但他此前从未见过，可能会联想到同样会飞的鸟，拿蝴蝶的图式和鸟进行比较：飞翔、小巧，然后自然就将其归类为鸟。这也是一种分类思维，人们习惯地将陌生的、抽象的事物与熟悉的事物进行类比，将其归类统一。

在儿童经过思考和观察后发现蝴蝶并不属于鸟这个图式，此时，他只有两种选择：要么创造一个能够把刺激置于其中的新图式；要么改造现有的图式，使刺激能够符合于它。这就是顺应的两种形式，顺应是新图式的创造和旧图式的改造。由于图式是人们脑海中的建构之物，并非全是准确真实的。它们的形式是由对经验的同化和顺应决定的。随着时间的推移，它们显得愈来愈接近现实。这个过程其实是人们在不断调整分类标准，将同类事物准确地放入不同标准下。

如果只同化不顺应，那么儿童可能永远会把蝴蝶认作鸟；如果只顺应不同化，那么儿童的图式将会越来越多，此时分类的意义几乎就不存在了。这也启发了我们，在利用分类思维处理事物的时候，不可过度分类，将风马牛不相及的事物放在同一类下；也不可太狭隘，要多思考事物之间的共性，准确地找出分类的标准，合理分类。

8.2.2 分类思维为什么重要

在纷杂的世界中，分类思维不仅可以帮助我们物尽其用，还可以帮助我们更好地认知世界，高效地做出正确的反应。

8.2.2.1 将复杂的事物简单化

世间万物是复杂的，现实事物受各种因素的交互作用影响，呈现瞬息万变的特征，对事物的认识不仅需要分析现有的情况，还需要预测未来的状况和发展趋势。分类是对现象的强烈简化，运用分类思维，可以将复杂的事物解构，识别其影响因素，以及它在不同阶段的发展规律和变化特征，从而针对类别和领域进行更深入清晰的认识和研究，对特定的事物做出有针对性的反应。

8.2.2.2　节省认知资源

受限于知识体系、思维方式和人生经验，人的思维和知识水平是有限的，尤其是在面对无规律的、散乱的事物和局面之时，人们对事物的了解常常不够全面和深刻。人类大脑的天性是懒惰的。分类思维为我们提供了不同的分类体系和标准，引导我们从不同的角度思考、认识事物，可以在一定程度上弥补思维能力和知识水平的局限。分类思维更深层次的意义在于，引导和启发人们通过分类模型，去发现、优化和变革那些有助于我们更好地理解世界的框架。

8.2.2.3　资源有限，提高做事的效率和效果

实现目标需要大量的人、财、物投入，而这些资源往往是有限的，因此目标的全覆盖难以实现。通过分类思维，我们可以对现有的情况和局面进行深入的探索和研究，例如将大量的目标，按照目标重要程度、可实现的程度和具体的时限要求等进行划分，结合目前的资源状况确定目标实现的先后顺序和重视程度，用高效的人财务组合和有限的资源投入取得最好的结果。例如美国前总统艾森豪威尔把所有的事务根据紧急程度和重要程度进行分类，优先级排序：紧急又重要的、重要而不紧急的、紧急而不重要的、既不紧急又不重要的（图 8-6），启示人们把时间资源优先向紧急而重要的事务倾斜，把重要不紧急的事务延后，紧急而不重要的授权他人，不紧急又不重要的则抛弃，这大大提升了处理事务的效率和质量。

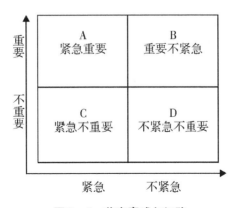

图 8-6　艾森豪威尔矩阵

147

8.2.2.4 提升认识事物的全面和深入程度

分类思维启示我们从多个角度认识事物,以获得更全面的认知。德博诺的六项思考帽就运用了分类思考的方法,将思考的方式分为中立(关注客观的事实和数据)、批判(合乎逻辑的批判和负面意见)、肯定(从正面考虑问题)、创造(负责头脑风暴)、情绪(表达直觉和感受)和控制(规划和管理,做出结论)六类,分别用不同类型的思考方式去看待一个复杂的问题,既保证了思考问题的全面性,又避免了思想混乱和争吵导致的效率低下。我们经常在公司企业会议和课堂小组讨论中使用该方法,让不同的人认领不同的帽子,分别进行不同的任务,以提升看待问题的全面性和深入程度。

8.2.3 如何应用分类思维

分类是大脑用于处理我们日常生活中遇到的几乎所有事物的工具。将事物进行分类,可以简化我们对复杂世界的认识,帮助我们快速、有效地应对新的体验。德国马克斯·普朗克神经生物学研究所(Max Planck Institute of Neurobiology)的科学家们发现,根据椅子与椅子之间的相似性,哪怕是小孩的大脑也会将椅子的属性和功能抽象成"椅子"类别。这就使得小孩可以很快地将新椅子与它所属的类别以及所包含的信息联系起来。

分类涉及三项重要的工作:①寻找标准,即根据什么进行分类;②确定分类的有效性;③分类后分别采取针对性的策略。

在分析复杂事物或解决复杂问题时,如何根据现实情况应用分类思维对研究对象进行分类?我们认为,在具体应用方面主要包括对象属性分析、分类标准选取以及针对性管理三个步骤。

8.2.3.1 分析对象属性

以上文的儿童看见此前从未见过的蝴蝶为例。儿童要认知这个事物,并将其归类到自己所熟悉的领域,首先要解决的问题是了解这个事物的属性及其与已存在认知中的事物的共性。如儿童看见蝴蝶会飞,会联想到同样也会飞的鸟,那么飞翔就是两者的共性,但两者无论外观还是出生方式都很不一样,所以蝴蝶无法归类为鸟。这便是分析对象的属性,即通过分析其特征来确定对象是什么。

8.2.3.2　选取合适的分类标准

分析清楚对象的属性后，需要据此选择合适的分类标准。但是分类标准数以万计，例如，对人群进行分类，可以按照性别、年龄、地域等进行分类。根据不同标准得到的分类结果，会直接影响接下来的行动方案。因此，选择分类标准便成为分类思维的首要工作。如何确立分类标准，涉及多种对分类对象的属性、分类目标、可操作性等因素的影响，需要针对复杂的研究情景进行具体的分析。本书参考"相互独立，完全穷尽"（mutually exclusive collectively exhaustive，MECE）信息分类整理方法（图 8-7），归纳出五种属性的基本分类标准，为读者应用分类思维提供一定启发性思考和维度参考。

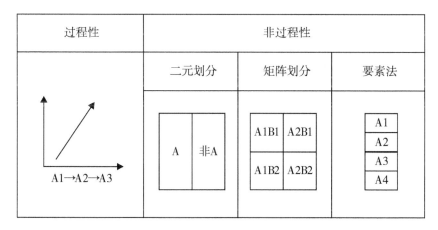

图 8-7　五种属性基本分类标准

首先，对于有突出的过程性特征的分类对象，选择是否以过程的阶段次序作为分类标准。分类对象的过程性是指分类对象本身在时间、流程、程序的各个次序存在着明显差异，此时适合以时间、流程等作为分类标准，将对象按时间或程序分成 A1→A2→A3 等。例如"职业生涯"这一分类对象，可以按时间划分为四个阶段：职业准备期（进入工作前的技能学习、经验积累）、职业尝试期（通过实习期间或者第一份工作来探寻自己是否适合这个职业）、职业稳定期（选择最适合自己的职业，并且长期稳定，不断成长沉淀）、职业成熟期（在这一行业已有一定的社会资本积累，但可能会伴随出现瓶颈和危机）。这样对于不同时期的职业生涯便可以提前确定好自己的目标和应对措施。

对于没有典型过程性特征的分类对象，在分类标准选取的过程中，重点在于确定分类的目标以及令分类对象呈现出重要差异的关键因素。按照提取的关键因素的不同，可以分为如下三种分类模式：以单一分类标准进行二元划分，即将对象划分为 A 与非 A 两个部分，例如性别；以双重分类标准进行矩阵式划分，将分类对象分成 A1B1、A2B1、A1B2、A2B2 四类，例如艾森豪威尔矩阵；以多重分类标准进行要素法分类，例如大五人格，都是按照"相互独立，完全穷尽"的 MECE（完全）分类法则，将分类对象分成不同的构成部分，从而得出分类对象各个方面的特征。例如《周易》就是基于完全分类的思维模式，将万物状态分成 64 个卦象，完全分类应对。阴阳是一个完全分类，八卦是阴阳二进制的分类，64 卦也是完全分类。完全分类是分类的最高境界。

8.2.3.3 根据类别特点采取不同的措施，进行针对性管理

在确定合适的分类标准对分析对象进行分类后，需要根据不同类别采取相应措施，进行针对性管理。值得注意的是，使用分类思维的时候，要辩证和灵活，不能标签化同类别下的成员忽略彼此间的差异，也不能将分类标准和分类群体视为恒定不变。

8.3 分类思维模式案例*

8.3.1 孔子因材施教

圣人之道，精粗虽无二致，但其施教，则必因其材而笃焉。

——朱熹《论语集注》引张敬夫（栻）

孔子，名丘，字仲尼，春秋时期鲁国人，是中国古代最重要的教育家之一，开创儒家学派、被后世尊称为"大成至圣先师"。孔子的教育活动成就斐然，他门下弟子三千，其中贤人七十二。

孔子最重要的教育思想之一是"因材施教"，并最早在教学实践中采用因

---

* 顿李芳：《我国中小学"因材施教"中的问题与对策研究》，2014 年河南师范大学硕士学位论文；韩金涛：《孔门七十二贤》，载《宝藏》2020 年第 12 期，第 41 页；杨敏：《"因材施练"必要性与可行性的分析探讨》，载《考试周刊》2017 年第 6 期，第 167 – 168 页。

材施教方法：通过谈话和个别观察等方法，了解和熟悉学生的个性特征，在此基础上，根据各个学生的具体情况，采取不同的教育方法，培养出德行、言语、政事、文学等多方面的人才。因材施教的基本原则是，教师要从学生的实际情况、个别差异出发，有的放矢地进行有差别的教学，使每一个学生都能发挥所长，获得最佳发展。因材施教建立在了解学生才能的基础上，"千里马常有，而伯乐不常有"，倘若伯乐不能识别出千里马的才干，那么就谈不上因材施教，纵使马贵为千里马，也只能食不饱、力不足，才能和美好的品质难以显现。那么如何能正确地识材？在现代强调既要"面向全体"，又要"因材施教"的教育背景下，应用分类思维对学生进行分类，进而选择适合其特点的教学方法便是关键。本节将从孔子因材施教的理念和现代教育实践出发，分析因材施教这种教育学分类思维的应用，探讨什么是因材施教、为什么要因材施教以及如何因材施教，向读者展现分类思维在教育情境中的具体应用。

8.3.2　何为"因材施教"

因材施教是孔子教学特色的一个体现。根据《论语·述而》的记载：众弟子有的长于"德行"，有的长于"言语"，有的长于"政事"，有的长于"文学"，这就是所谓的孔门四科。孔子能够根据学生的性格特点和智力水平，用相应的教学内容、手段和方法进行教育，促使学生朝最适合自己的方向发展，以求人尽其才。

因材施教的实质是进行分层次、有针对性的教学。处于一定年龄阶段的学生，他们的心理特点和智力水平既有一定的普遍性，又有一定的特殊性。教学只有从学生的实际出发，考虑学生的个性特点和个性差异，提出不同的教学要求，设计不同的培养方案，才能使每一个学生的才能和品德都得到培养和发展。如今我国大力推进的中等职业教育改革、高等职业教育改革以及高等教育改革，都是"因材施教"的教学思想在当代的教学实践。例如，《国家中长期教育改革和发展规划纲要（2010—2020 年）》《教育部关于进一步深化中等职业教育教学改革的若干意见》等政策方针，都是希望能够通过更好地实现教育的分层、学生的分类，提升我国职业教育水平，使得适合职业教育的学生"有所学"、更好地发挥自身长处；同时，高等教育也能向"高精尖"发展，达到多层次、多规格人才的分类、分层教育目标。

8.3.3 为何"因材施教"

中人以上，可以语上也；中人以下，不可以语上也。

——《论语·雍也》篇

李白诗云"天生我材必有用"，然而"材"是什么"材"？"用"又如何"用"？孔子在教学实践中，是通过观察与谈话进行识材，再针对其性格与特点进行教育引导。但是，孔子的精力、时间有限，面对门下三千弟子，也无法做到一一识材，因而便开创了由德行、言语、政事、文学所组成的孔门四科，即将学生按不同的特长或专长分成四类，类似于现代教育中的大学分系。所以，应用分类思维实施"因材施教"的原因，可以归纳为两点：人尽其才的需求与教育资源的有限性。

8.3.3.1 人尽其才的需求

尽管门下的3000弟子与72贤士各个均为天纵英才，但其性格、为人、长处均各异。子骞寡言稳重，一旦开口便语出中肯；子贡利口巧辞、善于雄辩，且有济世才干、办事通达；仲弓为人敦厚、气度宽宏，在孔门以德行著称；而冉求却为季氏敛财，让孔子大为恼怒；子张才情很高，喜欢为难苛责他人；宰予刻苦学习却天赋有限，甚至被称为朽木不可雕也……总而言之，孔子门下各个弟子之间存在着智力的差异、学习方式的差异、认知方式的差异等。面对客观存在的差异，孔子需要最大限度地开发各个弟子的长处与潜能，做到各司其职、物尽其用、人尽其才，那么便需要辨材、识材，而后进行因材施教。

在当代教育的背景中，人尽其才的需求仍然决定了"因材施教"的必要性。美国哈佛大学建校350年，培养了6位美国总统，造就了36位诺贝尔奖获得者、全美500多家特大型企业一半以上的经理。哈佛对教育最骄傲的一点，就是它让每一块金子都闪闪发光，让每一个从哈佛走出来的人都能够创造价值。实现这一点，就意味着学生无论在智力、学习方式、认知方式上存在何种差异，都能够在哈佛中发挥自己最大的潜能，最终实现人尽其用。哈佛有多达1000门的选修课，允许学生在各个差异点上充分地探索、发现自己的长处，让他们有机会依照自己擅长的方式获取知识和技能。

8.3.3.2 教育资源的有限性

孔子提倡"有教无类",创办私学,广招学生,打破了奴隶主贵族对学校教育的垄断,把受教育的范围扩大到平民,这使得孔子门下弟子有将近 3000人。但哪怕是圣人如孔子,其思维和处理事物的能力也有限,在面对无规律的、散乱的事物和局面时,仍然会受限于知识体系、思维方式和人生经验;在面对数以千计的弟子时,仍然会出现精力不济,无法面面俱到,关注到每一个学生。这便与上文的辨材、识材、因材施教以达到人尽其用的目的存在冲突。因而,孔子通过划分孔门四科——德行、言语、政事、文学,在教育资源的有限与人尽其用的需求之间,通过分类的方式,寻找到了一个平衡。了解学生的长处,将学生划分为四个类别,而后对各个类别学生的共有特点进行针对性教育,既解决了教育资源有限、老师无法面面俱到、逐个关注、定制教育的问题,也解决了根据人才需求的特点进行个性化教育的问题。

在社会结构越发复杂、社会文化越发多元的现代中国,与孔子的教育实践相比识"材"的难度更是指数级上升。多元结构的社会需要各种各样的人才,但这种多样化的人才需求,无法通过统一化、标准化的教育满足。与此同时,在中国九年义务教育普及的大教育背景下,对每一个个体进行定制化教育是不现实的,我们也面临着在统一化与个性化教育之间寻找平衡点的难题,而解决措施中最为关键的同样是对"材"进行分类。我国对高等教育、职业教育体系的完善,就是应对教育资源有限与人才个性化问题的现代版本的孔门四科。

8.3.4 如何"因材施教"

8.3.4.1 剖析分类对象,选取合适的分类标准——对学生有足够了解

实施因材施教的关键是对学生有深刻而全面的了解,准确认识学生各方面的特点,然后选取出适合分类的依据,进而有针对性地进行教育。

孔子十分注重观察和研究学生的品性和行为特点。孔子有弟子 3000,学生众多,他却能对学生的特点如数家珍。他采用的方法有"听其言而观其行",以及"视其所以,观其所由,察其所安,人焉廋哉?人焉廋哉?"即通过观察和与学生谈话进行全面了解。

据《列子·仲尼》和《说苑·杂言》记载,子夏问孔子道:"夫子,您觉

得颜回为人怎么样?"孔子回答说:"颜回很不错啊,他在仁义的方面,比我还强!"孔子还说:"子贡的口才很好,子路很勇敢,子张在庄重的方面远胜过我"。子夏说:"既然他们都超过了您,那怎么都来向您学习呢?"孔子又解释说:"颜回是很讲仁义,但不太懂得变通;子贡有很好的口才,可是不够谦虚;子路勇敢,但他不懂得有时需要退让;子张注意庄重,但是性格略微有些孤僻。他们都各有长处和短处,而且他们都愿意提高自己。"

由此可见,孔子不仅了解学生的长处,还了解学生的短处。正因孔子十分熟悉和了解他每个学生的特点、个性和实际教育水平,才能应用分类思维,选取合适所有学生的分类依据和标准,他的教育和教学才能够根据学生的实际水平和个性特点来进行,这是实现因材施教的基本前提。

8.3.4.2 依据学生的特色和特点进行分类——选取学生的特长作为主要标准分类

在与学生进行足够的互动,达成足够的认识和了解后,孔子开始思考如何将学生进行分类,如何才能最大限度地帮助他们成长、将个人特质发挥到极致。

1. 依据学生的特长进行分类和教育

在《论语·先进》篇中,记载了孔子根据弟子们的不同特长,分类进行教育,这是孔子因材施教思想最重要的体现之一。在《论语·先进》篇中也有孔门四科(德行、言语、政事和文学)的记载,其中德行科的代表有:颜渊、闵子骞、冉伯牛、仲弓等;言语科的代表有:宰我、子贡等;政事课的代表有:冉有、季路等;文学科的代表有:子游、子夏等。颜渊等十位弟子分别是四个科目的代表人,今天我们所说的四个专业的代表人物就是"孔门十哲",分别代表着孔子的弟子在不同方面的特长,这便是孔子采用因材施教教学方法所获得的效果表现之一。

2. 依据学生的天资差异和学习状态进行分类

除了依据学生的特长进行分类以外,孔子还在学生智商差异的基础上,提出"生而知之""学而知之""困而学之""困而不学"四个不同层面,"生来就知道的人,是上等人;经过学习以后才知道的,是次一等的人;遇到困难再去学习的,是又次一等的人;遇到困难还不学习的人,这种人就是下等的人了"。这表明孔子对学生的区分依据更在于学习态度与方式的不同,但是他认为只要愿学、想学、主动学,甚至被动学,都是可教可塑的。

8.3.4.3　采取针对性措施，激发学生各自特性——针对相同问题给予不同答案

在对学生的特性进行辨析和分类之后，孔子对每一类学生采取不同的针对性措施，具体表现在孔子通过言传身教影响学生，针对不同学生的特性给予同一问题的不同回答，从而使学生获得个性化的收获和指导。

1.　孔子针对不同学生的天赋和特长解读"仁"

据《论语·颜渊》篇记载，颜渊问孔子："什么是仁呢？"孔子说："克己复礼为仁。"这句话的意思是说，克制自己，使自己的言行都符合礼的规定，这就是仁了。颜渊是孔子的得意门生，品德好，聪明好学，领会能力强，所以孔子回答时就告诉他克己复礼为仁。强调讲仁就要依礼而行，这是仁的根本要求，仁是内在的，礼是外在的，二者要紧密结合。

弟子仲弓请教："什么是仁？"孔子回答说："出门如见大宾，使民如承大祭。己所不欲，勿施于人。在邦无怨，在家无怨。"意思是说，外出时要像去见贵宾一样地庄重，役使百姓时要像承办盛大的祭祀典礼一样地严肃；自己不想要的东西，就不要强加于别人；在诸侯的国家里当官，没有人怨恨你；在卿大夫的封地里做事，也不会有人怨恨你。孔子曾说过仲弓有雄才大略，性格又仁慈贤德，因此孔子就从侍奉君主和管理人民的角度来分析仁，指出对待君主和人民要严肃认真，要宽以待人。

司马牛去请教同一问题时，孔子却回答说："仁德的人，说话往往是缓慢而谨慎的。"因为司马牛言多而噪，所以孔子对他的回答就强调说话要谨慎。

2.　孔子针对不同学生的性格给予建议和指导

据《论语·先进》篇记载：孔子的两个弟子，一个叫子路，一个叫冉有，两个人在政治方面都颇有成就。有一次，子路问孔子："闻斯行诸？"意思是听到了好的事情就马上实行吗？孔子回答："有父兄在，如之何其闻斯行之？"意思是要考虑家庭情况，看父兄是否同意。然而，当冉有去问同一个问题时，孔子就很肯定地回答说："闻斯行之。"

"求（冉有）也退，故进之；由（子路）也兼人，故退之。"这是说，冉有比较懦弱，就鼓励他，推他走快一点；而子路个性急躁好胜，所以要退而制止，就抑制他，让他缓和一些。孔子根据学生的个性，在回答问题时有针对性地加以引导。

3. 根据天资和学习状态的不同，施以不同的教育

对待学问的态度，在人群中是有差别的。生而知之，就是所谓的天赋，现代生物工程科学也证明了遗传基因对人的重要作用，对这类人应当加以正确的道德和方法引导；学而知之是比较主动的学习，这类人对万物都充满好奇心和探究欲望，是应该积极鼓励他们探索，寻找自己擅长和喜欢的领域；困而知之是遇到问题之后能去学习，以求问题的解决，这种人也是十分难能可贵的人，应当帮助解决学生的疑惑，引导他们的思考；困而不学这类人，是即使遇到问题也不愿学习思考的人，这类人就难以进行教育。

孔子否认自己是生而知之者。他之所以能成为学识渊博的人，是因为他爱好古代的典章制度和文献图书，而且勤奋刻苦，思维敏捷，这是他总结自己学习与修养的主要特点。对于不同类别的学生，也施以不同的教育，使之全能发展。

8.4　本章小结

如今的我们，处于信息爆炸、事物繁杂的时代，在潮涌般的信息输入后，若我们主动将其分类，信息就会得到安置；若未分类，信息就容易被我们抛弃或者遗忘。万物皆可分类，在营销领域、学习和日常生活中分类都无处不在。本章探讨了为什么要进行分类，应当选取什么样的标准进行分类，分类后需要采取何种针对性措施等问题，还探讨了采用分类思维的意义以及该思维的潜在风险，具有一定的理论启示和较强的现实指导意义。

参考文献

[1] 布赖斯·霍夫曼. 打胜仗的策略 [M]. 天津：天津科学技术出版社，2020.

[2] 晋铭铭，罗迅. 马斯洛需求层次理论浅析 [J]. 管理观察，2019 (16)：7–79.

[3] 马宝龙，黄阅微，李晓飞，等. 华为手机悄然"逆袭"的营销秘诀：

整合营销传播［EB/OL］.（2016 - 08 - 09）［2020 - 09 - 25］. http://www. cmcc-dlut. cn/Cases/Detail/2344.

［4］孟庆良，邹农基，陈晓君. 面向顾客资产的三维顾客细分模型及其应用［J］. 数理统计与管理，2008，27（5）：785 - 794.

［5］王培才. 市场细分理论的新发展［J］. 中国流通经济，2004（4）：33 - 35.

［6］周建平. 中等职业教育改革的新思考和突破［J］. 教育现代化，2017（44）：72 - 73.

［7］LAZER W. What models in marketing?［J］. Journal of Marketing，1963，27（2）：73 - 74.

［8］MCCARTHY E J, PERREAULT Jr W D. Basic marketing: a managerial approach［M］. 8th ed. Homewood: Richard D. Irwin, Inc. 1984.

［9］PIAGET J. The child's conception of the world［J］. Acta Psychologica, 1980，19（2）：164 - 165.

［10］REINERT S, HÜBENER M, BONHOEFFER T, et al. Mouse prefrontal cortex represents learned rules for categorization［J］. Nature, 2021, 593 (7859)：411 - 417.

［11］THOMAS J S, REINARTZ W, KUMAR V. Getting the most out of all your customers［J］. Harvard Business Review, 2004, 82（7/8）：116 - 123.

第9章 选择思维

弱水三千，只取一瓢。

——佛经故事

目标市场选择（market targeting）是企业营销战略的重要内容。目标市场选择，即企业在市场细分完成以后，选择一个或多个细分市场作为自己的目标市场的过程。商场如战场，企业要在竞争异常激烈的环境中获得成功，就要瞄准自己力所能及的细分市场，充分发挥自身的竞争优势。实际上，有很多细分市场对企业来说是无利可图的，所以为了将资源集中在有利可图的细分市场上，企业要有所取舍，在众多细分市场中进行筛选。另外，即便所有细分市场都具有很高的吸引力，但是囿于企业资源和能力的约束，企业仍然需要做出选择。因此，选择目标市场在营销战略中十分重要，这种对目标市场进行的选择体现了选择思维。

佛经中的"弱水三千，只取一瓢"寓意人的一生中可能会遇到很多美好的东西，但只要用心好好把握住其中的一样就足够了，这其中就蕴含着选择的智慧。我们在人生的不同阶段都面临各种各样的选择，但是大部分人在选择的时候都没有深入了解自己，最终影响自己的人生。"生命可以价值极高，也可以一无是处，随你怎么去选择"，想要生命变得有意义，我们就要懂得如何去选择，因此很多人会说"选择比努力更重要"。运用选择思维有助于我们做出正确的选择，不管把握一个还是多个选择，只要能发挥个体优势，便能取得成功。

选择思维对于企业和个人都同样重要。因此，本章将对选择思维进行系统阐述，详细的逻辑主线见图9-1。首先，本章将对营销理论中的目标市场选择的定义、依据、模式进行详细的阐述，以便读者对该理论有所了解。其次，本章将从目标市场选择这一理论中提取出选择思维，具体阐述何为选择思维、选择思维的重要性以及如何运用选择思维，帮助读者加深对该思维模式的理解。最后，本章以官渡之战作为案例来说明曹操是如何运用选择思维的，更进一步帮助读者在生活情境中运用该思维模式。

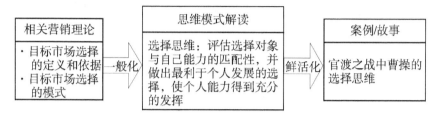

图 9-1　本章的逻辑主线

9.1　相关营销学理论

营销学中的目标市场选择理论充分体现了选择思维。本节将对目标市场选择的定义、依据以及模式进行详细的介绍，一方面让读者对该理论有充分的理解，另一方面为选择思维的提出做好铺垫。

9.1.1　目标市场选择的定义和依据

9.1.1.1　目标市场选择的定义

市场细分、目标市场选择和定位是营销战略的重要内容。市场细分即根据一定的细分标准将整个市场细分为具有不同需要的消费者群体。因为企业的能力有限，而不同的细分市场又有不同的特征，因此合理的逻辑便是，企业在对自身能力和资源以及每个细分市场进行科学评估的基础上，从所有的细分市场中选择一个或若干个作为自己的目标市场，并为不同的细分市场提供不同的产品，这一过程被叫作目标市场选择。目标市场选择的实质是，企业希望选择出与自身能力相匹配的特定目标市场，以更好地集中优势资源，进而在目标市场中全面地发挥，最终获得最大的经济效益（丛翔媛，2014）。

9.1.1.2　目标市场选择的依据

并非所有的细分市场都适用于企业，而且企业也没有足够的资源和能力去占领所有的细分市场，所以选择目标市场成为继市场细分之后的重要工作。企业应该选择进入哪些细分市场呢？通常来讲，企业可以根据细分市场的规模与成长性、细分市场的结构吸引力以及企业目标和资源与细分市场的匹配性进行目标市场选择。

（1）细分市场的规模与成长性，即细分市场的规模、目前销售量、增长率和预期利润等。一般来说，大企业会选择规模大、销售量高的细分市场，而通常忽略规模小、销售量不高的细分市场。相反，在技术和资源方面都有限的小企业无法满足较大的细分市场或者为了避免与大企业正面竞争，会选择一些较小的细分市场作为自己的目标市场。

（2）细分市场的结构吸引力。具有理想的规模和成长性的细分市场未必在利润方面也具有吸引力，企业可以采用迈克尔·波特（Michael E. Porter）提出的波特五力模型来分析每个细分市场的结构吸引力。具体来说，企业要评估五种重要的利益相关者的竞争力量：同行业竞争者（细分市场内的竞争者）的竞争能力、潜在的新竞争者进入的能力、替代品的替代能力、供应商议价的能力以及购买者议价的能力。来自这五种力量的威胁性越强，该细分市场的吸引力越低；威胁性越弱，该细分市场的吸引力越高。

细分市场内竞争者的威胁。如果在某个细分市场中已经存在数不胜数的强势竞争者，该细分市场就会失去吸引力。以下情况会增加市场内的竞争：进入壁垒较低，退出壁垒较高，竞争对手势均力敌，采用促销手段维持有限的市场份额，市场需求增长缓慢等。考虑进入该细分市场，企业付出的代价肯定比获得的回报更高。

潜在的新竞争者进入的威胁。如果某个细分市场的进入壁垒低，潜在的新竞争者就很容易进入其中，并在市场中不断输入新的生产能力和技术，那么该市场也不具有吸引力。相反，如果该市场的进入壁垒高，潜在的新竞争者就难以进入，那么在市场内的原来企业仍然占据优势。最具有吸引力的市场是进入壁垒高，而退出壁垒低，这样一来可以防止新竞争者的加入，二来无能力维持经营的企业也可以轻易退出该市场，另外在这种情况下企业获得的报酬高且稳定。

替代产品的威胁。在某个细分市场中存在多个替代产品，该细分市场的吸引力也不大。替代产品的威胁来自替代产品的性价比和购买者的转换成本。替代产品的性价比越高，购买者的转换成本越低，越有利于替代产品的发展。但是，即使替代产品的性价比较高，而购买者的转换成本过高，也会造成替代产品在这种情况下失去竞争力。因此，在这里购买者的转换成本具有更重要的影响。

购买者具有很强议价能力的威胁。如果在某个细分市场中购买者的议价能力很强或者正在增强，可以说该细分市场几乎没有吸引力。在这个细分市场中，购买者不仅对产品提出更高的要求，使得竞争者不断地为了满足顾客需要而互相争夺市场份额；而且还想方设法向企业压价，造成竞争者之间的价格战。

供应商具有很强议价能力的威胁。如果在某个细分市场中供应商可以随心所欲地提升或者降低价格，或者在双方协商好的原来价格上减少产品的供应数量，该细分市场也没有吸引力。供应商的集中程度越大或规模越大，供应商的议价能力就越强；供应商所供应的产品在企业完成产品的过程中起到重要的作用，那么其议价能力也很高。

（3）企业目标和资源与细分市场的匹配性。即使细分市场完全符合上面提到的标准，既具有可观的规模和成长特征，又具有很大的吸引力，但是如果与企业目标不一致，或者选择该细分市场会阻碍企业目标的实现，那么该细分市场也不能成为目标市场。因此，细分市场与企业目标和资源配置是否匹配成为企业需要深思熟虑的问题。另外，在评估细分市场的过程中，企业也要充分考虑自身是否具备在该细分市场中获利的资源与技术。因为企业想在该细分市场中压倒其他竞争者，并成为佼佼者，就应具备足够的能力或者拥有胜过他人的技术，否则就不宜选择该细分市场作为目标市场。

9.1.2　目标市场选择的模式

根据以上标准完成对所有细分市场的评估工作后，企业发现一个或者多个细分市场是值得考虑作为目标市场的，那么接下来的工作就是结合实际情况，选择对应的市场覆盖（market coverage）模式，以便能够在细分市场中发挥所长、精益求精。市场覆盖模式有五种，具体见图 9 - 2。

（1）密集单一市场（single-segment concentration）。密集单一市场是指企业只选择一个细分市场作为其目标市场，且决定集中所有人、财、物专攻该细分市场。企业采用密集单一市场覆盖模式的具体情况包括：①企业原来就具备在该细分市场上获胜的条件和能力；②企业的资源有限，无法同时经营多个细分市场；③该细分市场仍然没有被其他竞争者开发。企业可以通过集中营销捷足先登，充分了解顾客需求，从而在顾客心中树立良好形象，以达到在该市场中占据领先地位的目的。但是，由于将全部资源和精力都投入在一个细分市场上，一旦竞争者陆续进入该市场，或者遇到经营不善，企业有可能面临更大的风险。

（2）有选择的专门化（selective specialization）。有选择的专门化是指企业选择进入若干个细分市场，这些细分市场各有吸引力，而且与企业资源和目标接近或相符，但是这些细分市场之间几乎没有任何关联，企业为不同的细分市场提供不同的产品或服务。这种模式显然优于密集单一市场模式，因为有利于分散企业的风险，如果其中某一个细分市场不能维持下去，企业也能从其他细分市场获得盈利。然而，也正因为企业要将注意力分散到不同的细分市场，在管理与营销方面将会投入更多资源和资金。

（3）产品专门化（product specialization）。产品专门化是指企业向多种不同的细分市场提供一种产品。"一招鲜，吃遍天"就是这种模式的体现。例如，一家服装企业向不同年龄段的顾客销售不同种类的高档服装，而不分散注意力去生产其他档次的服装。因此，企业可以通过研发新技术使得产品更精益求精，进而在顾客心中树立起高端形象。但是，一旦该细分市场出现替代品，企业的销售量将会剧烈下降。

（4）市场专门化（market specialization）。市场专门化是指企业向同一个细分市场提供能够满足他们各种需要的各种产品。例如，企业专门为大学实验室提供一系列产品，如显微镜、烧瓶、量筒等。这种模式仅适用于一些竞争实力雄厚、具有强大经济基础的大企业，而不适用于所有企业。因为一旦该细分市场的需求急剧下降或者增长缓慢，中小企业将很难继续维持经营。

（5）完全市场覆盖（full market coverage）。完全市场覆盖是指企业致力于向各种细分市场提供各种满足顾客需要的产品。一般来说，只有具备优越能力的大企业才采用该模式。实现该模式主要有两种方法，一是通过无差异营销或大众营销（undifferentiated or mass marketing），二是通过差异性营销（differentiated marketing）。无差异营销实际上是企业直接忽略细分市场的差异，认为所有细分市场都是同质的，因而以同样的产品满足所有顾客的需要。因为只生产一种产品，企业在设计营销计划上要考虑突出产品优点、产品质量、产品包装及深入人心的产品形象等，之后通过大众传播提高消费者对产品的认知。可口可乐便是采用这种营销策略的典型例子，在早期它向世界各地销售同一种口味、一种包装的产品。差异性营销是指企业专门为不同的细分市场分别设计出有针对性的产品和营销计划。例如，宝洁为不同层次、不同需要的消费者推出多种洗发水，如潘婷（修护损伤）、海飞丝（去除头屑）、飘柔（滋润去屑）、沙宣（专业护发）等。将两者进行比较，无差异营销可以降低广告费用、市场调研费用、生产成本，但却忽略了较小细分市场的需要；而差异性营销面向不同的细分市场，为所有不同需要的顾客精心设计出满足他们需要的产品，因而在成本方面要求投入大量的资金，但是也能够在细分市场中获得最大化经济效益。

这五种市场覆盖模式并不是一成不变的。企业总是在发展，市场需求也不断在变化。因此，在选择目标市场时要充分考虑自身综合实力，同时结合细分市场吸引力的变化情况，选择一个或者多个企业有绝对把握的细分市场并进入，从而设计出服务该细分市场的营销战略。

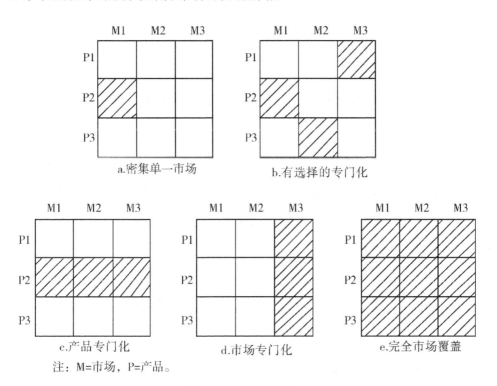

注：M=市场，P=产品。

图9-2 市场覆盖模式

9.2 选择思维模式解读

9.2.1 什么是选择思维

目标市场选择是一个经过深思熟虑而采取行动的过程。在众多细分市场中选择一个或若干，都需要企业根据自身的综合实力及细分市场的特点做出选择，进而决定应当集中资源在一点还是分散到多点上。俄国文学评论家别林斯基曾经说过一句关于选择读物的名言："阅读一本不适合自己阅读的书，比不阅读还要坏。我们必须会这样一种本领，选择最有价值、最适合自己所需要的读物。"企业选择目标市场如同个人选择一本读物，从市场中获得的利益如同从读物中获得的知识，我们都需要做出一个适合我们的选择，以扬长避短，否则就会"赶鸭子上架"或者"大材小用"。总而言之，选择思维是人们评估自己意欲选择的领域与个人能力的匹配性，并做出最利于个人发展的决策。

"如果卢浮宫着火，你会选择先救哪幅画？"有人回答梵高的《向日葵》，有人回答达·芬奇的《蒙娜丽莎》……答案五花八门、各自有理。"救离门口最近的那一幅画"，贝纳尔的回答让众人摸不着头脑，但是却引人深思。实际上，这是一个非常明智的回答，也是最合理的选择。在火海之中，与其想方设法救出全部或者最有价值的，不如选择救出一幅最有可能的，这是最有效的抢救方法。换言之，人们在有限的能力下，选择一个最有可能成功的领域并投入其中，才是明智的。

世界上可选择的并不是非A即B、非黑即白、非左即右，而是可以在多项选择中选出我们认为是可行的若干项。也就是说，只要在能力足够的情况下，我们可以选择进攻多个领域并取得成就。被人们称为"全能天才"的达·芬奇，便是一个很好的证明。达·芬奇无疑是一位伟大画家，他创作了闻名世界的代表作，如《蒙娜丽莎》《岩间圣母》和《最后的晚餐》等，这些作品都成为现代专家的研究焦点。爱因斯坦曾经给予达·芬奇很高的评价："达·芬奇的科学成果如果在当时就发表，科技可以提前发展30～50年。"达·芬奇的才华不仅停留在艺术领域，他还热衷于科学研究，所以他的一生还涉及不同的领域，如数学、天文学、生物学、光学、医学、解剖学等，并在各个领域上都取得非凡的成就。

因此，我们在面临多种选择的情况下，应当综合考虑自己的实际情况，仅考虑选择对象的价值是远远不够的。当资源或能力有限时，我们要懂得如何取舍，利用自身的长处专注于优势能得到全面发挥的领域上。但是，当资源或能力足够时，我们可以给予自己更多的选择，可以将资源分散到不同领域上，以充分挖掘自己的潜能并使之得到发挥。总而言之，选择思维要求我们根据自己的实力，做出最利于我们的选择。另外，选择思维不强调在众多选择里面只选一个，而是打破"二必选一"的惯性思维；同时也要求我们学会取舍，取得最可实现的，舍弃不可实现的。所以这些选择是由我们的能力决定，而不是由目标决定的，由此也决定了我们应该集中火力于一点还是分散火力到多点。

9.2.2 选择思维为什么重要

在面临选择时，有的人总是犹豫不决，无法做出一个满意的选择。有的人害怕失败而恐惧选择。这种情况在心理学中被认为是"选择困难症"。有的人毫无顾虑地选择自己认为最有价值的，但结果往往不是美好的。因此，选择思维在这些情况中显得无比重要，它可以帮助我们在面对选择时，能够有全面的思考，并尽可能做到"理性"选择；能有效地针对选择分配资源，进而达到个体全面发展的目的。

9.2.2.1 帮助我们充分认识自己

李白《将进酒》中的"天生我材必有用"告诉我们，我们生活在世界上必定是有所作为的。我们认识自己的优势，并不断增强；我们知晓自己的劣势，并积极改进，才能够为自己的优势找到合适的发挥之地。正如诸葛亮的才智是在军事上时时为刘备出谋献策，而张飞的武功是在战场上时时为刘备出征打仗，有勇有谋的结合帮助刘备成功建立了蜀汉。如果诸葛亮与张飞的位置调换，以刘备的个人能力是难以占据中原的。诸葛亮与张飞就是发现了自己的优势，并将其发挥在最有可能的领域上。因此，选择思维能帮助我们对自己有更好的认识，认识自己的长处、短处以及需要，让我们可以"选我所爱"，找到合适的发展环境，进而"爱我所选"。

9.2.2.2 帮助我们深入了解进入的领域

选择的过程是要对选择对象和个人进行评估，因而选择思维不仅帮助我们充分认识自己，而且对选择的目标或者领域有深入了解。"种子需要好土壤"，每个人都需要在一个良好的环境下得到培养，才能发光发亮。原微软亚洲研究院副院长潘天佑曾对向他取经的学生说："认识自己的同学就像一颗好种子，随时会蹦出鲜嫩的萌芽；但要进一步成长还需要肥沃的好土，所以认识自己后，一定要找到合适自己的环境——一个能让你发挥能力，实现梦想的环境。"那么，我们如何找到合适的环境呢？在找出一个合适的环境之前，我们首先要对环境的属性进行分析，包括它的吸引力、它的威胁、它的可实现性等。在对想选的领域有了一定了解之后，结合自己的资源和能力，如果两者相符，就可以选择其作为目标或进攻的领域。

9.2.2.3　帮助我们有效地分配资源

资源往往都是稀缺的，我们要做的是如何在有限的资源内做出最满意的选择。人们总是贪心的、多顾虑的、经不起诱惑的，因而做出了很多与自己资源不匹配的选择，造成资源的浪费，或者资源的不足。选择思维就是帮助我们在有限的资源内，以发挥个人优势为核心而做出选择，从而使我们能够在适当的情况下懂得取舍，懂得发挥。它要求我们该集中全部资源时集中全部资源，该分散资源时分散资源，最终有效地把资源分配到一个或者多个领域。

9.2.3　如何应用选择思维

在我们理解选择思维的重要性后，就要将其运用到实践中去，所以如何在生活中应用选择思维让我们的选择变得有利于我，是一个值得学习的问题。选择思维是一个经过深思熟虑后而采取行动的过程，因而选择思维的过程可以分成三个主要步骤：①评估个人能力；②评价对象的属性；③综合评价自我与对象的匹配性，从而做出选择。

9.2.3.1　评估个人能力

人的能力是有限的，我们只能将有限的能力用到合理的地方，才能使能力变得无限。天才作家卡夫卡说过："每个人都是独特的，并有义务发挥其独特性，但他必须喜欢他的独特性。"我们要发现自己的优缺点，进而深入了解自己的能力所在，并将其转化为我们独有的，最终寻找展现自己能力的环境或者方法。换言之，我们要善于发现自己的优势，进而学会如何运用它以及在哪个领域运用它，以最大限度发挥它并获利，这便是评估个人能力的过程。在找工作的时候，我们会面对各种选择，到底选择 A 公司还是 B 公司，C 岗位还是 D

岗位等。此时，首先我们要清楚知道自己的优势，例如，掌握营销领域的知识、有组织能力、团队合作能力以及沟通能力等，以选择出能够发挥自身优势的公司或岗位。另外，发挥优势很重要，但改进劣势也同样重要。所以我们在分析优势的同时，也要考虑我们的劣势所在。例如我们的劣势是外语交流能力低、创新能力低等，那么可以先放弃一些能力目前达不到的公司或岗位，再进一步针对这些问题进行弥补，为日后做好准备。

9.2.3.2　评价对象的属性

对自己了如指掌，但对对象一无所知，是很难找到一个适合我们发挥长处的环境的，反之亦然。因此，我们应当对想选的目标进行分析并加以评价。引用上一段的例子，假设 A 公司给出一个很吸引人的工资，但是公司内部的竞争力很强，而且要求高于自己的能力；B 公司给出的工资一般，但是公司内部的氛围很好，竞争者不多或者不强，而且要求与自己的能力相符或者低于自己的能力。通过对两家公司的详细分析，我们在思考选择的过程中会有所权衡，而不是盲目依据自己的能力或者偏好去选择，避免了过了"感性"的选择。

9.2.3.3　综合评价，从而做出选择

在对自己与对象进行评价后，最重要的步骤就是综合评价，以得出兼顾方方面面的选择。为什么说这是最重要的一步？因为人们经常会被事物的诱惑冲昏头脑，即便认识自己的能力并加以评估，人们仍然会以目标的利益为准而做出"错误"的选择，例如能力有限的人不自量力地选择竞争力强的 A 公司。或许能力充足或强势的人选择了"求安稳"的 B 公司，实际上，这种人的能力足以打败竞争者，并可以选择更好的，或者有更多的选择。因此，选择思维要求我们在运用的时候要综合考虑与评价自己的能力和选择目标是否契合，从而做出选择，让我们的选择变得有理有据，而且还能有针对性地将精力集中在最合理的地方。

在应用选择思维时，我们可以先评估个人能力，再评价对象的属性；或者先评价对象的属性，再评估个人能力，这两个步骤不一定要严格按照顺序来进行。两者的区别是看问题的角度不同。如果我们在评估时先评估个人能力，那么我们选择对象的范围可能会缩小，因而更加精准；如果我们在评估时先评估对象的属性，那么我们选择对象的范围可能会扩大，因而有更多的选择。但是，不管顺序怎样，我们还是要继续完成第三步，这样才能选出与自己最匹配的对象。另外，选择思维并不限制我们的选择，这意味着随着我们能力的提

167

升，我们还可以瞄准其他的选择，从"集中火力到一点"到"分散火力到多点"，这是因人而异的。

9.3 选择思维模式案例[*]

曹操是中国古代杰出的军事家、政治家、文学家、书法家和诗人。他自小就对武艺感兴趣，且博览群书，尤其喜欢兵法，所以在军事实践与理论方面，可谓雄韬伟略。梁国的桥玄和南阳的何颙都认为曹操并不平凡，桥玄对曹操说："天下将乱，非命世之才，不能济也。能安之者，其在君乎！"而何颙则说："汉室将亡，安天下者，必此人也！"意译为天下将会大乱，能够平治天下的人必定是你。

曹操率领精兵出征数不胜数，其中曹胜袁败的官渡之战被认为是东汉末年"三大战役"之一，也是中国史上最著名的以少胜多的战役之一。在这场战役中，曹操与袁绍的军队实力悬殊。曹操深知如果选择在军兵力量上与袁绍较量，他可能会铸成大错。于是他凭着自己对袁绍的了解，以及冷静地分析自己的优劣势与所处的形势，决定选择在战略战术上取胜，守住利于自己的官渡，并在此与袁绍开战。结果，曹操的集中攻击打得袁绍措手不及，最终曹军大获全胜。

9.3.1 官渡之战的背景

东汉末年（184—220 年），由于在镇压黄巾起义的过程中，东汉政权曾分崩离析，以致各地州郡都纷纷争夺地盘，因此就形成了大大小小割据的势力。这些势力主要有冀州的袁绍、兖豫二州的曹操、幽州的公孙瓒、南阳的张绣、徐州的吕布等。

在官渡战役中，曹操多次运用选择思维，面对势力相对弱小的吕布、张

---

* 赵克尧：《论曹操杰出的军事思想》，载《军事历史研究》1990 年第 1 期，第 68 – 78 页；品读百卷：《曹操和袁绍之间爆发的"官渡之战"，兵力相差是多么悬殊呢？》，见 https://www.sohu.com/a/282604613_120022162,2018；朱绍侯：《官渡之战与赤壁之战双方胜败原因试探》，载《河南大学学报（社会科学版）》2015 年第 5 期，第 1 – 10 页。

绣、袁术，他选择分散兵力将其擒拿或清除，"南破张绣、东擒吕布"，安定徐州，取得河内郡，以巩固自己的势力，并将势力扩展到黄河以北。而袁绍当时也同样攻破了多个州郡，先后消灭占据辽东的公孙瓒，占据幽、青、冀、并四州之地，形成精兵十万、骑万匹的势力，而且粮草十分充足，可以支持到十年。最终其他势力都被攻破，只有曹操和袁绍的势力不断壮大起来。袁绍为了扩展自己的势力范围，决定向南方发展。也就是说，他要向曹操发起战争并将曹军据为己有，欲独霸一方。

尽管曹操的势力不断向外扩张，但是与势力雄厚的袁绍相比，他还是处于劣势。因此，面对势力强大的袁绍，在官渡之战中，曹操再次运用选择思维，但此次他选择撤回官渡，采用集中全部资源的战略攻击袁绍并试图击破他的势力。

9.3.2　曹操的选择思维

9.3.2.1　评估自己的实力

在官渡之战开始前，曹操自知兵力不及袁绍。据《三国志·魏书·武帝纪第一》，当时的前线军力"兵不满万"，且曹操亲自率领军队去解白马之围时又损耗不少兵力，所以在兵力上与袁绍相差甚远，使得军中人心惶惶。在粮草方面，虽然曹操当时已经控制了豫州、徐州、兖州等地，但是这些地方军食耗尽，且遭受严重的破坏，于是他开始实施"屯田制"恢复生产，希望能为军队进行粮食供应。尽管如此，在开战前由于曹操不断出兵迎战，以能快速扩大兵力范围，所以粮食仍然供给不足。另外，在袁绍强大势力的威胁之下，曹操属下的各地州郡为了自保而暗中效力袁绍，曹操对此事只能睁一眼闭一眼。

在军力和粮食方面虽处于劣势，但在领兵用人方面，曹操却胜人一筹。来自裴松之引的《傅子》曾经记载曹操与袁绍的十胜十败，郭嘉认为曹操在度、谋、德、武等十大方面都胜过袁绍："您自然得体，这是道胜于他；您以顺奉汉室的名义出兵，他则以反叛汉室的名义到处占领，这是义胜于他；您拨乱反正，以严治政，全军上下都依法行事，这是治胜于他；您用人时表面上简单容易却内心明白清楚，用人从不怀疑，只要有才就重用，不在乎离您远或近，这是度量上胜过他；您有计谋就实行，应变能力无限，这是谋略胜过他；您用诚心对待别人，不为虚荣，忠诚、正直、有远见的人都愿意为您所用，这是道德上胜过他；您对眼前的小事，有时会有疏忽，但是对大事，能接济四海，给他们恩赐，并顾虑周全，这是仁胜于他；您用道德统治下士，邪恶的事不能行使，这是明智胜过他；您认为正确的就以礼奖励，错误的就依法惩处，这是文胜于他；您用兵以少克制多，用兵如神，士兵都依靠您，敌人害怕您，这是武胜于他。"原文同时记载了曹操十胜，袁绍十败，在此仅列举曹操的十胜。此外，贾诩、荀彧也曾用四胜分析曹操的能力，意思也含在上述的十胜内。可见曹操文武双全，用兵如神，加上身边不少谋士、武士相助，更是如虎添翼。

9.3.2.2　评估对手的势力

曹操对袁绍地广兵强的势力也有所顾虑，当时袁绍已雄踞冀州、幽州、并州和青州，且这些地方粮食充足，军力充沛，再加上袁绍身边还有田丰、沮授、审配、郭图、许攸等才智过人的谋士，以及颜良、张郃、高览、文丑等名震华北的武士。对于曹操而言，袁绍是一个极大的威胁。就连曹营中的孔融也曾为此担忧，他对荀彧说："绍地广兵强；田丰、许攸，智计之士也，为之谋；审配、逢纪，尽忠之臣也，任其事；颜良、文丑，勇冠三军，统其兵；殆难克乎？"荀彧听完之后，便以这一番话消除孔融的疑问："绍兵虽多而法不正，田丰刚而犯上，许攸贪而不治。审配专而无谋，逢纪果而自用，此二人留知后事，若攸家犯其法，必不能纵也，不纵，攸心为变。颜良、文丑，一夫之勇耳，可一战而擒也。"他认为他们虽然各自都有过人之处，但是同样也有缺点，而且以目前这种情况来看，袁绍内部必定会发生内讧。由此可见，荀彧对袁绍的内部情况了如指掌，称得上足智多谋。

曹操与袁绍自小就是同窗好友，长大以后曾是一同出征打仗的盟友，只是后来两人在利益和事业上发生分歧，才造成两人势不两立的局面。因此，曹操对袁绍的优缺点都是非常了解的，他曾经对士兵说过："吾知绍之为人，志大而智小，色厉而胆薄，忌克而少威，兵多而分画不明，将骄而政令不一，土地虽广，粮食虽丰，适足以为吾奉也。"意思是，我熟知袁绍为人，他是一个志向远大却缺少智慧，表面威武却胆小怕事，忌讳别人的才智，自己却没有威严，军力虽然众多，却没有明确的组织，将领也多却没有统一的指挥，土地虽多，粮食也足，但是这些都会为我所用。因而你们不用担心，这次战役我们不会战败的。

9.3.2.3　综合评价，做出抉择

通过对双方的优劣势进行对比分析后，曹操发现论资源他比不上袁绍，袁绍拥有如此丰富的粮食，如此强大的军兵，处于资源劣势的曹操，确实难以以

兵力与袁绍对抗。然而，论才智、计谋，甚至在战略战术的运用上，可以说袁绍远远比不上曹操。最后，曹操选择利用对他最有利的地方进行决战——官渡。他便将他统治之下的各州郡的兵力都调动回到官渡，同时利用自身拥有而敌方却欠缺的优势，集中人力和物力等全部资源以寡敌多，使得袁绍难以发挥优势兵力的作用（赵克尧，1999）。

　　白马之战乃官渡之战的"前哨战"。白马原来是东郡太守刘延屯兵之地，由于白马在黄河南岸，对面是军事重镇黎阳，而两地之间的渡口是袁、曹领地的南北通道，因此白马之地在战略上极为重要。曹操安排刘延守住白马的原因是便于曹军可以观察袁军的一举一动，在前线防御袁军时便可对敌方的堡垒一目了然。随后，袁绍命令颜良、郭图等人包围白马，以让主力军可以渡河南进。此时，曹操采纳荀攸"声东击西"的建议，一方面，假装在延津出兵解救白马，引诱袁绍分兵向延津前进；另一方面，趁着白马只剩下颜良防守的机会突然袭击，并最终成功解开白马之围。但是，曹操决定放弃白马城塞并将其烧毁，之后带领百姓一同退守官渡，集中全力与袁绍主力决战。

9.3.3　官渡之战结束——曹操获胜

　　后来，曹操与袁绍正式在官渡开启战争。袁军主力来到官渡战场后，依沙堆立营，曹操也分营应对并阻挡袁绍军队的前进。

　　袁绍随后修筑壁楼，又堆起土山，突然从高处向曹营射箭，曹军只能在营中蒙着盾牌走路。箭头连续指向曹营使得曹军心怀恐惧，他们便迅速躲避到营中去。眼看着军心大乱，曹操便以霹雳车应对袁绍的射箭，向射箭高楼发石击破；袁绍又开始挖地道攻城，曹操则在城内挖了长沟进行防御。两方持续战斗数月，仍然没分出胜负。

　　此时，曹军遇到粮食不足的难题，曹操决定撤回许都却被荀彧阻止。荀彧建议曹操坐等良机，再出奇制胜，曹操听后采纳了其建议。结果良机果然来了，在袁绍命令城外将粮食运至乌巢时，曹军乘机派兵烧毁袁军的粮车，并突袭袁绍囤粮的乌巢，不但烧毁全部粮食，还歼灭全部袁军。消息一传来，袁军纷纷向曹操投降，此时曹操派兵继续乘胜追击，逼迫袁绍父子带着800兵力逃跑。官渡之战，曹操以自己的谋略才智击破袁绍强大的势力并获得胜利，最后统一北方一带。

9.4　本章小结

在如今竞争如此激烈的环境中，大部分人都会有这样的想法，就是"选择比你更好的选择"，所以我们在面临选择的时候往往缺乏对自己能力的认知，只是根据目标的吸引力去做出选择，或者非理性地选择，以致我们的选择往往都是错误的，最终让我们错失了很多的人生机遇。正确的选择是成功的一半，正确的选择为我们提供了一个正确的方向，并引导我们朝着这个方向勇往直前。因此，选择的过程十分重要。在做决策之前，我们要懂得权衡自己的优劣势，考虑与自己能力最契合的目标，从而做出最匹配与合理的选择，这样才能让自己在有利的领域中取得成功。

参考文献

［1］丛翔媛. 浅谈市场细分原理与企业目标市场的选择［J］. 商场现代化，2014（14）：69 – 71.

［2］李颖. 新时代企业目标市场营销策略［J］. 现代商业，2018（7）：22 – 23.

［3］舒萍. 企业目标市场的选择［J］. 新疆有色金属，2011，34（3）：93 – 95.

［4］张璐. 波特五力模型理论研究与思考［J］. 品牌（下半月），2015（6）：345.

第 10 章　利基思维

如果你不能做大事，那么就以一种伟大的方式做小事。

——拿破仑·希尔

在经济和技术快速发展的社会，人们的消费能力不断提升，消费结构也进一步升级，越来越多的人青睐个性化消费。同时，很多小企业没有能力为所有顾客提供产品和服务。在这样的社会背景下，有的企业尤其是小企业为了避免与强大的竞争对手正面竞争，会选择针对部分顾客数量较少、规模较小的群体来提供服务或产品，并采取专业化策略，打造自己优势从而形成壁垒，在这个小众市场上获得利润，这便是利基营销（niche marketing）。利基营销不是在一个大的市场上占据一个小的市场份额，而是在一个小的市场上占据一个大的市场份额。

"利基"（niche）原有"小生境"的意思，是生物学中的一个概念，指特定环境下的一种生存环境，生物在其进化过程中，一般总是与自己相同的物种生活在一起，共同繁衍后代。例如，大熊猫的主要栖息地是中国四川、陕西和甘肃的山区。这些地方森林茂盛，竹类生长良好，气温相对稳定，隐蔽条件良好，食物资源和水源都很丰富。从这个角度来讲，企业采用利基营销策略相当于找到了适合自己生存的小生境。

当今社会，各个领域都充满了竞争。利基思维不仅可以应用在营销学上，在许多行业、领域也可以应用利基思维来发展从而形成自己的优势。对于个人而言，如何在竞争激烈的社会中找到自己的立足点，发展自己的利基业务从而实现个人、社会价值，是值得我们深思的一个问题。

本章首先介绍营销概念上的利基思维，包括利基营销的定义、理论、利弊和获得利基的方式等，让读者对营销领域的利基思维有个初步了解。其次，将营销层面的利基思维模式扩展到一般领域的利基思维模式，阐述日常生活中的利基思维是什么以及如何去运用利基思维。最后，将具体阐述两个实际案例，通过实例为读者提供参考。本章的逻辑主线见图 10 - 1。

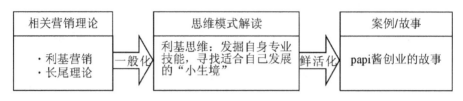

图 10 - 1   本章的逻辑主线

10.1   相关营销学理论

在营销领域里有一种营销策略叫利基营销，利基营销是在利基这一个概念上引申出来的，它的营销内容在很多方面都体现了利基思维。本节将主要介绍利基营销的定义、作用以及如何去开展利基营销。

10.1.1   利基营销

10.1.1.1   利基的定义

"利基"是英文单词"niche"的音译。niche 来源于法语，原意为"壁龛"。信奉天主教的法国人在建房时，常在墙上凿出一个神龛，用于供奉圣母玛利亚的塑像。壁龛方寸之间自有天地，故名词 niche 引申指"舒适、称心的职位"或"商机"，形容词 niche 指"针对特定小群体的"。在《剑桥国际英语词典》中，niche 有四个含义，见表 10 - 1。理解这些含义，有助于我们更好地理解利基营销。

表 10 - 1   niche 含义的中英对照

英文含义	中文释义
A comfortable or suitable role, job, way of life, etc	舒适或适合的角色、工作、生活方式等
(Business) an opportunity to sell a particular product to a particular group of people	（商业）向特定人群销售特定产品的机会

续表 10 - 1

英文含义	中文释义
A small hollow place, especially in a wall to contain a statue, etc., or in the side of a hill	小凹处，尤指放置雕像等的墙上或山的侧面
(Biology) a position or role taken by a kind of living thing within its community	（生物学）一种生物在其群落中所处的位置或地位、一个生物所占生境的最小单位

利基也被翻译成"小生境"，小生境可概括为确保物种生存和发展的保护空间，这种空间包含了物种生存所需的各个环境变量，物种在其群落中占据一定功能位置。小生境也叫空间生态位。生态位不仅决定于物种的生活"住址"，而且决定于它的"职业"（李光耀，2008）。无论是从营销领域还是一般领域的角度出发，利基思维的作用是帮助我们找到利基、找到小生境，并在这个环境中不断发展，利基营销正是如此。

20 世纪 80 年代，美国商学院的学者们开始将这一词引入市场营销领域。在科特勒的书中，利基是指从更为狭窄的角度定义的、寻求独特利益的消费者群体，而营销者确定利基的方法通常是把细分市场再细分。企业在确定利基市场之后往往是用更加专业化的经营来获取最大限度的收益，并以此为手段在强大的市场夹缝中寻求自己的出路。

10.1.1.2 利基营销的定义

《小众战略：小资源打造强势品牌》中的这段话可以让我们清晰地理解什么是利基营销：大众市场很大，但竞争激烈，那不属于你！中小企业与其做多数人的第 N 种选择，不如反其道而行，让品牌成为少数人的第一选择。中小企业应聚焦核心受众人群，通过分析接触点，找到多种途径影响其选择，培育出自己的种子客户。服务好他们并建立口碑，就能让这个"小众的第一选择"带动跟风消费，由小众走向分众，再走向主流，从而建立强势品牌。

认识利基营销需要先了解什么是利基市场，了解利基市场首先要了解什么是市场细分。市场细分是指营销者通过市场调研，依据消费者的需要和欲望、购买行为和购买习惯等方面的差异，把某一产品的市场整体划分为若干消费者群的市场分类过程。市场细分的结果是得到若干个细分市场（segments）。每一个消费者群就是一个细分市场，每一个细分市场都是具有类似需求倾向的消费者构成的群体。

利基市场（niche market）是一种特殊的细分市场，也被称为"小众市场""补缺市场"或"缝隙市场"。利基市场是相对于大众市场（mass market）而言的，它针对的是被忽略或细分的数量较小的客户群，这部分市场规模并不大。一般来说，中小企业可以开拓的利基市场有四类，分别是自然利基市场、协作利基市场、专利利基市场、潜在利基市场。从产品的品种来看，关注大企业难以涉及的小品种"狭缝地带"的是自然利基市场。从生产的工序来看，大企业在生产复杂产品的时候需要通过外部企业来进行协作从而谋求利润最大化，这种协作关系为中小企业提供了生存空间，即协作利基市场。从专利发明来看，拥有专利发明的中小企业可以运用知识产权来向市场渗透，从而形成自己的专利利基市场。从社会需求来看，一些未得到充分满足或正在孕育形成的社会需求就构成了潜在利基市场。

简而言之，"利基"可以被认为是"大众"的反义词。传统上，人们可能会认为，企业应该去占领那种大的细分市场，这样会获得更多的利润。但是一方面企业的资源和能力总是有限的，另一方面顾客变得越来越个性化。在这种情况下，有些企业尤其是中小企业，便瞄准利基市场，为小众顾客提供产品或服务，这就是利基营销策略。

利基营销又称"缝隙营销"或"补缺营销"，是指企业为避免在市场上与强大竞争对手发生正面冲突，而采取的一种利用自身特有的条件，选择由于各种原因被强大企业忽视的利基市场作为其专门的服务对象，从事专业化经营，打造竞争优势，建立各种壁垒，从而做大做强。利基营销的目的不是在一个大的细分市场上占据一个小的市场份额，而是在一个相对较小的细分市场中占据一个大的市场份额。这种营销策略使得公司对所服务的细分市场上的消费者需求产生更深刻的理解，通过微调产品特性、价格与活动以满足细分市场的需求，并因此形成特殊的声誉，从而获得更好的市场地位。利基营销能够让小公司集中资源关注大公司认为不重要或被忽视的利基市场。许多公司从小市场开始做起，将有限资源用于服务特定的顾客群来对抗资源丰富的竞争对手，并逐步发展成为在更广泛市场上的竞争者。但选择利基也意味着高于正常水平的风险，如市场情况恶化等情况，这部分内容会在后文提及。

在市场竞争中，利基营销需要在一定的情境下才能够实现。客观层面上，企业要先建立起自己的利基市场，才能够有服务对象来实行相应的策略。而在主观层面上，对于企业来说，无论是大型企业还是小型企业都需要有专业的生产或服务能力来满足消费者的需求，用专业化打造自己的竞争优势。无论是中小企业想要避开激烈的市场竞争，还是大企业计划拓展自己的业务领域、挖掘新的利基市场，采用利基营销需要企业发挥自己的优势、扬长避短，并通过专业化优势，比竞争对手提供令消费者更满意的产品和服务。

利基市场不是一成不变的，而是动态发展的。一个市场或者一种文化等最开始可能是一个利基，但是随着不断的发展和扩大，后来可能发展成大众的，像我们经常提及的嘻哈文化就不断发展成一种大众文化。嘻哈文化最开始只是小众文化，诞生于美国贫民区街头，美国嘻哈大鳄拉赛尔·西蒙斯依靠利基策略将这种小众文化打造成庞大的商业帝国，使得"keep it real"成为说唱者的座右铭，将美国的嘻哈乐发展成庞大的商业机器。

我们以一个简单的例子来说明利基营销策略。宠物行业正在快速发展，以美国为例，2019 年宠物行业总支出高达 750 多亿美元。由于当代社会越来越多人开始养宠物，这个市场包含了不同类型的宠物、不同"铲屎官"的生活方式等，这都是一个有着广阔发展前景的利基市场。如 Patricia's Couture 公司向宠物主人出售个性化的长衫、枕头、睡衣、毯子和其他物品，在这些物品上都可以贴上宠物的照片。除此之外，宠物行业还可以为宠物主人提供更多利基产品创意，包括宠物相机便于主人不在家时观看宠物并与宠物互动、GPS 宠物跟踪器可以防止宠物逃跑以及一些有机宠物食品和零食等，从而更好地满足宠物的发展需求。

10.1.2 利基营销的利弊

利基营销是企业为了避免白热化的市场竞争，而独辟蹊径，选择竞争比较小的利基市场进行营销宣传，满足利基市场发展的需要。和俊民（2004）总结了利基营销的四大主要优势：

（1）利基营销有利于企业进行市场研究。市场研究的目的在于为企业的决策提供依据，这些依据的取得有赖于市场信息的收集和科学的分析方法。由于利基营销关注的是细小的市场，细小市场的许多要素相对较易掌握，因而大大降低了有关目标市场调研的复杂性和收集信息的成本，企业能以较少的成本较快地获得所需的市场信息。

（2）利基营销有利于企业加强客户关系管理。在对目标市场进行研究的基础上，企业可以掌握目标市场的行情和消费者的切身需要，从而有针对性地就客户的要求进行产品开发和业务调整。由于利基营销活动集中在小块市场上，企业可更好地为客户服务，从而提高客户的忠诚度和满意度。

（3）利基营销有利于企业掌控营销目标。企业的营销目标不是越大越好，在一定时期内，它必须与企业的内部资源相匹配，才有利于企业对营销目标的控制。企业对自身营销目标的控制取决于其在市场上的力量和地位，比如产品的市场占有率、品牌忠诚度、企业信息系统状况等涉及企业产品立足于市场的核心要素。

（4）利基营销避免了与大企业的直接竞争，减少了失败的可能。实施利基营销的往往是中小企业，它们精心服务于市场的某一细小部分，不与主要的企业竞争，而是通过专业化的优势来占据有利的市场位置，并形成独具特色的经营方式与经营行为，最终形成差别化优势，这是利基营销的根本目的。

但采取利基营销也存在以下三方面问题（王燕凌，2003）：

（1）有的企业在采取利基营销的时候存在一些误区，如有的企业没有利基市场定位的意识，同时缺乏明确的战略目标，这就无法正确分析不同顾客群的需求以及评估竞争者的位置，所以采取利基营销必须要有正确的市场定位。

（2）利基市场仍会存在激烈的竞争。一个有利可图的利基市场会吸引许多新的竞争者进入这个市场，所以当一个企业占据一个利基市场的时候，想要在这个市场上保持有利位置，就需要用最快的速度来开发、生产并迅速开拓和占领这个市场。

（3）市场利基者在目标市场上仍会面临一些风险，主要风险是该有利的空缺可能会消失或遭受攻击。由于利基营销一般集中在一个狭小的市场上，因此当市场上的需求受到某种影响而改变的时候，销售量较易波动而导致利润突然下降甚至消失。为了防止这种利基市场的枯竭，增加企业的生存机会，企业应当注意发展多个利基市场，避免单一利基市场带来的风险。

10.1.3　如何获得利基

企业根据自身的条件，通过充分满足消费者的需求并发挥自己的优势形成自己稳固的利基市场，从而进行有效的利基营销。首先，企业要挖掘自己的利基市场并且确保这个市场有足够的规模以及一定的增长潜力，有一定的可能性获利。利基市场的建立不仅在于充分满足消费者的需求，也在于充分发挥自身的优势，只有将两方面有效地结合起来，才能形成自己稳固的利基市场。如果企业要获得进一步的竞争力，应该尽可能地扩展利基市场，因为只有饱和的产品，没有饱和的市场。其次，无论是中小企业想要避开激烈的市场竞争，还是大企业计划拓展自己的业务领域、挖掘新的利基市场，采用利基营销需要企业发挥自己的优势、扬长避短，并通过专业化优势，比竞争对手提供令消费者更满意的产品和服务。

10.1.3.1　细分市场以确定利基

利基市场具有足够的规模、利润和成长潜力，而且不会吸引其他竞争者的注意力，它针对的是被忽略或细分数量较小的客户群，这部分市场规模并不大，这部分顾客具有一系列的独特需要，他们为了选择最能满足其需要的企业，愿意支付溢价。企业精心服务于这一细分市场，并通过专业化的经营来占据有利的市场位置。

利基营销者需要通过专门化来找到自己的"小生境"，在市场上寻找一小块足以防御的利基市场并获得一定的经济收益，第一步就是要细分市场以确定自己的利基。一个理想的利基市场应具有五个特征：具有一定规模和购买力，并且能够盈利；具备持续发展的潜力；市场狭窄，差异性较大，以至于强大的竞争者会忽略掉这个市场；企业具备必要的能力和资源为这个市场提供优质服务；企业有实力在自己看中的市场迅速建立品牌优势以对付强大公司的入侵。另外，我们需要区分差异化营销与利基营销之间的不同，前者是通过选取若干个细分市场作为自己的目标市场，并为不同的目标市场提供差异化的产品或服务来形成自己的竞争优势，且差异化营销选择的目标市场可以是一个大众市场，如宝洁的每一个品牌所面向的市场都是很大的，而利基营销一直强调的是市场的小众化。

10.1.3.2　把握市场的独特性与小众化

根据克里斯·安德生森（Chris Anderson）的说法，冷门的、小众的、没有时效性的利基商品，虽然不如畅销商品一上市即造成轰动，但在供需曲线上始终有一定的销售量。换言之，利基商品一直都能找到自己的市场，一直在创造收入。因此，利基营销思维就是需要保证自身独特性，并以此寻找差异化经营战略，开拓具有独特竞争力的小众市场，从而在复杂的市场环境下得到发展。

"小众"是个相对概念，相对于"大众"而言。互联网发展的作用就是分散了传统媒体的"大众"群体，为个性化的"小众"群体聚集创造了便利的条件，每个人都可以在网上找到自己的小众兴趣点并与兴趣相投的人交流（陈力丹等，2013）。所以，互联网的兴起与发展为利基营销提供了销售渠道。企业可以通过建立网络营销使利基市场的分销商搜集和积累消费者的大量信息，然后对这些信息进行处理后预测消费者的需求并精确定位，有针对性地制

179

作营销信息，以达到说服消费者购买的目的。网络营销以其丰富的、随时更新的企业和产品信息内容，便捷的信息查询，低成本的营销运作费用使卖方能提供众多可供选择的商品并实现了销售，同时在企业品牌形象树立和培养顾客忠诚度方面发挥了很大的作用。买方通过网络营销节约了大量的搜寻成本，获得了能满足自己个性化需求的商品和服务。在此基础上，借助于网络的交互性与开放性，企业建立起利基市场分销商和消费者数据共享，实现了更大程度的双向选择和低成本营销。同时，网络搜索引擎可以发挥出信息过滤器的作用，使个人能进行充分的沟通，从而加强营销。

10.1.3.3 专业化是获得利基的关键

利基市场营销的任务是在适合企业的细分市场中关注细小的市场、透彻了解市场情况、加强客户服务管理和配置营销资源。专业化是保证利基营销持续发展的关键。

菲利普·科特勒认为获得利基的主要策略是专业化。这是因为利基营销的企业能够获得利润的根本原因在于它们已经充分了解了目标顾客群体的需求，并能够以专业化的精神和态度更好地、更完善地满足消费者需求。可见市场利基者的关键因素是专业化。企业想要获得利润和高回报，就必须在市场、顾客、产品或者营销组合线上实行专业化策略。市场利基者可运用的专业化策略主要包括最终使用者专业化、垂直整合专业化、顾客规模专业化、特定顾客专业化、地理区域专业化、产品或产品线专业化、产品特色专业化、服务专业化和渠道专业化等。

10.1.4 长尾理论

长尾理论是基于信息技术兴起所造成的信息流的储存、交流的成本的急剧降低所形成的一种新的学说（朱允之，2007）。美国《连线》杂志主编克里斯·安德森在 2004 年提出了"长尾理论"，借此理论来描述如亚马逊和 Netflix 之类网站的商业和经济模式。以亚马逊为例，一家传统的大型书店通常可以摆放十万本书左右，但互联网电子商务平台不受空间和租金的限制，可以出售比十万本更多的书籍。亚马逊有四分之一的销售额是来自书籍排名榜后十万以后的书籍，即一些比较冷门小众的书籍，同时这类书籍的销售比例也正在高速上涨。

长尾理论所表达的主要观点是只要存储和流通的渠道足够大，需求不旺或销量不佳的产品所共同占据的市场份额可以和那些少数热销产品所占据的市场份额相匹敌甚至更大，即众多小市场汇聚成可与主流大市场相匹敌的市场能量。

长尾理论的提出在一定程度上可以认为是利基营销与互联网碰撞的产物。长尾理论成功地解释了利基市场存在的可能性。在传统的营销策略中，企业主要关注少数的热门产品的市场份额，却忽视了"长尾"部分低销售额的利基市场，而恰好这部分利基市场在互联网的帮助下成为可以形成一个足够获利的群体。

在过往的传统条件下，因为受到可接近性（accessability）的影响，企业采取利基营销策略时，必须要求其利基目标顾客在地理区域上是高度集中的。但是在互联网情况下，可达性的问题得到了很好的解决，可以借助网络的力量满足小部分目标顾客的需求。就像现在随着科技的进步，大家借助手机就可以随时随地听自己想听的东西，几乎不再用磁带了。而美国国家音响公司（NAC）给出的数据显示，2014 年他们的磁带销量突破 1000 万盘，是公司成立 46 年以来销售量最好的一年，且这部分磁带依然沿用 20 世纪 70 年代的设备进行生产。这说明在互联网的大环境中，像磁带这种小众产品都仍然有一部分可以获利的市场，那么其他小众产品也可能是发展潜力巨大的市场。

10.2 利基思维模式解读

10.2.1 什么是利基思维

利基营销原理告诉我们，即便小企业也可以充分利用自己的优势，找到适合自己生存和发展的"小生境"。从营销领域来看，利基营销就是通过细分市场找到一个合适的小众市场，了解把握市场群体的需求并提供相应的服务来获利，而这个前提就是需要找到正确的利基市场。这样看来，利基思维就是要我们在学习和生活中正确认识自己，准确定位，找到适合自己的位置。

利基即一个生物所占生境的最小单位。生境是生物栖息的场所，小生境是一种生物在生态系统中的行为和所处的地位。如果把生境看作生物的"住址"，那么小生境就是它的"职业"，生物的小生境由它的分类地位、形态特征、生理反应和行为等决定。从生物学上看，大多数生物都能找到自己的小生境。从这个角度来看，利基思维就是小生境思维，每个人都要找到自己的小生境。

利基即一个称心如意的领域。小生境还有一层含义是"称心如意"，也就是说，个人找到自己的小生境一定是自己喜欢的，让自己快乐的领域。例如搬到自己理想的居住城市，找到了能够实现自己理想的工作岗位，这都是个人的利基或小生境。以科研工作者为例，20世纪五六十年代，一大批大学生响应国家号召，奔赴大西北，来到中国科学院兰州分院，并逐渐成长为科研中坚力量。他们中不乏拥有卓越成就的院士，如核物理学家魏宝文院士、冻土学家程国栋院士、润滑材料专家薛群基院士、高原生物学家印象初院士等。他们在各自的领域辛勤耕耘、不断探索，为国家的发展贡献力量。再以高考为例，许多人都说高考是人生的一条重要分水岭，近年来每年的高考人数都在增加：从2018年的975万人增加到2021年的1078万人。每个学生都希望能够金榜题名，考高分进入更好的学校、更好的专业，像金融和计算机专业因职业发展前景好、收入高而吸引了众多考生报考，相对而言这些专业竞争就更激烈，分数线就更高。那么，那些没有达到分数线进入这些专业的学生未来的职业发展就不可观了吗？其实对于不是热门专业的学生来说，他们也有属于自己的利基位置，许多职业都需要相应的专业人才。只要我们具备相应的专业能力，找准适合自己的定位，就可以在自己的小生境上实现自己的价值。

由此延伸，利基思维还有一个重要的要求就是无论是企业还是个人都要有专业化的能力去专注发展自己的利基，因为这不仅是一开始抢夺利基、站稳脚跟的重要支撑，更是进一步发展、扩大优势的重要核心。

综上所述，我们可以认为利基思维给人提供了一种这样的思考方向：在竞争激烈的环境背景下，我们可以选择避开激烈的竞争，确定一个竞争相对较小的方向，然后利用自身专业化技能在这个"小生境"里发展，形成自己的竞争优势，从而实现自己的价值并获得一定的成果。

10.2.2　利基思维的重要性

在当代将利基思维用于个人思维的主要原因有：①个人面临的市场竞争太大，难以在大众竞争中脱颖而出，或疲于这种内卷化的竞争，需要另辟蹊径，选择竞争较小且自身具备一定优势的路径；②当下许多人选择的路径并不适合自己，在探寻的过程中利用利基思维能找到一条适合自己且具有利基特质的成长路径；③源于追求个性化的社会趋势，在热门领域逐渐饱和、差异化程度低的时候，个性化反而是建立自己区分于他人优势点的选择。因此利基思维模式可以帮助个人更快寻找到合适的路径，避开激烈化竞争，充分利用自身优势选择自己的成长道路。

10.2.2.1　另辟蹊径，提供一个新的发展方向

人类社会有竞争，生物界也有竞争，一个物种会选择一个适合它的生态位，当多个物种开始竞争同一生态位的时候，就会出现危险，并可能导致物种灭绝。当社会资源无法满足所有人的需求时，人们便通过竞争来获取更多资源，现在很多人"内卷"来指代非理性的内部竞争或"被自愿"竞争。"内卷"背后的根本原因在于个人的价值被拉低，无法在社会中找到自己立足的位置。但社会的多样化也为人们提供了新的发展机会，例如用天眼查，2021年就整理出十大逃离内卷的奇葩职业：潮玩设计师、电商选品师、螺蛳粉闻臭师、猫粮品尝师、奶茶代喝员、小三劝退师、衣橱整理师、职业扮鬼师、职业配拳师和职业找宠人。这些职业背后既反映了社会发展下不同人不同的个性化需求，又侧面反映了社会上还存在许多潜在需求可以挖掘，这些潜在需求也就是"利基"。这些新兴的职业也在用他们的成功案例告诉我们，实现人生价值的方法有很多，我们可以选择新的发展方向来实现自己的人生价值。

利基思维能够指导我们发现自己的利基。"All roads lead to Rome"即"条条大路通罗马"，这句谚语出自《罗马典故》，它指的是完成一件事的方法不止一种，我们能走的人生道路也不止一条。总结来说，我们可以有多种不同的方法和途径来达到我们的目的，这与我们前面提到的"小生境"的思想相符合，每个人都能找到自己的小生境，与之相对应的就是每个人也能找到自己的人生大道。

10.2.2.2　有助于更好地认识自己，准确定位

我们运用利基思维是希望能够找到一个适合我们的小生境，在这个过程中利基思维起到一个指导作用。利基营销需要通过周密的市场调查和市场细分来识别，并且在捕捉到利基市场机会之后进行正确的市场定位，而在生活和学习中，我们需要通过不同的经历、设定目标来锻炼自己、认识自己。在寻找自己的利基的过程中我们也需要不断去实践，通过实践检验自己发展的路径是否真的适合自己，以及通过设定不同的目标，根据完成程度来认识自己。另外，目标作为我们对事情产生的一个预期目的，在实现自己的利基过程中需要不同的目标为我们提供方向、激励我们继续前进，而利基思维让我们更加关注细微的

东西，它更多的是聚焦在"小众化"层面的内容，这也促使我们更多地去考虑自身优势，从而更好地选择匹配适合我们的小目标，这也有助于我们去把控自己的目标。

10.2.2.3 有助于培养求同存异的包容精神

在利基思维的指导下，以包容和欣赏的眼光看待事物，个人更容易发现生活中别样的美。在个人生活方面，需要认识到每个人都是独特的利基单位，即便是再小众的个人爱好与性格特质都可以组成群体，只要不影响他人以及不违反道德和法律，这些群体都值得被尊重。在生活交友中，每个利基的个人特质都会吸引不同的人，交友是以"求同存异"的眼光看待自己和他人，因此才能吸引尽可能多的朋友，并从中进一步找到知己。灵魂伴侣和酒肉朋友并不需要总是由同一个人来扮演，球友、同事、伴侣和密友等本就是不同的角色，不能强求诸多的特质能在同一个人身上出现，而是要放平心态扩大交友圈以体验生活的不同部分。

10.2.3 如何应用利基思维

"是金子总会发光的。"尼采的这句话告诉我们既然存在，就有存在的价值，也一定有需要用到我们的地方，恰当地运用利基思维可以更好地帮助我们找寻自己的存在价值。在互联网这个广阔的背景下，许多人都可以借助网络发展空间来利用利基思维，如发布短视频获得关注、发挥自己的个人技能获得收入等。

10.2.3.1 发现利基：准确定位寻找小生境

在利基思维的影响下，人们应该发挥自己的优势，找准核心竞争力定位，对自己做职业分析，挖掘的自己兴趣和专业，找到自己的利基业务。在定位自己的过程中，需要审视自己身上是否具备独有的技能或优势以选择自己擅长或是有开拓价值的领域，像现在许多流行的职业测试，都可以在一定程度上为我们认识自己提供新的视角，如 MBTI 职业性格测试。MBTI 是国际最为流行的职业人格评估工具，将个性特征归纳提炼出动力、信息收集、决策方式、生活方式四个关键要素，进行分析判断，从而把不同个性的人区别开来，这一性格测试可以帮助被测者捕捉自己个性对应的兴趣点、优势领域和发展方向，从而在保证自身独特性的基础上发现、明确自己的利基。

　　所以，在竞争越发激烈的现代社会，每个人都需要培养自己利基思维，进行准确的自我定位，找到自己的小生境。

10.2.3.2　专注利基：拾遗补阙，提升专业化水平

　　利基 "niche" 在英语里有一个意思是悬崖上的石缝，指的是人们在登山时，常常要借助这些微小的缝隙作为支点，一点点向上攀登。所以，人们专注和聚焦自己的 "利基"，做有效的事情，集中精力发展和丰富自己的技能。

　　"利基" 意译为 "壁龛"，它还有拾遗补阙或见缝插针这一层面的意思。"拾遗补阙" 源于史书《晋书·江统传》中的 "臣闻古之为臣者，进思尽忠，退思补过，献可替否，拾遗补阙" 以及《清史稿·李菡传》中的 "夫献可替否，宰相之责也；拾遗补阙，谏官之责也"，意为捡取遗漏，弥补缺失，也就是补充旁人所欠缺的东西。"见缝插针" 出自魏巍的《东方》，比喻尽量利用一切可以利用的空间、时间或机会。荀子说过："学无止境。" 在自己的利基业务上，我们仍需要不断地学习，补充自己的知识面，提升自我素养。大部分利基相对于主流市场微不足道，甚至容易被大众忽视其作用，但只要扎根于所选择的利基并对其深挖深耕，向着同一个方向不断坚持，数量终将成就质量，量变终将引起质变，每一个微小的石缝利基叠加，就会形成个人的竞争优势。每个人都需要专注于个人能力的垂直深度发展，累积每一个微小的利基让自己不断地成长。

10.2.3.3　创新利基：不断开拓与探索

　　当我们找到正确定位，找到了利基业务并专注提升自我的时候，还必须有所创新。对于中国利基战略的实践者而言，创新是他们日常工作的中心。他们需要不断改进产品和开发新产品，在技术、管理、文化、制度等方面也需要做出许多创新。对于个人而言，创新于自己的利基是个人利基可持续发展的必要条件。因为再微小的利基领域也有其成长空间，创新要求我们在该领域里继续开拓，继续发掘探索更多吸引力和竞争力，如扩大满足、服务的人群，更新、提升服务的质量等，逐渐累积成自我独特优势。

　　创新利基，首先要树立创新意识，认识创新的重要性；其次要付出行动。《创新化生存》这本书告诉我们，创新化生存需要 "反思、感受、洞察、创意、行动"，这都需要我们在日常生活中积累，包括需要学习更多的知识，因为创新需要更多的知识作为基础，没有知识就谈不上创新。在日常的生活和学习中，我们也应该多接触新鲜事物，开放自己的思想、开拓自己的视野。

10.3 利基思维模式案例[*]

10.3.1 互联网内容创业者：papi 酱

互联网作为时代进步和科技发展的重要标志，随着互联网的快速发展，互联网助力了各行各业的发展。网络从各个方面融入人们的日常生活，改变人们的通信和生活方式，为现代化生活节奏提供了快捷和便利。利基思维希望人们可以找到自己的小生境，而互联网为人们提供了更多的发展机遇，人们可以选择的发展领域更加广阔，这都有利于人们去挖掘自己的小生境。互联网正在改变着整个世界的经济格局，其带动下的内容创业已经越来越繁荣，其中一个重要内容就是短视频。短视频作为一种融合了多种表达方式的新内容，在这个新领域就会有新的开拓者，papi 酱作为其中的佼佼者，她的创业过程也体现了她的利基思维。

10.3.2 papi 酱的小生境

2016 年，网络上出现了一个"2016 年第一网红"，她就是 papi 酱。

互联网作为一个庞大的空间，其版图也十分广阔，能在多个方面满足人们的需求。在短视频兴起之前，互联网主要为人们提供网购、社交、游戏等内容。2016 年是短视频的"爆发元年"，整个短视频行业的融资额高达 50 亿元，资本有力推动了短视频 App 的激增。用户的使用习惯也从美颜自拍和娱乐逗趣，转向视频社交和原创表达。

短视频作为互联网的一个新领域，非常符合碎片化时代的阅读需求，具有极高的用户黏度。从 2011 年开始，智能手机在国内开始广泛普及，如优酷、爱奇艺等传统视频网站也在 App 上增加了短视频内容。短视频的长度通常在 5 分钟以内，短小精悍，但视频内容丰富，涉及多个领域。新时代的年轻人喜欢在消费的同时通过点赞、分享、交互等进行社交，短视频能够很好地满足年轻人个性化和多元化的自我展示需求，从而成为互联网里一个重要的发展领域。

---

[*] 白富美妖姐：《如何看待 papi 酱的大火？》，见 https://www.zhihu.com/question/39210742。

当时短视频行业作为一个新兴行业，有着巨大的发展潜力，但作为一个新出现的市场，它的受众只面向少部分群体。papi 酱毕业于名校且具备丰富的专业经验，在这个新兴领域有着广阔的发展空间。

papi 酱，本名姜逸磊，出生于上海市。papi 酱的生活并不是一帆风顺的，大学毕业后四年一事无成，没有工作、没有理想、没有目标且身体还出现了问题，只能在家养病。在这个迷茫阶段，她计划在家附近开个服装店却没有启动资金，和好朋友一起创业也失败了。消沉一段时间之后，她选择做老师，决定考研继续读书，后来成功考上了中央戏剧学院导演系的研究生。导演专业对学生的要求很高，不仅需要有很强的表达能力，还需要会创作分镜头台本。同时导演不仅要懂文学，懂表演，懂电视，熟悉电视和电影制作的各个环节，而且需要很强的指挥能力和协调能力。所以，在中戏学习期间，papi 酱在很大程度上积累了自己的专业经验，并能够在短视频领域发挥自己的能力。

papi 酱与传统的网红不同，她不属于常规意义上的网红，更像是一个互联网的内容创业者。papi 酱在进军短视频之前是一名毕业于名校的专业编导，后来初步接触短视频之后，她将时事热点与自己幽默风趣且接地气的短视频结合起来，戳中互联网年轻群体的兴趣点，并成功在网络上爆红。

10.3.3　利基思维的体现

10.3.3.1　做好准确定位

papi 酱最初接触短视频是在 2015 年，她与好朋友霍泥芳以组合名"TCgirls 爱吐槽"出道，主营业务是"吐槽"不同的话题。她们吐槽的第一个视频是点评电影《小时代 4》，虽然她们的视频被粉丝追着骂，却因此获得了不少的关注，但"TCgirls 爱吐槽"试水效果并不稳定，受众无法涵盖多个圈子。后来，papi 酱选择单飞。得益于前期组合短视频的经验，papi 酱首个大火的视频是关于解构两性关系的《性生存法则第一弹：当你女朋友说没事的时候》，这个视频很好地满足了男女性双方的需求。在这之后，papi 酱也尝试过恶搞视频相关内容，但是关注度远远不如之前的视频。由此可见，papi 酱的强项主要还是聚焦在社交话题。

确定了视频的重点后，papi 酱发布的短视频不再是只为了吸引网友的眼球，而在视频内加入了很多有内涵的材料，比如社会关系、人际关系、工作环境等，让网友们在观看短视频获得快乐的同时也能够一起思考，产生一定的共鸣。

10.3.3.2 专业能力支撑

在一定程度上，短视频于她而言是一份"专业对口"的工作。首先，拍摄短视频需要设计视频的脚本；其次，要将视频内容精华浓缩在几分钟的视频里，需要花更多时间来拍摄和剪辑，以精准把握视频的节奏，而这些都需要专业的能力。

papi 酱在 2005 年考入中央戏剧学院导演系本科，后又成功考上中戏导演系硕士班，具有过硬的编导专业能力，同时在读书期间也积累了许多导演、编导类的工作经验。如 2006 年，担任北京电影学院导演系毕业胶片短片的副导演、女主角，还担任了某保健品新闻发布会的广告导演。2007 年，负责上海电视台体育频道《健康时尚》栏目的前期编导及配音工作。2008 年，担任对外经济贸易大学英语短剧的导演；同年，还担任了话剧《莫里哀》的分场导演，并饰演了侯爵和拉封丹。2009 年，papi 酱从中央戏剧学院导演系本科毕业，并担任了上海话剧艺术中心话剧《马路天使》的导演助理；随后，在香港浸会大学高清短片《小城故事》中担任女主角，同年还担任过话剧《现代城》的分场导演。

papi 酱曾自述学戏剧导演的她在短视频拍摄方面还是比较业余，她此前的经历更多的是在话剧方面，而拍摄视频主要靠自己摸索。除了靠自己努力之外，她还将自己拍摄、制作的短视频发给导师看并让导师提修改建议，汲取老师的建议进行修改。在制作短视频的过程中，papi 酱也曾一度因为创作太累导致需要住院做手术。

互联网是一个庞大的市场，许多新兴行业依托着互联网慢慢发展起来，与此同时，许多人也在这个繁荣创新的市场环境下找到自己的小生境。papi 酱在中央戏剧学院导演系受过专业培训，这让她能够把握好台词的准确程度、剧本的完整性；同时她个人的幽默感、对语言的天赋以及本人的勤奋都令她能驾驭短视频内容创作这个新领域。

papi 酱从事的是自己所擅长的领域的工作，这有助于她成为所属领域的佼佼者。她避开了竞争激烈的就业环境，选择去开拓新的领域。而利基思维就是期望能给我们提供一个新的思路，让我们选择一个竞争较小的领域，如一个新的行业、新的领域，然后利用自身特点、专业技能在"小生境"里发展并获得成功。

10.4 本章小结

在这个大众化竞争激烈的时代，大家都选择进军热门领域去寻求发展的机会，而利基思维指导我们另辟蹊径，寻找适合自己的发展路径，去挖掘和发展自己的小生境，并在社会上成功立足。我们要发现自己的利基，专注于自己的利基，创新于自己的利基，持续发展自己的利基领域，然后形成自己的竞争优势。本章具体介绍了在营销领域以及日常学习生活中的利基思维是什么，同时借助具体的案例进行详细阐述，以便读者能更好地理解。

参考文献

［1］陈力丹，霍仟. 互联网传播中的长尾理论与小众传播［J］. 西南民族大学学报（人文社会科学版），2013，34（4）：148－152.

［2］和俊民. 浅析利基营销［J］. 中南民族大学学报（人文社会科学版），2004（S1）：81－82.

［3］克里斯·安德森. 长尾理论［M］. 3 版. 北京：中信出版社，2012.

［4］李光耀. 生态位理论及其应用前景综述［J］. 安徽农学通报，2008（7）：43－45.

［5］任义科. 社会小生境的概念、特征及其结构演化［J］. 广东社会科学，2015（3）：181－188.

［6］王可越. 创新化生存［M］. 北京：北京日报出版社，2019.

［7］王燕凌. 寻找企业优势，开发利基市场［J］. 经济师，2003（12）：171－172.

［8］朱允之. 长尾胜利等于信息胜利［J］. 广告人，2007（2）：47.

［9］KOTLER P，ARMSTRONG G. Principles of marketing［M］. 17th ed. Harlow Essex：Pearson Education Limited，2017.

第 11 章　定位思维

人过留名，雁过留声。

——清·文康《儿女英雄传》

现代营销的本质在于争夺顾客，科技、媒体的发展使得信息传播更加便捷，人们每天都会面对五花八门的产品与铺天盖地的广告。信息的扩散变得简单，然而信息传播的有效性却被稀释。由于顾客心智的有限性，信息爆炸的结果使这些信息如过眼云烟般消逝，甚至没来得及引起消费者的注意，为此企业付出了巨大的成本而且收效甚微。加上产品供给过剩，产品同质性加剧，企业很难仅通过满足顾客需求的方式获得成功。因此，企业需要尽可能地占据消费者的心智，在潜在顾客的心智中留下与众不同的位置，这就是营销学中的定位（positioning）。

不限于营销领域，每个个体都有自己的"目标顾客"，想要获取好感，则需在"目标顾客"心中建立起一个清晰的形象。尤其对于个人而言，不管是升学、求职、工作或日常生活，在通往成功的路上我们都需要找到自己的定位。

本章将对定位思维模式进行阐述，本章的逻辑主线见图 11 - 1。首先，对营销概念——定位的由来、定义、原因、逻辑、方法等进行说明，使读者对营销领域中的定位有初步的了解。其次，将营销领域扩展到一般领域，将定位的理论抽象上升为一种人们可以在日常生活中运用的思维模式，具体阐述定位的思维是什么、为何重要以及如何运用。最后，以一个大家耳熟能详的案例故事讲述案例的主人公是如何进行定位的，使读者更好地理解这一思维，从而能够真正地加以学习运用，并融入个人的实践中。

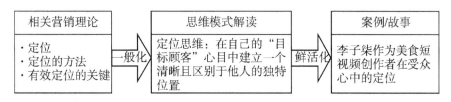

图 11-1　本章的逻辑主线

11.1　相关营销学理论

营销学中的定位（positioning）理论意义重大、影响深远，本节将详细介绍定位的由来、定义、原因、逻辑、方法及有效性等相关内容。

11.1.1　定位

11.1.1.1　定位的由来

定位的源头可以追溯到 1963 年，艾·里斯（Al Ries）在纽约成立了自己的公司，并与合伙人开创了一个工作方法体系，核心为"每个品牌都需要一句话来表述它与竞争对手之间的区隔"，这个区隔在当时被称为"rock"，意为如同岩石般坚硬有力的出击点，即可以迅速进入潜在顾客心智的想法或概念。这便是定位的前身。

1967 年，杰克·特劳特（Jack Trout）受艾·里斯聘请出任其公司的客户主管。1968 年，特劳特提议用"position"代替"rock"来概括这一理论，这是"定位"（positioning）的首次提出，特劳特也因此被誉为"定位之父"。随后，二人于 1969 年在美国《工业营销》杂志上发表论文《定位：同质化时代的竞争之道》，首次阐明定位的理论体系。1972 年，他们为《广告时代》撰写的系列文章《定位时代》发表，营销史上著名的"定位理论"真正意义上为大众所知。1981 年，学术专著《定位》出版，改变了人们"满足需要"的旧有营销认识，开创了在竞争中胜出的营销之道。2001 年，定位理论压倒菲利普·科特勒等的理论，被美国营销协会评为"有史以来对美国营销影响最大的观念"。《定位》一书位列美国史上百本最佳商业经典书籍第一名。

11.1.1.2　定位的定义

特劳特指出，所谓定位是指对本产品和竞争产品进行深入分析，在对消费者需要进行准确判断的基础上，确定产品与众不同的优势及与此相联系的在消费者心中的独特地位，并将它们传达给目标消费者的动态过程。定位要从一个产品开始。产品具体可能是一种商品、一项服务、一个机构，甚至是一个人。但是，定位不是对产品要做的事，而是对预期顾客要做的事。换言之，要在预期顾客的头脑里给产品定位，确保产品在预期顾客头脑里占据一个真正有价值的地位。简单来说，定位是在潜在顾客的心智中做到与众不同。

科特勒和阿姆斯特朗在《市场营销原理》（第17版）中将产品定位（product positioning）定义为产品在重要属性（attributes）上被消费者定义的方式，即产品在消费者心智中所占据的相对于竞争对手的位置。科特勒和凯勒在《营销管理》（第14版）中将定位定义为设计公司的提供物（offerings）的形象以便在目标顾客的心智中占据一个独特的位置。

从以上描述可以发现，定位并不是针对产品做什么，而是影响产品在顾客心智中的感知。"你是什么并不重要，消费者认为你是什么才重要。"因此，"定位"的"位"是在消费者的心智中，而不是在实际的产品上。这一点使得定位与差异化（differentiation）区别开来。虽然定位与差异化二者的原因和目的相似，但是二者有较大的差别。差异化是针对产品所做的工作，例如通过改变产品的包装和设计、改进产品相关的服务、改变产品的形象（主要是指公司识别系统）等使得产品与竞争产品有所区别，而定位并不会使产品发生实质的变化。简而言之，差异化包括有形的（例如产品的物理形状发生改变）和无形的（例如改进服务质量），而定位是无形的。

需要说明的是，"定位"一词是一个高度日常化的词，很多时候人们所提到的"定位"并非本书所定义的"在顾客心智中的位置"。例如，"价格定位"描述的是确定价格的区间范围，"消费者定位"描述的是选择和确定顾客群体，"职业定位"描述的是确定未来职业的发展方向。

11.1.1.3　定位的原因

（1）商业竞争加剧，产品与广告使人目不暇接，产品传播阻塞。商业竞争是所有商品经营者都无法回避的问题，面对有限的顾客规模，想要获得更高的经济利益，就需要进行不断的角逐和较量。同时，伴随着生产力的大幅提升和社会经济的快速发展，人类社会由产品供给不足演变成产品供给过剩，几乎所有行业都转变为买方市场，消费者的选择空间大大提升。伴随全球经济化的发展和互联网时代的来临，商业竞争超越时空的限制，竞争的速度、深度和广度前所未有，竞争空前惨烈。

技术和媒介的发展深刻影响了营销传播的方式。在一个信息爆炸的商业社会中，要创造出新的人们头脑里尚且没有的东西越来越难，要把产品信息有效传播进消费者的头脑里更是难上加难。一家商店就可以陈列成千上万种商品，而人们每天每时每刻都在接收着各种广告信息。由于市场上的产品、公司、叫卖声太多，过去的营销战略在当下的市场已不再有效。

（2）顾客的心智有限。"心智"一词源于英文单词 mind，指人的记忆、思想、意识、感情、意向、思维等，是与大脑相关的活动；在汉语中，从字义上理解，"心"指的是内心、内在的，"智"则指智力，可引申为大脑、思维，心智即指内心的思维、想法。因此，心智可以理解为深植于人们内心深处思维的总和，包括世界观、逻辑、信念、情感甚至印象、图像等（岳建秋，2007）。特劳特率先将心智这一概念运用于营销学领域，指出心智是消费者大脑中对产品、品牌的观念、情感和印象，是消费者的认知。

虽然今天的消费者面对海量的产品和信息，但其心智是有限的，而且一个人的记忆能力、信息处理能力总是有限的。人们喜欢说"比大海更广阔的是天空，比天空更广阔的是人的心灵"，但科学已经证明这是个美丽的误解，人类心灵的记忆空间并不宽广（星河，2002）。根据哈佛大学心理学博士米勒的研究，在顾客的心智中最多只能为每个品类留下 7 个品牌空间。而特劳特进一步发现，随着竞争的加剧，最终连 7 个品牌也容不下，只能给两个品牌留下心智空间，这就是定位理论中著名的"二元法则"。由此，抢占消费者心理的一个有效位置便意味着抢占了市场份额。想要在激烈的营销竞争中取胜，最好的办法是进入并占据消费者有限的心智，这也奠定了定位的逻辑。

11.1.1.4　定位的逻辑

《定位》中指出，定位的逻辑不是创造出新的、不同的东西，而是改变人们头脑里早已存在的东西，把那些早已存在的联系重新连接到一起。即去操控顾客心智中已经存在的认知，重组顾客头脑中已存在的关联认识，并在顾客心智中建立想要的位置。这也就是特劳特所强调的"定位不在产品本身，而在消费者心底"。定位的过程就是在消费者心中建立一个概念、形象或位置的过程。

定位要打造出一个深入人心的形象，首先是进入心智。对于企业而言，定位理论的核心是在预期消费者的头脑中发现市场空位，继而在预期消费者头脑里给产品定位。即使品牌形象根植于消费者脑海中，成为某个类别或某种特性的代表品牌，在消费者心目中占据无法取代的位置。最终结果是消费者一旦有相关需求，就会开启记忆之门、联想之门，自然而然地想到它（王海峰和张梅，2004）。

11.1.2　定位的方法

11.1.2.1　企业定位的方法

特劳特指出，了解竞争对手的目标，就有可能找到每个公司都相对满意的位置。为了建立有利的、持久的竞争地位，应该做到以下两点：①公司应找到一种战略，使其可以通过明确的优势来抵御现有竞争对手和新入侵者；②公司的战略应避免那些可能威胁到竞争对手达到其主要目标从而引发激烈战争的战略行动。

定位就是要让企业的品牌进入客户的大脑。进入大脑的途径就是定位的基本方法，行之有效的常用方法主要有以下三种。

1.　争当第一定位法

要进入大脑、抢占心智，关键在于先人一步，在一个尚未接收到其他品牌信息的纯洁的大脑里留下不可磨灭的信息，从而达到先入为主和深入人心的效果。世界第一高峰是珠穆朗玛峰，我们都知道，但第二高峰呢？很多人就答不上来了。人们的大脑对"第一"格外钟情。第一人、第一峰、第一个占据人们大脑的产品名称、公司名称，都很难再从人们的记忆里抹掉。例如：计算机业的IBM、软件业的微软、CPU业的英特尔、复印机业的惠普、照相业的柯达、饮料业的可口可乐、租车业的赫茨（Hertz）、电气业的通用电气……"当第一胜过做得更好"，这是迄今为止最有效的定位观念。成为第一，是进入心智的捷径。但特劳特也指出，真正的"第一"是受众默认的，在成为行业第一后便无须再宣传强调。否则，将会给人一种不自信的感觉，从而影响消费者的判断。

争当第一的前提是要发现并占领市场现有空位。但第一只有一个，当现有市场难以找到空位，并且在某一领域已经有品牌做到第一且位置难以撼动时，则可以把自己的品牌与现在的第一名关联在一起，进行对比定位，或通过"给竞争对手重新定位"的方法来创建出自己的空当。

2.　对比定位法

为了有效接收和处理信息，消费者会在脑中给产品分类。对比定位法是指将新产品或新品牌与老产品或老品牌（现存的竞争对手）进行对比，将新老产品、新老品牌放到一个品牌的梯子上，使预期客户参照当时已有的产品或品牌为新产品或新品牌定位，使新产品或新品牌借助其竞争对手的力量进入预期客户的大脑。即使不能做到第一，但与第一建立了关联与捆绑的关系之后，当人们想到第一时也会想到第二。20 世纪 60 年代，艾维斯（Avis）汽车租赁公司喊出了"我们是老二，所以我们更努力！"的口号，成为对比定位的经典案例。通过对比定位，艾维斯巧妙地与市场领导者赫茨建立了联系，艾维斯的市场份额也获得大幅提升。再如，郎酒集团以"青花郎，中国两大酱香白酒之一"的定位使青化郎与茅台建立了一种关联。

3.　空当定位法（给竞争对手重新定位）

将消费者头脑里现有的产品或理念排挤掉，同时使新产品或理念进入。这是一个破与立同时发生的过程。常用的方法有两种，一是公开挑起争执，向旧产品或旧品牌抗争，推翻存在于消费者头脑中的旧观念，从而引起重视，建立知名度。二是评论竞争对手，即在广告语中首先对竞争对手的产品进行评论，指出其缺点或劣势，再引出自己的产品，宣传其优越性，使消费者放弃旧产品，购买新产品。20 世纪 60 年代，宝洁公司推出漱口液斯科普，同时给当时主打有效杀菌、有"去口臭之王"之称但味道并不太好的市场领导品牌李施德林（Listerine）进行了重新定位：有药味的漱口水。这一举动不仅让宝洁公司从李施德林手中夺走了几个百分点的市场份额，还使"好味道"的斯科普成为第二品牌。

11.1.2.2　定位四步法

定位四步法是综合运用特劳特定位理论和定位思想体系，发现位置、确定位置、支撑位置、传播位置的策略方法。土要包括以下四个步骤：

第一步，分析行业环境。确定"我们的竞争对手是谁，竞争对手的价值是什么"。正如特劳特所说："不能在真空中建立区隔，周围的竞争者都有各自的概念，得切合行业环境才行。"分析行业环境，要从系统整体的角度来思考各种因素的相互影响。知道自己的优缺点才能扬长避短，知道对手的优劣势才能避开其优势和精准打击其劣势。知己知彼，才能百战不殆。特劳特提出，要从竞争者发出的"声音"开始，摸清他们可能存在于消费者心中的位置，以及他们的优势和缺点。

第二步，寻找区隔（定位点）。在分析行业环境之后，需要寻找一个概念将自己与竞争者区别开来。注意避开竞争对手在顾客心智中的强势，或利用其强势中蕴含的弱点，最好是直接占领当前市场空白之处，确立品牌的优势位置。如"去屑海飞丝"、高露洁"我们的目标是没有蛀牙"这些广告语，就是通过找到自己与竞争对手不同的地方而确定了自己的定位点，并投入巨额广告费将此区隔概念植入顾客心智中。这样当我们想要买去屑洗发水时自然就会选择海飞丝，想要防蛀买牙膏时自然就会选择高露洁。

第三步，为这一定位寻找一个可靠的证明——信任状（或支持力量），使定位真实可信。特劳特指出，区隔并不是空中楼阁，消费者需要企业通过产品的价值、属性去证明，品牌和产品必须能支撑起自己的概念。支持力量越大，定位越深入人心。

第四步，传播与应用。有了区隔概念和支持力量后，并不能产生成果，因为这个力量尚未打击到消费者，还要通过传播整合将这一概念植入顾客的心智。企业要在每一方面的传播活动如广告、手册、网站、销售演示等中，都尽力体现和突出区隔的概念。

定位四步法的本质是集中自己的优势兵力打击敌人的弱点，并且防止敌人集中他的优势兵力打击自己的弱点。例如，在凸透镜引燃火柴的例子中，火柴头是定位点，阳光是支持力量，透视镜则起到传播方向的作用。没有凸透镜，阳光则不能集中指向火柴头，就不能引燃火柴。而如果选择的定位点不是火柴头，也不能引燃火柴，只有选择合适的定位点才能获得最佳的效果。

11.1.2.3 定位钻石模型

李飞（2004）的市场定位钻石模型指出，定位的范围包括产品、价格、渠道和促销等方面，即定位点可以是营销的任何要素；定位的内容包括属性定位、利益定位和价值定位等层面；定位的步骤包括找位、选位和到位三个阶段。如图 11-2 所示，纵向表示定位步骤，横向表示定位内容，三角形表示定位范围，将三者组合起来就构成了一个营销定位的钻石模型。

定位钻石模型的具体含义包括：首先，在市场调研的基础上找到目标市场，了解其对 4P 等方面的需求特征；其次，选择满足目标顾客的利益点，据此确定属性定位和价值定位；最后，通过进行营销 4P 要素的组合实现已经确定的定位。营销组合既是定位范围又是营销执行。

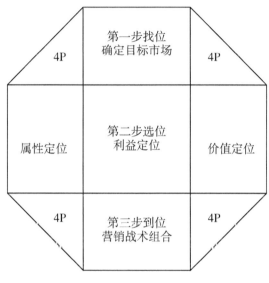

图 11 - 2 定位钻石模型

11.1.3 有效定位的关键

11.1.3.1 聚焦

首先是对目标顾客群体的聚焦。例如，轿车市场对顾客群体的细分已经达到较高程度，若品牌仅定位于高端或平价，就过于模糊和宽泛，因为顾客的性别、性格、年龄、区域、职业、生活方式、价值观等存在的差异影响着其对轿车的选购，营销者必须基于这些角度描述出最核心的顾客群，才能最有针对性地启动核心市场。其次是对营销要素的聚焦。弗雷德·克劳福德和瑞安·马修斯通过实证分析证明：成功的公司不过是在五个方面做出努力，包括价格合适、服务兑现承诺、购买便利、体验独特和产品稳定，而他们仅仅把一个方面做得出色，另一个方面做得优秀，其他三个方面只需达到行业平均水平。其实做得最出色的要素便是定位点。因为定位模糊难以被消费者识别，定位宽泛难以被消费者记住。比如针对产品（功能价值与使用场景）要素的营销有"吃多了，肚子胀，饭后嚼一嚼……家中常备江中牌健胃消食片""累了困了喝东鹏特饮""送礼就送脑白金"等。

11.1.3.2 深入人心

深入人心的最好方法是成为第一，这个第一得是目标顾客心中的第一。哥伦布是第一个发现美洲的探险家，但美洲（America）却以比哥伦布晚五年抵达美洲的探险家阿美利哥·维斯普西（Amerigo Vespucci）的名字命名。因为阿美利哥·维斯普西是第一个将新大陆的概念植入人们脑海中的人。值得注意的是，第一个进入用户心智的，不一定是第一个研发出产品和将产品推向市场的。如加多宝一定不是第一款凉茶，但却是第一款将"不上火的饮料"这一概念植入顾客心智的凉茶产品。

11.1.3.3 由外而内

由外而内，实际就是关注顾客的利益需求。除了前文提到的"分析行业环境"之外，看竞争对手的同时也要看顾客。本质上是因为从供给不足到供给过剩和同质化严重的转变，导致竞争中心向顾客的转移。所以，定位提出要运用外部思维即顾客的视角看品牌，定位理论的出现打破了以往营销传播中由内向外的旧框，变成从预期消费者的角度去看自己的产品从而确定相应的市场定位（王海峰等，2004）。由外而内，需要时刻关注顾客的需求价值是什么而非采用人有我优的传统营销模式进行产品介绍。在加多宝的例子中，最开始的"凉茶"因在顾客认知中偏向药属性，而市场不够开阔。"不上火的饮料"则是从预期消费者的角度去看产品，从而被广泛接受。

11.1.3.4 极简化的信息

在信息爆炸和心智有限的矛盾冲突之下，只有极简化的信息才能被消费者记住，一个广告可能有上千字，但被人记住的仅有几个字。往往被记住的广告语、口号、宣传标语都是极其简单、清晰而富有特色的。例如华为手机有上千种功能，而且很多功能是其他品牌手机缺少的（比如滚动长图截屏、录音自动转文本等），但宣传最多被我们记住的功能，只有最关键的"人像摄影大师"。反之，如果华为把手机的优势或者满足顾客的属性、利益、价值全部一个一个列出来，那将变成一张冗长而乏味的功能清单，最终结果则是一个也不能被消费者记住。不只是产品，品牌亦是如此。品牌定位口号通常要浓缩品牌的个性特征，并强调品牌与消费者之间的密切关系。口号注重鼓动性并受到词语篇幅限制，必须"择其要而言之"。对于定位而言，极简化的信息就代表着被记住的可能性更大。

11.2　定位思维模式解读

11.2.1　什么是定位思维

定位的重要性不止体现在营销学中，这一概念背后的思维方式更具有普适性，对个人更重要。营销学中的定位理论体现出的定位逻辑是进入并占据对方的心智，而在个人的学习、工作乃至生活中，获得周围人的青睐、喜爱往往是为我们所看重的，但定位绝对不等于讨好，它区分于现在所流行的"人设"，因为人设是虚无缥缈的，只有一味的迎合而缺乏立于客观基础上的根基。定位的终极意义是每个人都能在所处环境中发现自己的闪光点和找到自己的独特价值所在，这也是进入对方心智的根本。同时，我们的能力是有限的，我们不可能也不需要被所有人喜欢，只要能找到我们的"目标顾客"并获得对方的认同即可。要获取对方的认同，就需要呈现给对方我们所能带来的对其有益的独特价值从而使其留下深刻的印象。因此，定位就是在充分认识我们和对方需求兼顾外部环境的基础上，简单而深刻地传达出我们所能提供的独特价值，从而在"目标顾客"的心中建立一个清晰的形象并占据一个区别于他人的位置的思维方式。定位思维的核心内涵是每个个体，都需要在其"目标顾客"心中占据一个独特的位置。

11.2.2　定位思维为何重要

定位思维的重要性，在于它能帮助我们在做事时更快地找到方向并且知道如何节省力气，使事情进展得更顺利，使我们得到所期待的结果。

11.2.2.1　定位帮助人们充分地认识自己

苏格拉底以德尔菲神庙的箴言告诉世人"认识你自己"，他认为在其理想国家里，每个人都有自己的天赋和局限，每个人都能做自己最擅长的事。"认识自己"看似简单，实则不易，大多数人的迷茫正源于此，由于没有清晰的自我认知而找不准前进方向、随波逐流，陷入白白忙碌和获得感低的怪圈。比如在缺失自我认知的情况下，就随大流地去考各种"必考"的证书，就随意地报考一个听起来不错的专业，就人云亦云地选择一个所谓发展前景好的行业等，往往结果并不理想。由于定位的第一步是构建明确的自我认知，定位可以帮助我们充分地认识自己，认识自己的爱好和兴趣、优势和短板等。认识自己才能找准赛道。

11.2.2.2　定位帮助我们更好地应对竞争

定位源于竞争，如果没有竞争，那么"目标顾客"就没有更多的选择余地。但事实上各种不同形式的考核、比赛是人成长的必经之路，我们无时无刻不处于赛道之中。例如现在的热点词"内卷"，很多高等学校学生用其来指代非理性的内部竞争或"被自愿"竞争，现指同行间竞相付出更多努力以争夺有限资源，从而导致个体"收益努力比"下降的现象。可以看作努力的"通货膨胀"。定位可以帮助我们更好地应对竞争，首先要做好自己的定位，这样可以帮助我们缩小竞争的范围，帮助我们找到自己的竞争对手和赛道，因此我们只需要和与自己拥有相同目标的人竞争。其次要让定位帮助我们充分认识自己的兴趣爱好、优缺点，从而在自己感兴趣的领域更好地应对竞争。不管处于哪一个人生阶段，为了增加事件的成功率，为了提高竞争的获胜率，我们需要进行自我定位，然后将自我定位植入他人的心智。

11.2.2.3　定位帮助我们获得目标顾客的青睐

定位要求我们运用由外而内的思维去分析目标顾客的需求，由此可以帮助我们更好更快地进入对方心智。在日常生活中，我们经常会遇到以下问题：升学时，我要如何撰写发送给心仪导师的邮件才能获得进入其门下学习的机会？面试时，我要如何介绍自己才能给面试官留下独特的印象并脱颖而出？在职场中，我和同事给公司提供的价值差异在哪里？在追求爱情时，我要在对方面前呈现出一个什么样的形象才能获取其好感与青睐？这些都体现了定位的逻辑。好的定位通过放大对方想要的同时存在于我们身上的特质，通过投其所好而迅速击中对方，通过达成一种契合而进入目标顾客的心智，使其相信我们就是他们所需的和正在寻找的对的人。

11.2.3 如何应用定位思维

如何进行个人的定位，让定位思维能被广泛运用，可以遵循以下四种思路。

11.2.3.1 构建明确的自我认知

自我认知是对自己的洞察和理解，包括自我观察和自我评价，简单来说就是一个人对自己的了解程度。由于要获得清晰的自我认知实则不易，我们的自我认知可能会受限于我们的视角，因为有时对于自己的认识是混乱的，对自我认知度的高低也会受我们的欲望和目标影响。所以，构建清晰的自我认知不可避免地要借助各种模型和工具。以冰山模型为例，美国著名心理学家麦克利兰于 1973 年提出了一个著名的素质冰山模型，它将人员个体素质的不同表现表式划分为表面的"冰山以上部分"和深藏的"冰山以下部分"。其中，"冰山以上部分"包括基本知识、基本技能，是外在表现，是容易了解与测量的部分，相对而言也比较容易通过培训来改变和发展。"冰山以下部分"包括社会角色、自我形象、特质和动机，是人内在的、难以测量的部分。它们不太容易通过外界的影响而得到改变，但却对我们的行为与表现起着关键性的作用。目前，这一模型多应用于工作领域，但不妨碍其作为构建较为全面的自我认知的一套体系。正确的自我认知是能够客观、全面地看到自己的优势与不足，从而能够扬长避短，在其他各因素具备的情况下，实现自我价值。

11.2.3.2 知长知短从而扬长避短

在构建出系统的自我认知之后，便要对自己的长处、短处进行总结分析，继而发挥或发扬优点或有利条件，克服或回避缺点或不利条件，我们在和别人的竞争中往往选择如此。歌德曾说："你最适合站在哪里，你就应该站在哪里。"成功者之所以得以成功，在于他们站对了位置，找准了时机，拥有了适合自己奋斗的平台，才能将自身的才华发挥得淋漓尽致。硬要在自己不适合的位置上用自己的劣势去对抗别人的优势，无异于鸡蛋碰石头。不自量力的结果是自讨没趣，自取灭亡。如何确定自己的特长和短板，我们可以运用这个思路：在做一件事的时候先回忆一下过程，例如有的事情是我们不需要费很大力气就可以做得更好的，这就是我们的特长。短板就是我们很努力去做了，但最后结果却不如预想，令人怀疑自己的事情。

11.2.3.3　分析竞争对手，进一步找到自己的位置

《孙子兵法》道："知彼知己，百战不殆。"定位思维要求我们对竞争对手进行分析，我们必须考虑同一赛道之中竞争对手的强弱，进而找到自己的位置。我们可以将需要考虑的竞争对手，按照竞争力的大小分为三个级别：第一个级别为行业翘楚，也就是竞争力最强的对手；第二个级别为实力与自己不相上下的对手；第三个级别为实力比自己略差，并将我们视作追赶目标的对手。在这三个级别中，行业翘楚是我们学习和模仿的对象，而实力相当以及比自己略差的竞争对手则需重点关注，因为一不小心，对方就极有可能在短期内赶上或是超越我们。面对翘楚级竞争对手，我们很难正面进行对抗，可以通过开辟一个品类、划出特定场景、凸显一个特性等思路避开其强项和优势，找到自己的位置。比如减肥教程已经有很多人（如 B 站 UP 主、微博大 V 等各种自媒体）在做，虽然内容同质化，但由于很多教程起步早且积累了大量粉丝，后来者很难再进入，这时可以通过性别与他人区隔。因为大部分减肥教程是针对女性市场，那我们可以专门针对有啤酒肚的中年男性，定位是啤酒肚瘦身教练。面对和自己实力不相上下的对手，我们可以正面对抗但必须加快速度和加倍努力使自己变得更好从而超越他们，比如集中力量将现阶段自己的优势发扬光大，以此拉开距离。面对比自己略差的竞争对手，我们需要站在对手的角度思考其可能会采取的策略方法，抢在对手之前进行实践，类似于"走别人的路，让别人无路可走"。

11.2.3.4　清晰地传达自己能提供的价值

定位最终是要去到"目标顾客"的心中，在我们完成自我价值构建后必须将其有效地传达给"目标顾客"。由于彻底了解一个人需要的成本较大与在实践中时间、心力、资源往往是有限的之间存在冲突，我们传达自己能提供的价值时要做到高效表达，这便是"麦肯锡 30 秒电梯理论"。高效表达的定义是：用最简练的语言传递最有价值的信息。它要求我们站在对方的角度，进行更有针对性的传达，并且基于一个核心主题，清晰而直观地传递最关键的信息，同时要有可视化数据。比如我们在制作自己的简历时，一定是用简洁明了的话语突出自己的长处，且往往将最关键的信息置于前列；我们在陈述自己的优势时，要有绩点、证书或实践经历等作为证明。团队起名称的道理也是如此，好名字往往简明扼要地表达出团队的立意，从而给别人留下深刻的印象。

11.3　定位思维模式案例[*]

11.3.1　"李家有女，人称子柒"

李子柒 1990 年出生于四川省绵阳市，是中国的美食短视频创作者。6 岁时父亲早逝，后随爷爷奶奶生活，因此不管是家务还是农活，她样样拿手；14 岁辍学后开启了长达 8 年的漂泊生活，做过各行各业，这使其具有较强的自学能力和做事干练的风格；2012 年奶奶生了一场重病，随后为避免"子欲养而亲不待"的遗憾，她又回到了家乡。2015 年，李子柒开始拍摄美食短视频。2021 年吉尼斯世界纪录发文宣布，李子柒以 1410 万的 YouTube 订阅量刷新了由其创下的"YouTube 中文频道最多订阅量"的吉尼斯世界纪录，在此期间她获奖无数。抛开其奖项与成就，李子柒走进了万千人众的心中。她在视频中对自己的简介是"李家有女，人称子柒"，也成为大众心中的"古风美食第一人""东方美食生活家"以及具有许多美好品质的万能女性。

11.3.2　李子柒是如何定位的

11.3.2.1　对自己的清晰认知

李子柒清楚地知道自己的长处，包括做饭、做手工、做农活，学习能力强，并且愿意花时间和精力做到极致。例如，为了拍摄兰州牛肉拉面的视频，她找到一位地道的拉面师傅，跟着学习了几个月之久，那段时间她每天都在练习拉面，经常练到两只胳膊都抬不起来。她还清楚地知道自己制作视频的意义是什么，在城市打拼奋斗的经历让她懂得背井离乡、漂泊在外的人们的心理诉求。她将这种家乡最淳朴、最原始的慢生活通过视频展现出来，就能够给身处异乡的人们带去一些心理慰藉。"我希望，他们在忙碌完一天后打开看到我的

---

[*]　顾绮、鲁小艳：《美食短视频自媒体的内容与运营策略研究：以"李子柒"为例》，载《西部广播电视》2021 年第 5 期，第 21－23 页；王晓洁：《李子柒视频热的原因探析》，载《视听》2021 年第 1 期，第 122－123 页。

视频的时候，他们是轻松的、美好的，希望我的视频能给他减轻一些焦虑和压力。"她最初拍短视频上传到网络平台是希望通过被人关注，从而为自己的淘宝店引流以提高销量，支撑其回乡陪老人的生活开销。但在视频火了之后淘宝店铺仍然不温不火，这让李子柒清楚地认识到做视频才是最适合她的，于是她放弃了网店开始专注做视频。

11.3.2.2　对外部环境和受众需求的精准把握

一方面，李子柒抓住了自媒体短视频兴起的黄金时期的机遇。"互联网＋"时代的到来，使得各种信息从四面八方袭来且以惊人的速度在全球范围内实现了"病毒式"传播，使得传统媒体应接不暇。同时，人们的独立意识得到发展，在互联网中，每一个账号都像是一个小小的媒体，并且能包容各种不同的声音。自媒体在网络环境的培育下快速发展。人们的生活节奏愈发加快，人们的阅读习惯趋于碎片化，使得短视频的信息传播形式成为当下最为流行的社交方式。2016年起短视频市场进入高速发展阶段，也正是在这时，一个简介为"李家有女，人称子柒"的视频博主横空出世，一时间在各网络媒体爆红。

另一方面，李子柒抓住了受众的心理需求。首先，近年来中国城乡二元分离，人口流动增大，现代人面临着巨大的工作压力，却又不得不困囿于快节奏的城市中，这些群体迫切需要对现实生活进行短暂的逃离。李子柒基于大众对田园生活的向往这一情感洞察，将拍摄主题定位为"田园牧歌"，而将自己定位为隐居山野的古风女子，用自己耕作的果蔬和养殖的动物拍摄制作了一期期美食视频，呈现出如诗如画、自给自足的桃花源境。看李子柒的视频就像在看纪录片，亲切真实，观看其视频便成为一种解压和放松身心的方式（王晓洁，2021）。李子柒以返璞归真的场景为受众打造了一个田园归隐梦，治愈了大众倦怠的心灵，从而获得了深度认同。其次，在社会迅速发展的同时，许多人的怀旧心理愈发强烈，尤其是一部分年轻人对传统有着强烈的向往，故宫博物院进行的一系列尝试最终都呈现了较好的效果就证明了这点，这就造成了需求的风口。李子柒制作的许多美食和物件都很传统，使用的锅、碗、瓢、盆也都是农家所特有的，极具年代感。例如，在养蚕缫丝的那期视频下面，许多网友评论留言表示"怀念"，可见引发了许多人的旧时回忆。李子柒在视频中运用的许多传统工艺，如木活字印刷术也满足了大众对传统文化的好奇心。

11.3.2.3 对个人形象的成功塑造

李子柒塑造的个人形象比较丰满，除了田园仙女、古风美食制作者之外，她更是传承中国传统并具有独立孝顺等美好品质的万能女性。

李子柒从小失去双亲，由奶奶抚养成人，她回到家乡就是为了给年事已高的奶奶更多的陪伴，在视频中她无时无刻不在传达热爱生活、勤劳乐观的形象。她身材娇小，一头黑长发，身着古风衣裳，外形恬静婉约，但与外形反差的是，她在视频中种菜钓鱼、烹杀宰煮、手工造纸、编制用品、修桥造梯，样样精通，常年劳作使她的双手粗糙，反而塑造了能干的"女汉子"形象，变得更加平易近人。她料理家事，照顾奶奶，每次做完美食都会喊一声"奶奶，吃饭咯"，视频的最后通常都是与奶奶一起用餐的场景，极具温情。李子柒在视频中除了烹饪美食、骑马、弹棉花、做家具、做秋千之外，还将非物质文化遗产蜡染、刺绣等都融入进来，塑造了中国传统文化传承者的形象。无论是一餐饭还是蕴含传统文化的物件制作，她都认真规范、脚踏实地、一丝不苟地去学习，对器物、劳作、文化习俗都怀有敬畏之心。比如她会花费几个月向仅存的两位在世的老手艺人学习活字印刷术，会花大把时间酿造酱油等，都传达了匠人精神。在李子柒的世界里，仿佛什么都可以自制，展现了新型万能女性的形象（王晓洁，2021）。

11.3.3 李子柒的形象为何能深入人心

11.3.3.1 建立区隔，成为第一

在美食短视频火爆后，美食自媒体数量骤增，视频内容趋向同质化。一方面，李子柒着眼于还未被开发的古风美食短视频市场，开辟出一条独特的古风视频风格道路。另一方面，其他美食博主还在城市里进行各种工业加工食物的测评或吃播时，李子柒已围绕农村题材，拍摄农家生活的衣食住行。李子柒不仅是简单分享烹饪美食的过程，而且会在视频中追溯食物原材料的获取路径，传输粮食得之不易的价值观念，同时在美食和手工的制作中自然地传递传统文化（顾绮和鲁小艳，2021）。由此其通过视频内容的传达，不管是风格、主题还是价值理念都和其他自媒体成功建立了区隔，成为"古风美食第一人"。

11.3.3.2 专注于一件事，内容聚焦

走上电商道路的短视频红人大部分会选择与供应商合作，将自己的粉丝势能转化为带货能力，在大众眼光越来越挑剔的情况下，许多视频博主往往经不住检验，变得不堪一击。在李子柒火了之后的 2016 年，有非常多的公司开始找她打广告做推广，但是都被她拒绝了，因此自拍视频以来，李子柒没有投放过广告，也不和营销号互动，始终在保持个人形象最原始的纯粹性。她只是专注做自己的短视频，并始终保持做围绕农家生活题材方面的内容，"做好内容，再考虑更加适合自己的变现道路，这条路虽然比较难走，但更有价值"。但李子柒却是在足够沉淀之后第一个孵化自主品牌、打造个人 IP 的人。如果说李子柒在获取一定流量后便开始进行变现，走上大多数网红的道路，为了推广做视频而不是专注于内容做视频，势必会造成对前面所打造形象的损耗，使受众感到混乱，不利于其长期发展，更难以有后面个人所拥有的以"轻养生、新传统、慢生活"为理念的东方美食文化品牌的巨大成功。

11.3.3.3 持续输出，传递文化价值

李子柒制作的短视频内容都非常具有文化内涵，不仅赏心悦目，也让许多受众能够深入地了解我国传统文化。李子柒制作的短视频主要包含三个部分的内容：第一部分是《品牌美食合集》，主要通过美食烹饪展现制作过程。李子柒制作的美食都极具中国传统特色，比如秋梨膏、阿胶糕、重阳糕、巧酥等。并且她在制作食物时顺从时令，让本只存在于日历中的传统节气真正走入了生活。第二部分是《一生系列》，如菜籽油的一生、小麦的一生等，展现了农作物从耕种到收成再到制作成美食的过程，并且传达了"一粥一饭，当思来之不易"的价值理念。第三部分是《东方非遗传承》，通过蜀绣、笔墨纸砚、木活字印刷术等传统工艺将其视频内容推向新高度。李子柒不仅在国内走红，在国际上也成为传播中华文化的使者。她在国外社交网站 YouTube 上粉丝超过1000 万，并且得到了外国网友们的一致好评，这无疑对传统文化走出国门具有巨大的影响力。许多受众喜爱李子柒的原因便是认可其制作的短视频所传递的传统文化价值。

11.4　本章小结

我们每个人都不可避免地处于大大小小的竞争之中，也不断地面对着属于自己的"裁判"和"面试官"，其实很多竞争都是心智之争。掌握定位的思维，有助于在对方心中建立一个清晰的形象，有利于使自己的形象深入人心，从而获得更多的好感与认同。本章讨论了什么是定位、为什么要定位、如何有效定位等问题，具有一定的理论启示和指导意义。

参考文献

［1］艾·里斯，杰克·特劳特. 定位［M］. 北京：中国财政经济出版社，2002.

［2］菲利普·科特勒，凯文·莱恩·凯勒. 营销管理［M］. 14 版. 北京：中国人民大学出版社，2016.

［3］高广宇. 定位理论的四步骤和八方法［EB/OL］.（2017 - 08 - 21）［2020 - 10 - 21］. https：//www. sohu. com/a/166284475_99985775.

［4］杰克·特劳特. 特劳特：品牌定位四步法［EB/OL］.（2014 - 03 - 19）［2020 - 10 - 21］. http：//www. dingweililun. com/article/id/375. html.

［5］克劳福德. 卓越的神话［M］. 北京：中信出版社，2002.

［6］李飞. 定位地图［M］. 北京：经济科学出版社，2008.

［7］李飞. 市场定位钻石模型解读"紫牛"［J］. 商学院，2004（5）：32.

［8］王海峰，张梅. 市场营销中之"定位"理论探索［J］. 商业研究，2004（4）：14 - 16.

［9］星河. 定位与心智［J］. 中国广告，2002（10）：84.

［10］岳建秋，谌飞龙，吴群. 基于消费者心智资源开发的品牌优势塑造［J］. 中国工业经济，2007（3）：88 - 95.

［11］KOTLER P，ARMSTRONG G. Principles of marketing［M］. 17th ed. Harlow Essex：Pearson Education Limited，2018. ［12］RIES A，TROUT J. Positioning：the battle for your mind［M］. New York：McGraw - Hill，1981.

第 12 章　差异思维

东风吹开花千树，占断春光惟此花。

——佚名

1996 年，英特尔前总裁葛鲁夫（Andy Grove）曾预言："整个世界将会展开争夺眼珠的战役，谁能吸引更多的注意力，谁就能成为世纪的主宰。"互联网的发展引发了信息爆炸，每个人每天都要接收数千条商业信息，信息超载问题十分突出。在物质极大丰富的今天，几乎每个行业都已变成买方市场，消费者面临无数种选择。由于人的精力和认知资源的有限性，人们只能对少数信息和商品产生关注。根据营销漏斗，只有消费者关注到商品，他们才有可能产生兴趣并最终购买。因此，如何捕捉消费者有限的注意力是摆在营销者面前的难题。差异化是吸引消费者关注的重要策略。

"注意力经济"在人们的生活、学习和工作等方面都有所体现。每个人为了获取对方的关注，都需要利用好差异思维。"千篇一律"很难吸引关注，"鹤立鸡群""不走寻常路"才有可能脱颖而出。

本章将对差异思维进行阐述说明，首先从营销概念上解释什么是差异化，从环境、企业、顾客三个角度解释为什么要进行差异营销，以及如何应用差异化，让读者更直观地理解营销领域的差异化思维是什么。其次将营销范围的差异思维模式上升提炼为领域范围更广泛的差异思维模式，帮助读者更好地在生活中运用差异思维，形成自己的竞争优势。最后通过三个案例从不同方面解释差异思维，加深读者对该思维模式的理解。

本章的逻辑主线见图 12 - 1。

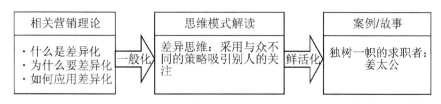

图 12 - 1　本章的逻辑主线

12.1　相关营销学理论

在营销领域里有一种营销策略叫差异化（differentiation）营销，这种策略很好地体现了差异化思维。本节将主要介绍差异化营销策略的内涵及应用。

12.1.1　什么是差异化

差异化，顾名思义，即与众不同。在营销学中，差异化策略是指企业通过使自己的营销提供物与众不同来为顾客提供价值。"人无我有，人有我优，人优我廉"就是典型的差异化的表现。随着市场细分的深入，企业可以选取若干个细分市场作为自己的目标市场，并为不同的目标市场提供差异化的产品或服务。差异化营销的根本原因在于，一方面，消费者需要的个性化和多样化，不同的消费者有不同的价值理念、消费偏好、收入水平、地理分布等，从而决定了他们对产品和服务的需要是不同的。另一方面，竞争也进一步突出了差异化的重要性。当消费者的购买过程中有几十甚至上千种选择时，只有让产品进入消费者的考虑集（consideration set），才有可能实现交易成功。简而言之，差异化营销策略可以为顾客提供价值，可以为企业带来竞争优势（competitive advantage）。

很多企业正是因为实施了差异化策略，成就了企业的成功。例如，20 世纪 80 年代末期，日本化妆品品牌资生堂放弃了无差异化营销策略，提出"体贴不同岁月的脸"的全新口号。资生堂为不同年龄阶段的顾客提供不同系列的化妆品。为十几岁少女提供的是 Reciente 系列，20 岁左右的是 Ettusais 系列，四五十岁的是"长生不老"Elixir 系列，50 岁以上的是防止肌肤老化的

"返老还童"Rivital 系列。为配合产品销售，资生堂推行了"品牌店铺"策略，即结合各品牌系列的具体情况，在每一专卖店中只集中销售一种或几种系列产品。例如，在学校、游乐场、电影院附近年轻人较多的地方设立 Reciente 系列专卖店，在老年人出入较多的地方则设立 Rivital 系列专卖店。为使其对市场的细分达到最彻底的程度，资生堂制定的战略是，未来旗下的每一家店铺只出售一种品牌系列的资生堂产品。

再如，作为全球最大的日用消费品公司之一，宝洁公司也很好地实施了产品差异化策略。在洗发水市场，宝洁推出了海飞丝（去屑）、潘婷（维生素原 B5 营养发质）、飘柔（柔顺光滑）、沙萱（专业美发）等品牌，实现了产品功能上的差异化，满足了不同层次的顾客的需要，并通过包装、宣传等方面的差异化，为每一个品牌塑造了鲜明的品牌个性。

差异化营销策略对于企业而言有利也有弊。科特勒认为企业采用差异化营销策略，既可以使顾客的不同需求得到更好的满足，也使每个子市场的销售潜力得到最大限度的挖掘，企业的产品种类如果同时在几个子市场都占有优势，就会提高消费者对企业的信任感，进而提高重复购买率。而且，通过多样化的渠道和多样化的产品线进行销售，通常会使总销售额增加，从而有利于扩大企业的市场占有率。差异化营销同样存在一定的局限性，其最大的缺点就是营销成本过高。差异化营销面向的是不同的子市场，与无差异化营销相比，一方面其生产量为小批量，使得单位产品的成本相对上升；另一方面企业还需要对不同的市场需求进行调研、制订相应的营销计划等，这些方面使得成本都会大幅度提升。许多企业采取差异化营销后，即使市场占有率扩大、销量提升，但利润却降低了。

需要注意的是，差异化并不等同于定位。根据里斯和特劳特的观点，"定位始于一件产品、一种商品、一次服务、一家公司、一个机构，或者甚至一个人……。然而，定位并不是你对一件产品本身做些什么，而是你在潜在顾客的心目中做些什么。这也就是说，你得给产品在潜在顾客的心目中确定一个适当的位置"[1]。因此，定位并不是改变产品，而是改变消费者对产品的认知。从另一个角度来讲，也可以认为定位是消费者认知上的差异化。

---

① Ries A, Trout J. Positioning: the battle for your mind. New York: McGraw Hill, 1981.

12.1.2　为什么要差异化

12.1.2.1　竞争激烈

"差异化"概念本身即蕴含着比较对象，没有比较，差异化也就没有存在的意义了。从企业的角度来分析差异化策略得到重视的原因，一方面市场竞争变得越来越激烈，另一方面差异化策略是企业获取竞争优势的重要渠道。如果企业的营销策略不能体现差异化，其后果只能是"泯然众人矣"。

以大家熟知的快消行业为例，快消商品种类繁多，供应渠道和资源都具有可替代性，所以快消行业除了供应商的议价能力比较低，无法占据稳定的市场地位之外，还因为替代产品种类较多，其他行业的产品可能也会互为替代品，从而产生竞争行为，使得行业之间的竞争更为激烈，而且快消品市场进入难度低，不需要雄厚的资金和成熟的技术。差异化策略可以帮助企业创造一种进入壁垒，"锁定"目标消费者，降低他们的转换意愿，同时也可以增强自己在与互为替代品对手竞争中的优势。

竞争不仅表现在企业外部，也表现在企业内部。例如，宝洁在洗发水领域有多个品牌，它们之间也互相构成了一种竞争关系。如果内部品牌之间缺乏差异化，势必会造成自相残杀。而通过合理的差异化之后，每一个品牌都会有明确的目标顾客，内部品牌之间的竞争就可以避免。

12.1.2.2　消费者角度

企业的主要服务对象是消费者，从消费者的角度来分析，企业需要采取差异化营销的原因主要有两个：一是消费者的需求越来越多样化；二是受到消费者知觉的特点即选择性注意、选择性扭曲和选择性保留的影响。

1. 消费者需求的多样化

消费者力量的崛起为差异化营销策略提供了重要前提。事实上，工业革命以后的很长一段时间，消费者的个性化需要并不明显，因此企业奉行的是生产观念（production concept）的营销管理哲学，即通过大规模标准化生产来降低单位产品的生产成本。例如，20 世纪 30 年代，亨利·福特就曾说过，"顾客可以得到他想要的任何颜色的汽车，只要它是黑色的"[1]。这句话的意思是说，福特汽车公司并不会为了迎合顾客对汽车颜色的偏好而生产不同颜色的汽车，相反，他们只愿意提供黑色的汽车。但是，自 20 世纪 90 年代以来，消费者的话语权及个性化越来越明显。企业为了给顾客提供价值进而自己获得回报，就必须迎合消费者的个性化需要，采用差异化营销策略。资生堂从无差异化营销策略转向"体贴不同岁月的脸"便是很好的例证。

另外，自信息传播进入网络时代以后，人们的生活被切分成很多"碎片化"的内容。"碎片化"的本意是将完整的东西分割成许多碎块，比如一直被争议讨论的"碎片化阅读"指的是人们利用零碎的时间阅读零碎的文本。这种阅读模式虽然成本更低、更加便捷，但是阅读的过程断断续续且不完整，可能无法达到深度阅读的效果，它就是"碎片化"时代的一个常见现象。除了在学习方式上出现"碎片化"，网络和数字技术的发展也推动了消费阶层的"碎片化"。消费者"碎片化"是在大众市场基础上，由于态度观念和生活方式等各种方面的不同，大众市场被细分成不同的碎片市场。差异化营销就是要为这些不同的碎片市场提供不同的产品、服务，从而满足顾客的需求。

2. 消费者知觉的特点

消费者知觉的特点决定企业应该采用差异化策略。知觉（perception）是消费者选择、组织和解释信息输入以便创造一个有意义的图像的过程。知觉具有选择性注意、选择性扭曲和选择性保留三个特点，它们决定了消费者对同样的营销刺激形成不同的知觉。消费者每天都会接触到海量的营销信息，但是大部分的营销信息并没有引起消费者的关注。而无法引起消费者关注的营销信息对企业来说是一种资源浪费。个体的知觉受到刺激物的物理特性，知觉主体的态度、兴趣、期望和知识经验等因素的影响，让消费者会更倾向于选择强度大、对比鲜明、运动变化符合人的兴趣和期望的刺激物作为知觉对象。例如，"万绿丛中一点红"，大片绿叶丛中的一朵红花会非常醒目；人在阅读时，会更容易关注到加粗或者下划线的文字信息；鹤立鸡群，卓尔不群，这些例子体现的都是差异化。差异化策略是吸引消费者关注的重要策略。也正是在这个意义上，学者和实务者提出了"眼球经济""注意力经济"等概念。

---

① Kotler P, Armstrong G. Principles of marketing（17eds）. Harlow Essex：Pearson Education Limited，2018.

3.　信息超载

除了企业和消费者两个方面的原因之外，社会的大环境——信息超载使得企业只有采用差异化策略才有可能从众多相互干扰的信息中脱颖而出。随着媒体技术的发展，大量企业在有限的媒体空间或时间中发布大量的商业信息（如广告），造成传播过程中的干扰（clutter）。互联网、社会化媒体技术的发展使得企业可以低成本地发布大量信息，造成"信息超载"。这一因素一方面为企业的营销传播带来了机会，另一方面也造成了严峻的挑战：很多的信息无法引起消费者的关注。科特勒指出，消费者每天会从电视、杂志、网络等渠道接触到 3000 ～ 5000 条商业信息。但遗憾的是，这些信息当中的绝大部分并没有引起消费者的注意。也正是在这个意义上，越来越多的企业在广告创作上不遗余力地创意，试图通过差异化信息来吸引消费者的关注。

12.1.3　如何应用差异化

12.1.3.1　差异化战略

根据菲利普·科特勒的观点，企业可以通过产品、服务、渠道、人员和形象五个方面实现差异化。不同行业根据自己行业的特点，在不同的战略要素上体现自己的差异化营销，形成了自己独特的企业优势。

产品差异化。品牌可以通过产品特点（features）、性能（performance）或风格（style）与设计（design）实现产品差异化。例如，在电子通信行业，产品的质量、功能是消费者最关注的要素，OPPO 手机的"充电 5 分钟通话两小时"和小米主打的"2000 万像素的拍照手机"都可以吸引对快速充电和拍照有特殊要求的顾客。企业还可以通过"换装"来实现差异化，例如 2013 年夏季，可口可乐推出的"昵称瓶"，不仅提升了销量增长，而且获得了中国艾菲奖。

服务差异化。企业还可以通过提供快速、便利或细心的服务实现差异化。例如，企业可以提供免费送货、上门安装、免费维修等额外服务，让消费者觉得"物超所值"。许多企业因为服务建立了差异化的竞争优势，如海底捞秉持"服务至上、顾客至上"的理念，关注客人多方面的服务细节，为顾客提供个性化的特色服务，致力于为顾客提供愉悦的用餐服务。电商企业也在其服务要素上彰显企业的独特性，如京东坚持自建物流，提高配送速度，目前在京东下单基本上当天送达或隔天送达，"快"成了它的竞争优势。

渠道差异化。公司通过设计渠道覆盖范围、专业知识与业绩获取竞争优势。例如，娃哈哈的渠道管理能力和创新能力一直为业界推崇，其产品遍布中国大部分省份，在全国各地拥有 3000 多个经销商，以及成千上万的二级、三级经销商，占据了饮料市场较大的份额。

人员差异化。企业通过雇用、培训比竞争者更好的员工，来获取有利的竞争优势。如华为公司的企业核心是保持组织的活力，这也是华为在未来保持竞争力和可持续成长的关键因素，所以在雇用员工上华为有六大用人标准：全力以赴的奋斗激情、客户为先的服务意识、至诚守信的优秀品格、积极进取的开放心态、携手共进的合作精神和扎实的专业知识与技能。

形象差异化。公司或品牌应该开发一个有力且鲜明的形象，来传递产品的独特利益与定位。比如牛奶品牌蒙牛集团推出了高端化新品牌——特仑苏。特仑苏是英文 deluxe 在蒙古语中的发音，寓意着豪华、顶级，而特仑苏在蒙古语中本意就是金牌牛奶。同时，该产品还推出了"不是所有牛奶都叫特仑苏"的广告语，让顾客一听到特仑苏就能想到一个代表高品质的品牌形象。

12.1.3.2 独特的销售卖点

企业可以借助独特的销售卖点（unique selling proposition，USP）来提炼自己的差异化之处。

罗瑟·瑞夫斯（Ross Reeves）在其著作 1961 出版的《实效的广告》中系统提出并阐释了被后人誉为广告经典理论之一的 USP。USP 分别是指有利益的、独特的、有效的，该理论的核心就是发现商品独一无二的好处和效用，并有效地转化成广告传播的独特利益承诺、独特购买理由，进而诱导消费者，影响消费者的购买决策，从而实现商品的销售。

在该理论中，广告创意点被认为是吸引消费者的注意力，向消费者介绍产品独特卖点，强调产品之间的差异，增强广告销售效果的独特卖点。所以在广告领域，广告的创意创作重点开始从对"产品与共同属性"的关注转向对"消费者与差异化"的重视。

罗瑟·瑞夫斯最初的着眼点在于凸显产品之间的差异，从而提出独特的销售卖点。他认为必须赋予产品一个销售卖点，且这一卖点是独特的，这个独特体现在是竞争对手不具备的但是顾客可以感知的重要价值，它能够为产品提供与竞争产品区分开的独特优势。产品的独特销售卖点可以从很多个方面来提炼，如以品质作为卖点的特仑苏打出口号"不是所有牛奶都叫特仑苏"，以服务作为卖点的海底捞，以技术作为卖点的 OPPO 手机推出"充电 5 分钟通话 2 小时"，以情感作为卖点的戴瑞珠宝钻戒品牌"男士一生仅能定制一枚"，以特色作为卖点的海尔在大型冷柜竞争激烈的市场背景下推出了小冷柜系列等。

产品需要选择独特的销售卖点去吸引顾客，那么推出多少个销售卖点还是要基于产品的特点来进行选择。很多人都知道王老吉可以预防上火，历史文化和饮用功效是王老吉潜在的最大卖点，它不仅有着悠久的历史，同时还具备了降火清热的功效，这两个特点可以进行很好的结合。一方面，传统凉茶因为下火功效显著、清热祛湿而在广东地区受欢迎。另一方面，王老吉作为具有一百多年历史的品牌，它在一定程度上可以作为凉茶的代称，大部分人说起凉茶就会想起王老吉。同时，王老吉的团队在对消费者认知和购买消费行为进行调研时，就发现大部分人购买王老吉的真正动机是"预防上火"，而当时饮料市场上没有相关定位的产品，像可乐、果汁、矿泉水等产品明显不具备"预防上火"的功效。王老吉借助一百多年的历史身份"凉茶始祖"以及神秘的中草药配方成功占据了"预防上火"的饮料市场，并让更多人接受了"怕上火喝王老吉"的功能定位。

12.1.3.3　价值曲线：差异化工具

价值曲线（value curve）分析是综合分析企业自身和竞争对手、调整企业发展战略的一种分析工具。企业可以通过价值曲线来直观展示自己与竞争者的差异。价值曲线对顾客所重视的属性（attribute）进行梳理，然后在这些属性上列出自己与竞争对手的得分。通过价值曲线，就可以非常清晰地知道自己与竞争对手的相似之处和差别之处是什么。例如，美国西南航空公司正是利用这一工具找到了自己的竞争优势所在。

在航空服务中心，顾客重视的关键属性包括价格、餐饮、休息室、舱位选择、与航空枢纽的连接、服务亲和度、速度以及航班频率等。除了西南航空公司，其他航空公司在所提供项目的指标水平上都比较平均。西南航空公司专注的焦点十分明确，在服务亲和度、速度、航班频次以及价格几个要素上极其突出和领先，但在其他方面则策略性弱化，以节省成本和提高效率（图12-2）。这样它的产品定位就和其他航空公司明显区别开来，反而和汽车运输价值曲线有相似的地方，与它的标语"无论何时，以汽车票价提供飞机的快捷"相符合。

企业通过价值曲线确定了自己的差异化之处后，还应该进一步明确如何支持这些差异化策略。同样以美国西南航空公司为例，西南航空公司建立了标准化机队和高效的员工团队，采用单一机型，以"先到先得"的原则由乘客自由选择座位，加强飞行员和空乘服务人员之间的协作等。正是依托这些差异化的创新举措，西南航空公司才取得了持久的竞争优势。也正是这种差异化策略，使得公司高管又一次放出了豪言壮语："我们已经不再与航空公司竞争，而要与行驶在公路上的福特、克莱斯勒、丰田、尼桑展开价格战，我们要把高速公路上的客流搬到天上去。"

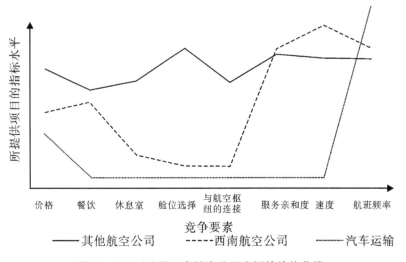

图 12 - 2　以美国西南航空公司为例的价值曲线

价值曲线在很多行业都有成功的应用。例如，国内的华住集团，其创始人季琦曾把中国的酒店业形象地比作五篮水果。假如顾客去购买水果，他只能购买店主固定搭配好的五篮水果，但问题是顾客未必喜欢这种固定搭配。一星级到五星级酒店就如同五篮水果，不同星级有不同的标准。比如，三星级酒店有专职的行李员、彩色电视机，四星级酒店的大堂气派且配备停车场，五星级酒店用高级地毯、全身镜等，这些所有的配套设施都是固定的，顾客没有办法选择自己更需要的服务，即便那些没有使用到的设施和服务也需要进行付费，这显然忽略了顾客的个性化需要。通过汉庭酒店与三星级、四星级酒店的价值曲线图（图12 - 3）可以发现，在餐饮设施、建筑美感、酒店大堂、客房大小、前台服务便利性、客房家具及设施、价格方面，汉庭酒店比较接近三星级酒店；在床位质量、卫生、客房安静程度，则比较接近四星级酒店。通过价值曲线，汉庭的差异化策略得以清晰呈现。通过对不同要素的重新组合，汉庭酒店可以让顾客用三星级酒店的价格，睡上四星级酒店的床。

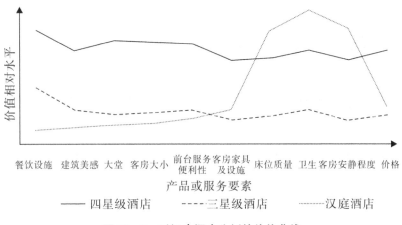

图 12 - 3　以汉庭酒店为例的价值曲线

12.2　差异化思维模式解读

12.2.1　什么是差异思维

　　差异化策略是提供顾客价值、企业获取竞争优势的重要渠道。差异化策略所蕴含的差异思维对个人同样具有不可忽视的价值。假设在一次招聘中，只有两个候选人，此时差异化并不会有明显的作用。但是假如一次招聘中有一万名应聘者，那么差异化策略就很重要。你可能会通过设计一份彩色的简历、使用独特的字体等方法，让招聘人员更有可能注意到你的简历。这个过程中就蕴含着差异化思维。差异思维就是通过让自己变得与众不同来实现自己的目标。

　　差异思维就是体现个人或企业最独特的一面，从而为自己获得优势。从本质上来说，差异化思维是一种可以让个人或者企业独树一帜、脱颖而出的思维模式。无论是对于企业、产品或者是个人，其体现的核心问题是为什么选择我？我有什么不一样的地方，让别人愿意选择我？结合市场产品差异化和求职差异化的案例，我们可以认识到，差异思维其实是一种指引我们在竞争激烈的环境下挖掘自己的独特之处并采取相应的策略把自己的优势展现出来，从而获得成功的思考方式。

12.2.2　差异思维的重要性

人的知觉具有选择性。一个商品,只有被顾客知道后,才有可能被他购买。那么对于一个求职者,只有被招聘人员注意到,才有可能获得面试机会,这个阶段类似于销售漏斗的第一个环节。差异化不能保证产品一定会卖出去,也无法保证求职者一定会成功,但是如果没有差异化,则一定不会成功。因此,可以说,差异化是确保"顾客"对我们产生兴趣的前提,发挥的是"敲门砖"的作用,让产品、求职者进入目标对象的考虑范围内。

12.2.2.1　打造自己的竞争优势

同质化是指产品市场中不同品牌的产品相互模仿,以至于逐渐趋同的现象。同质化的产品缺乏创新,难以形成足够胜算的竞争力,在市场争夺时出现疲软。差异化的本质是为顾客提供一种选择你而不是别人的理由。在日常生活中,差异化可以帮助我们营造与其他竞争对手之间的壁垒,比如说,当一件事情其他人都无法完成而只有你可以做到的时候,这就是你的竞争优势。有人很擅长处理人际关系,有人比较擅长思考具体的问题,这都是每个人的独特优势。如果能在擅长的方面持续地投入,学习新的技巧,优势也会越来越突出,在同质化的社会竞争中独树一帜。

12.2.2.2　吸引注意获得发展机会

每个人的注意力是稀缺的,大家都是有选择性地去获取、理解和保留自己想要的信息。"只有唯一,他人才能记住你。"差异化可以让他人用最小的成本来了解并信任自己,从而获得有利于个人自我成长的机会。在同一场面试中,所有的求职者要经历的面试流程都是一样的,而一成不变的死板面试策略是很难在激烈的面试竞争中脱颖而出的,采取差异化的策略能够帮助我们打破常规。比如在面试中采取故事策略,当其他求职者通过传统的方式进行自我介绍时,你通过讲述一个生动的故事将自己展示给面试官,这会让面试官耳目一新。比如心理策略,面试其实也是心理战,在面试中求职者需要给面试官留下正面的、良好的心理感受。除此之外,还有共鸣策略、资料策略等多种差异化面试策略都可以帮助我们吸引别人的注意,争取发展的机会。

12.2.2.3　有助于培养逆向思维

差异思维在一定程度上是打破常规思维的体现，它希望人们能够从不同的角度去思考问题、判断事物，这个过程也是一个不断创新、实现自我超越的过程，同时这也是逆向思维的核心特点。生活中许多事物都是由不同领域的人通过逆向思维创造出来的，逆向思维"反其道而行之"，让人们的思维向对立面的方向发展，从问题的相反面深入进行探索，产生新的想法，并在一定程度上能够帮助人们独辟蹊径，发现其他人没有注意到的地方，从而制胜于出人意料。除此之外，还能够帮助人们在多种解决问题的方法中获得最佳方法和途径，提高办事效率，让效果事半功倍。典故《司马光砸缸》，如果有人落水，常规思维就是把人从水里救出来即"救人离水"，而司马光在这种危急情况下运用了逆向思维用石头把缸砸破"让水离人"，这其实也是差异思维的重要体现。

12.2.3　如何应用差异思维

"差异化"概念本身就蕴含着"比较"，所以正如《孙子兵法》中提到的，知己知彼才能百战不殆。知己是需要发现和挖掘自己的独特优势，知彼是需要我们了解竞争对手的特点，这样才能根据双方的特点与情况运用差异化。

12.2.3.1　价值曲线：发现自己的优势

在营销领域的差异化需要先根据细分好的市场、选择子市场做市场目标来采取想要的差异化经营策略，那么个人想要发展自己的差异化也需要对自己进行分析，评估自己的优点和缺点、适合与不适合的方向，再进行差异化。价值曲线不仅适用于企业，同样也适用于个人。我们可以利用价值曲线作为提炼差异化的工具。

有的企业通过差异化价值曲线来直观判断自己在哪些地方跟竞争者不一样，同样的每个人也可以给自己画一个价值曲线。绘制个人价值曲线，首先要确定我们需要与别人竞争的因素，比如简历中需要填写的实习经历、活动经验、实践经历、技能证书或语言能力等，同时也要客观预测判断分析其他竞争对手在这些能力上的得分情况。通过与竞争对手比较，找到自己最突出的那个点，即最具有比较优势的价值点，作为自己重点发展的能力。从自己突出的能力上创造不同的差异点，提升自己的竞争优势，形成自己与别人的壁垒。例如，在现在很多岗位招聘上，招聘者都会将掌握多种语言、掌握视频剪辑或图像设计等技能作为加分项，若是求职者有这些方面的技能，招聘者便会将其与其他求职者区分开。

世界上没有两片相同的叶子，每个人都是独一无二的，都有与别人不同的特长，差异化就是找到、认识到自己的独特优势，展现自身所具有的与别人所不同的有利的特点。

12.2.3.2　保持优势：不断提升自己

优势是区分我们与其他竞争对手的重要因素，盖洛普理论不仅强调要发现个人优势，而且还强调要持久强化个人优势。所以在挖掘到自己的独特优势后，就需要在自己的强项上下功夫，不断强化自己的强项，保持自己的竞争优势。

盖洛普优势理论认为，"优势 = 才干（天赋）×投入"。才干（天赋）是指一个人天生的思考方式、感受方式和行为方式，投入是指在练习和开发技能、学习基础知识上投入的时间。才干是天生的，但投入是需要持续发展的，有投入才会有收获。我们要保持自己的优势，就需要不断投入，不断提高自己的专业能力。作家马尔科姆·格拉德威尔在他的畅销书《异类：不一样的成功启示录》中写下了著名的"一万小时定律"，即能称为某领域专家的往往在这方面花上了至少一万小时的时间。每个人都无法在一瞬间就让自己变得与众不同、独树一帜，改变的过程需要循序渐进、持之以恒。要成为这个领域的专家，有投入才会有收获。而提高自己的专业能力也有很多方法，包括罗列自己提高专业能力的计划和安排，提前做好安排和计划，明确自己的发展方向，阅读专业书籍获取知识，认识专业人士拓展自己的专业视角，参与专业的培训或学习等。

12.3　差异思维模式案例[*]

12.3.1　独树一帜的求职："姜太公钓鱼"

在介绍营销领域的差异思维的时候提到不同企业会根据自己的不同战略要素展现自己的差异化，并借此形成了自己独特的企业优势。那么在日常生活中，我们也可以通过不同的"策略"来展示自己的差异化，如采取与众不同的方式得到面试官的关注。在案例部分，我们将以"姜太公钓鱼"这个具体的案例来阐释如何应用差异思维。

12.3.2　"姜太公钓鱼"的故事

姜尚因命守时，立钩钓渭水之鱼，不用香饵之食，离水面三尺，尚自言曰："负命者上钩来！"

——《武王伐纣平话》卷下

姜太公又称姜尚，字子牙，"东海上"人。姜太公饱读诗书，满腹经纶，精通兵法战略，却也因出身低微而漂泊不定且困顿不堪，但他胸怀凌云壮志，坚信自己能干出一番事业。在去殷商都城朝歌求做官失败后，听闻西伯姬昌尊贤纳士、广施仁政，年逾七旬的他便千里迢迢投奔西岐。他没有像其他人一样迫不及待地毛遂自荐，而是在渭水北岸居住下来，每日垂钓于渭水之上，等待圣明君主的到来。姜太公不像普通人一样钓鱼，他钓法奇特，短竿长线，线系竹钩，不用诱饵之食，钓竿离水面有三尺高，一边钓鱼一边自言自语说"姜太公钓鱼，愿者上钩"。有樵夫说他这样一百年也钓不到一条鱼，姜太公只说曲中取鱼不是大丈夫所为，我宁愿在直中取，而不向曲中求。他不是为了钓鱼而是为了"钓"王侯。由于姬昌兴周伐纣迫切需要人才，在他得知年已古稀的姜太公很有才干之后，斋食三日，沐浴整衣，抬着聘礼，亲自前往渭水拜访

---

[*] 商业新知：《论卖点炒作，我只服营销"状元"姜子牙！》，见 https://www.sohu.com/a/124745269_524989。

姜太公。

最后，姜太公辅助周文王姬昌兴邦建国，帮助姬昌之子周武王姬发灭掉了商朝，成为周文王倾商、武王克殷的首席谋主、最高军事统帅和西周的开国元勋。姜子牙是齐国的缔造者、齐文化的创始人，亦是中国古代的一位影响久远的杰出的韬略家、军事家和政治家，被称为"周师齐祖""百家宗师"，在中国历史上占有重要地位。

12.3.3　"姜太公钓鱼"差异思维的体现

12.3.3.1　为何差异化

一方面，商周时期的社会生产条件处在一个落后阶段，传播渠道有限，姜太公想让更多人知道自己，就需要与众不同、独树一帜。另一方面，姜太公胸怀大志却一直不能被重用，所以这次投奔西岐，他是怀着被重用、能发挥自己才能的宏大志向的。如果选择毛遂自荐，可能无法获得赏识，姬昌可能不会重用，只会给个一官半职，很难晋升，封侯拜相更是绝无可能的。在那个时代，统治者认为能力出众的人才都是比较清高的，不会主动上门要求辅佐君王，这样看来会比较"掉价"。像《三国志》中，当时屯兵新野的刘备为了得到诸葛亮的帮助，三次到南阳郡隆中请诸葛亮出山辅佐。又如民国时期，蔡元培初任北大校长，决心要对北大进行改革，并打算从文科入手。文科学长这一职务需要由有革新思想的人物来主持，当他得知陈独秀是《新青年》的主编，便三次登门拜访陈独秀，诚挚邀请他担任北大的文科学长。由此可见，有突出能力并且能够得到重任的大人物大部分多是被邀请去担任重要职务的。所以，姜太公采取独特的方法让姬昌发现他的能力，这就是姜太公差异思维的体现。

12.3.3.2　如何应用差异化

姜太公能够通过钓鱼的方式自荐并得以被姬昌重用，主要是通过打造自身差异化卖点、展现自己的独特优势来凸显自己。

1. 打造自身差异化卖点

罗瑟·瑞夫斯提出的 USP 理论，提出让企业打造自己独特的销售卖点，而姜太公就是通过在渭水钓鱼打造了自己的差异化卖点，树立了自身形象。商周时期，传播渠道有限，没有现在这么多传播媒介，如电视、报纸、广播、微信、微博、贴吧、论坛等。姜太公初到西岐，想要让姬昌知道自己的存在，需要借助当时比较常见的传播渠道——群众的传播来实现，所以姜太公通过在渭水河畔钓鱼，用奇特的钓法树立起区别于一般隐士的形象。当时渔夫、樵夫觉得姜太公的行为新奇，便将姜太公的行为宣传出去，这才得以让姬昌认识了姜太公。同时，姜太公在钓鱼的时候也在创作歌谣，他创作的歌谣不仅好听且朗朗上口，围观的渔夫、樵夫觉得好听，便将之传唱，从而扩大了传播力度。

2. 展现自己的独特优势

姜太公借助渔夫、樵夫之口将自己奇特的钓鱼方法传到了西伯昌的耳朵里。当时姬昌求贤若渴，听闻渭水河畔有一奇人之后想要结识，就派一名亲信去邀请姜太公。姜太公当时并不理会姬昌的亲信，只顾自己埋头钓鱼，嘴里自言自语道："钓啊钓啊，鱼儿不上钩，虾儿来了瞎胡闹！"姬昌听闻之后便让自己的儿子姬发去邀请姜太公，正好姜太公钓到了一条小鱼，他说："钓啊钓啊，大鱼钓不到，小鱼却来到。"姬发听闻之后心领神会，回去立即禀报父亲。姬昌自知失礼，换上礼服，带上厚礼，亲自前去邀请姜太公。直到姬昌亲自前来，姜太公才选择起身与姬昌相见，并在渭水畔促膝长谈。

姜太公借助群众的口碑传播让姬昌认识了自己，并在姬昌邀请自己的过程中，借助钓鱼表明自己的态度，提高自己的身份地位，展示自己的独特之处，从而成功让姬昌亲自前来邀请。

12.4　本章小结

在这个信息爆炸、竞争激烈的时代，无论是在产品市场还是在人才市场上，只有与别人区分开来才能避免同质化。差异思维的作用在于，帮助我们脱颖而出，形成自己的竞争优势并与他人形成壁垒，从而获得发展的机会。本章探讨了差异思维的重要性，主要介绍了在营销、学习和日常生活中什么是差异化、为什么要差异化以及我们要如何应用差异化来提高自己的竞争优势从而获得更多的发展机会。

参考文献

[1] 郭赞伟. 浅析差异化营销策略 [J]. 商场现代化, 2006 (457): 179.

[2] 刘润. 独家专访季琦: 中国的酒店业, 就是 5 篮水果 [EB/OL]. (2021 – 03 – 17) [2021 – 08 – 31]. https://www.sohu.com/a/456049597_117018.

[3] 罗瑟·瑞夫斯. 实效的广告 [M]. 张冰梅, 译. 呼和浩特: 内蒙古人民出版社, 2000.

[4] 马尔科姆·格拉德威尔. 异类: 不一样的成功启示录 [M]. 北京: 中信出版社, 2014.

[5] KOTLER P, ARMSTRONG G. Principles of marketing [M]. 17th ed. Harlow Essex: Pearson Education Limited, 2017.

第 13 章　整合思维

整体大于部分之和。

—— ［古希腊］ 亚里士多德

营销传播（marketing communication）是连接企业与消费者的桥梁。20 世纪 80 年代以前，营销传播的方式相对单一。但是，随着竞争的加剧、媒介的丰富化以及消费者的分散化，营销传播变得越来越复杂。具体表现为，传播过程中的噪音增多，大量的营销信息出现拥挤（clutter），营销信息变得越来越零散甚至彼此冲突等，一定程度上降低了传播的效率和效果。在此背景下，美国西北大学的唐·舒尔茨提出了整合营销传播（integrated marketing communi-cation，IMC）的概念。整合营销传播要求企业在充分评估每一个传播要素（包括广告、销售促进、直复营销、网络营销、公共关系等）的作用的基础上，将它们加以组合，以便向消费者传递清晰的和一致的营销信息，最大化营销传播效果。在整合营销传播的概念中，"整合"是手段，即通过对传播主体、内容、要素、受众等进行匹配和组合，从而实现协同效应。"整合"是整合营销传播的核心，是其区别于传统营销传播的明显特点。

"整合"作为一种思维模式，其应用并不局限于营销领域，对于个人，整合思维同样重要。为实现某项任务或达成某一目标，首先我们会思考如何才能提高办事效率，也会有意识地对自己所拥有的资源适当组合加以最大化利用。并在这一持续的过程中使各要素相互配合，朝着同一方向发力，而形成合力。例如，在学习过程中我们都会用到的思维导图，就是对我们所拥有的零散的知识进行的整合。既要对各个知识点逐一突破，又要形成知识体系，这样才更有利于提高我们的学习效率。

本章将对整合思维模式进行阐述，本章的逻辑土线见图 13－1。首先，对营销学中整合营销传播的概念进行了说明，使读者从营销学概念出发走进"整合"。其次，将营销学中的理论扩展到一般领域，总结抽象化为一种普适的思维模式，以通俗易懂的语言具体阐述整合思维是什么、为何重要以及如何运用。最后通过案例将思维模式鲜活化，以便读者能够更好地理解这一思维并加以运用。

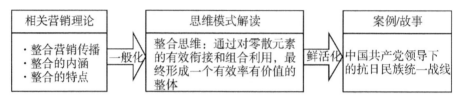

图 13 - 1　本章的逻辑主线

13.1　相关营销学理论

整合营销传播已发展成为一门学科，本节将主要介绍整合营销传播的定义、原因、原则以及整合的内涵和特点等相关内容。

13.1.1　整合营销传播

13.1.1.1　整合营销传播的定义

传播是指使信息的发送者和接收者实现观念统一的过程。传播对应于营销组合中的促销（promotion 或 communication）。20 世纪 80 年代以来，随着经济的全球化、媒介的碎片化、技术的数字化、消费者的独立化等，企业的营销传播方法由传统的依赖于单一的广告转变到依赖于广告、网络营销、直复营销、公共关系等多种要素，整合营销传播的概念应时产生。

1991 年，美国广告公司协会（American Association of Advertising Agencies，4As）提出整合营销传播作为一个营销传播计划的概念，要求充分认识用来制定综合性的营销传播计划的各种能带来附加价值的传播手段，如广告、直接反应广告、销售促进和公共关系等，并将之组合利用，以提供清晰连贯的信息，使传播影响力最大化。1993 年，被誉为"整合营销传播之父"的美国西北大学市场营销学教授唐·舒尔茨（Don E. Schultz）提出整合营销传播是把消费者与品牌、企业的所有接触点作为信息传达渠道，以影响消费者的购买行为为目标，是从消费者出发，运用多种手段进行传播的过程。基于这一视角，整合营销传播的核心思想是将与企业进行市场营销所有关的一切传播活动一元化。一方面把广告、促销、公关、直销、公司识别系统（corporate identity system）、包装、新闻媒体等一切传播活动都涵盖到营销活动的范围之内；另一方面则使企业能够将统一的信息传达给消费者。所以，整合营销传播也被称为"用一个声音说话"（speak with one voice），即营销传播的一元化策略。同时，整合营销传播以通过企业与顾客的沟通满足顾客需要的价值为取向。

1998 年，唐·舒尔茨又提出整合营销传播是针对消费者、已有或潜在客户以及其他内外部受众，可用来计划、发展、执行和评估协调的、可测量的、可劝服的品牌传播项目的战略性商业过程。这一定义将整合营销传播从传播战术转向了盈利战略，并认为整合营销传播不是传播战术的组合而是持续的战略过程。简而言之，整合营销传播的概念强调以下两个方面：整合营销传播意味着信息的整合（message synergy），所有的传播工具应当被整合在一起以便向消费者提供一致的信息；整合营销传播的目标是强化企业的品牌价值主张。

接触点（touch point）是指消费者看到、听到、遇到或体验到企业及其产品的机会，是整合营销传播的重要概念。在今天技术高度发达的商业社会中，消费者与任何一个品牌之间的接触点都有很多。例如，根据购买的时间，可以将接触点分为购买前、购买中和购买后的接触点；根据企业对接触点的控制程度和影响，可以将接触点分为企业创造的接触点、固有的接触点、消费者发起的接触点、不可预期的接触点；根据接触点的付费情况，可以分为购买的（paid）接触点、自有的（owned）接触点、赢得的（earned）接触点。所有的接触点都应该高度围绕目标顾客设计，向顾客传递一致的信息，从这个意义上来说，整合营销传播也可以被叫作 360 度品牌化。

13.1.1.2　整合营销传播的原因

（1）对于企业而言，传统的"离散型管理"已不适应营销传播的要求。在传统的企业管理体制下，企业的各种营销传播活动往往由不同的部门负责，如广告宣传由广告部负责，公关宣传由公关部门或者宣传部门负责，人员推销由销售部门负责等。各个部门基于自己的立场，按照自己的认识或者以自己的利益为出发点制订传播计划，确定传播的工具和方法、内容和形式。这样一来，同一个企业的同一个产品就可能向消费者传达出两种或多种互不相关甚至互相冲突的信息，导致消费者产生不信任的心理，甚至引发消费者的误解，导致危机事件。同时各种传播手段的搭配也不科学，从而浪费了企业宝贵的资源，却达不到预期的营销传播效果，甚至还会给企业或产品造成负面影响。

（2）对于消费者而言，过于碎片化的信息不利于形成统一清晰的品牌形象。科技的发展引发媒体的变革，在报刊、广播、电视等传统媒体之后发展起来的数字化新媒体对传统媒体产生了巨大的冲击，使传播手段变得多样化。一方面同类产品市场竞争激烈，各企业争先恐后地传播关于本企业和产品五花八门的信息；另一方面信息传播的主体不再限于企业，轻而易举地，人人都可以是信息的发出者，这大大增加了传播中的噪音。因此，消费者可以随时随地轻松获取想要了解的产品的各种信息，但接收到的信息质量却明显降低，呈现出零散和碎片化的特点。消费者接受和处理信息的能力和时间总是有限的，面对过于纷繁复杂的信息，消费者不会主动消耗时间精力去消化吸收，这些信息只会造成其心中品牌形象的混乱，导致拥有更多产品选择的他们往往选择放弃这一产品。因此，企业需要对消费者能接触或感知到的方方面面进行整合。

13.1.1.3 整合营销传播的原则

1. 受众为核，双向沟通

"核"即核心。4C 理论的提出重新设定了营销组合的四个要素，即消费者、成本、便利和沟通。从 4P 到 4C，是营销活动价值导向的一种根本性变革，即从过去的以企业为中心转变为以顾客为中心。由于企业所期待的销售结果均源于消费者，在供给过剩、产品同质化加剧的时代，以顾客为中心在企业间达成一致。

舒尔茨（2013）认为以顾客为中心有很多不同的含义，但对于整合营销传播而言，就是企业始终把产品的最终购买者或消费者看作最有效最重要的考虑对象，而非批发商、零售商和其他中间环节。所有职能部门和行动都聚焦于为顾客提供利益，满足顾客需求或愿望。公司的核心目标就是服务顾客，让顾客满意，提高顾客忠诚度，使企业从顾客那里获取源源不断的收益。

整个整合营销传播过程强调将消费者作为受众群体贯穿始终，一切传播活动围绕消费者展开，包括营销策略、营销方案的制定，营销工具、传播媒介的选择以及消费者资料库的建立、对消费者行为的研究等举动。因此，一个以顾客为中心的企业，其员工或部门自然而然会通力协作，为顾客提供产品、服务和解决方案。

同时，在众多信息面前，在进行决策时，消费者会对各种因素进行综合地考虑和权衡，并追求一种心理上的满足感。这意味着双向沟通本身已成为消费者的一种需求。伴随科技高速发展引起的媒体巨大变革，企业和消费者能够进行平等互动、信息交换等。通过双向沟通，企业能更好地听到消费者的真实心声，及时得到消费者的反馈，满足其个性化需求。

2. 整合为"术"，品牌为"道"

"术"是方法。在整合营销传播活动中，传播是本质，营销是目的，整合是活动的手段。企业既要对经典的传播方法（广告、公关、人员推销、销售促进、直销）和新方法（包括定制影视、社群营销、意见领袖等）进行整合，又要对传统的传播媒介（包括电视、广播、报纸、杂志、户外广告牌等）和新媒介（移动终端、穿戴设备等）进行整合。比如，现在很多品牌除了运用平面广告、电视广告等传统广告手段，还通过对网络影视的赞助将广告植入贯穿全剧，并由剧中演员参与拍摄，广告情节也与剧情有关。瞬息万变的信息与媒体技术为整合不同的方法、媒介，潜移默化地为全方位传播提供了支持。

"道"为战略。统一的品牌形象，是整合营销传播的主要战略意图。整合营销传播基于一体化战略将统一的资讯传递给消费者，尽可能使消费者听见同一种声音，就是为了在消费者心中建立统一而清晰的品牌形象。比如杜蕾斯在社交网络媒体和其他平台上统一运用极具特色的语言内容和活动形式，把激情快乐有创意的品牌形象传递到世界各处的消费者心目中（薛可等，2019）。

13.1.2　整合的内涵

（1）传播受众的整合。基于消费者的整合是指营销策略必须锁定消费者，建立消费者资料库、研究消费者行为。建立消费者和潜在消费者的资料库，包含消费者最基本的信息资料和购买记录，并可以利用资料库做进一步的分析，如分析消费者的消费倾向、近期爱好、消费水平以及对产品的认知等。消费者的行为信息是最真实能够代表其态度与意愿的资料。所有营销组织，无论是在销量上还是在利润上的成果，最终都依赖消费者的购买行为。企业应将消费者及潜在消费者的行为方面的资料作为依据，用过去的行为推论未来的行为。

（2）营销目标的整合。企业需要为整合营销传播计划制定明确的营销目标，如激发消费者试用该品牌产品，鼓励消费者继续购买使用并增加用量，促使其他品牌的忠实者转换品牌并建立起该品牌的忠诚度等。针对不同的群体，由于营销目标不同，企业要对这些目标进行一定整合。

（3）品牌识别和形象的整合。品牌识别和形象是诸如品牌主、营销者、现有顾客和潜在顾客群体对品牌所持有的观感、印象或理解，建立在不同利益相关者所赋予品牌的价值、属性、特征和个性基础上。一旦消费者面临选择，它们便从不同的方向，触达消费者的内心深处。品牌识别和形象的整合就是确保信息和媒体的一致性，使各要素传达统一的品牌识别和形象。

（4）传播内容的整合。传播内容设计是指通过运用静态视觉符号、动态视觉影像、听觉符号或文字符号等要素生动演绎品牌战略，直击消费者内心，满足消费者内心强烈的需求，从而唤醒其对该产品的认知并激发其购买行为。传播内容的整合即基于传播目标对这些符号、影像要素进行综合运用从而展现统一的视听形象。

（5）传播媒介的整合。传播媒介包括纸质媒体广告、电视广告、游戏嵌入广告、网络广告等，线下线上的广告形式十分多样。企业要进行整合营销传播，必须对传播媒介进行整合。但传播媒介的整合并不是用的媒介越多越好，而是进行一种有效的结合。企业可以通过新媒体与大众媒体的结合使用、线上与线下体验的整合运用、品牌接触点的充分挖掘等，对目标消费者进行全方位传播。

（6）传播工具的整合。促销组合中的每一个要素都被视为传播手段并在整合营销传播中发挥着独一无二的作用，因此在进行整合营销传播的过程中，企业需要整合促销组合要素，评估每一个要素的优势和劣势以制订最有效的传播计划，对广告、直复营销、公关、销售促进、网络营销、人员推销等进行综合运用。在这一过程中，要注意确保各种方法特别是人际营销传播与非人际营销传播间的协调一致。另外，在新媒体语境下，企业还可以使用事件营销、社群营销、舆论领袖等传播方法。

（7）关系管理的整合。关系管理的整合可以理解为企业内部及其资源的整合。营销传播并不只是市场营销部的任务，更是整个企业的责任，需要企业各职能部门的合作共建。公司必须在每个功能环节内（如制造、工程、研发、营销等）发展出营销战略并达成不同功能部门的协调，同时对各部门所拥有的资源也要进行战略整合。

（8）传播要素之间的整合。传播要素包括传播者、内容、渠道、受众、传播目标等，整合营销传播需要考虑上述各要素之间的整合。例如，当传播目标是告知性目的时，广告会有最佳的效果；当传播目标是说服购买时，销售促进会有更好的效果。

13.1.3 整合的特点

整合是整合营销传播最基本的思路，具有以下三个特点。

13.1.3.1 讲求系统化管理

系统化管理是整合营销传播的重要方式。区别于生产管理时代将注意力集中在生产环节的企业管理，以及混合管理时代以职能管理为主体的"离散型管理"，整合营销传播所主张的营销管理是系统化的管理。即各种营销职能、各个部门都必须在增进公司整体利益的前提下，多方合作，一致行动，发挥创造顾客满意的"整体效益"。

13.1.3.2 以资源的有效利用为核心

整合营销传播的核心思想是对资源的有效利用。传统营销理论在广告、公关、促销、人员推销等方面分别开展活动，不仅使资源重复利用，甚至不同部门的观点都不统一，造成在消费者心目中的混乱，实际效果不佳。整合营销传播从整体配置企业所有资源，通过对营销工具的系统化结合、动态化修正，使彼此既不冲突又互相促进，达到正的协同效应，实现了资源的合理分配和有效利用。

13.1.3.3 关键点在于协调与统一

整合营销传播的本质是一体化传播，统一的行动。不仅强调企业营销活动的协调性，是企业内部各环节、各部门的协调一致，而且也强调企业与外部相关者协调一致，共同努力以实现整合营销，这也是整合营销与传统营销模式的一个重要区别（惠亚爱，2012）。它围绕着正确的目标制定清晰的策略，运用灵活的战术手段，做到目标、策略、形象统一，使企业的资源朝着同一个方向发力，使组织搭配更加专业和富有效率，从而使营销推广真正具有整体效应。

13.2 整合思维模式解读

13.2.1 什么是整合思维

整合营销传播这一概念反映出整合的思维，其实在我们的生活中整合思维的应用是极其广泛的。整合无处不在。比如对碎片化时间的合理规划，对所拥有的各种学习工具的搭配使用，对一个包含不同层次人才的团队的组建，从寻找材料和部件到搭建出一个模型的过程，将两种及以上的学科融合在一起，更新课程内容、结构和体系的课程改革等。整合就是把一些零散的元素通过某种方式彼此衔接，从而实现协同工作。整合思维是指主动积累丰富多样的零散元素，通过对元素的有效衔接和组合利用最终形成一个有效率有价值的整体的思维方式。具有整合思维使我们能够在面对复杂事态时从全局角度思考问题，寻找结点，厘清联系，创造更全面的思维架构，采取综合整体性考量而非采用单一专业化功能领域的优选方案。

如果说借势思维是借力，整合思维便是合力。但整合并不意味着各部分元素的简单拼凑或堆砌，就好比搭积木，既可以堆成城堡，也可以堆的什么都不是。整合是在对不同元素充分了解、对其特点如数家珍的基础上，对这些元素进行"到其位、尽其用"组合，它意味着每个元素都是不尽相同的，不同元素之间存在互补或协调的关系，而整合使其最终能够作用于同一个方向。

13.2.2 整合思维为何重要

13.2.2.1 尺有所短，寸有所长

屈原《卜居》言："夫尺有所短，寸有所长，物有所不足。智有所不明，数有所不逮，神有所不通。"意为尺和寸各有长处和短处，彼此都有可取之处，用来比喻没有人是十全十美的，事物间具有一定互补性。因此我们要善于知长知短以扬长避短，相互配合以取长补短。整合正是基于万事万物的不完美、差异与互补才得以进行。每个要素不尽相同、各有优劣，因此要求通过整合实现要素间的相互促进与紧密配合，实现资源最大化利用。一根筷子易折而

一把筷子难折，虽然是筷子间形成了合力，但这并不能叫作"整合"，因为每根筷子的力量或作用都是相同的，仅通过简单的堆砌便能实现，并不体现资源配置与要素互补。木桶效应告诉我们，木桶能装多少水取决于最短的那块板，正因如此我们要用长板补短板才能装入更多的水，用长板补短板体现了整合的思维。正如德国哲学家莱布尼茨所说："世界上没有两片完全相同的树叶。"整合要求在充分了解每一个要素特点的基础上进行合理的配置从而达到扬长避短、取长补短的目的。

13.2.2.2 整体大于部分之和

在 2000 多年前，亚里士多德就已经认识到：整体大于各部分之和，这是古代朴素整体观最有价值的遗产。部分是整体中的某个或某些要素，整体是构成事物的诸要素的有机统一。世界上的一切事物都可以分解为若干部分，整体由部分构成，不能脱离其部分而存在，没有部分就没有整体；部分是整体中的部分，离开了整体的要素便成为他物而不成为其部分，失去其原有意义，没有整体就也没有部分。整体和部分的范畴有重要的认识论意义。在认识论中，人们会先对整体有大致的了解，继而分析研究其部分，并在这个基础上综合地、具体地认识整体。在方法论中，把握对象的组成要素，把握诸要素间的结构和结合方式，整体便大于部分之和。拿破仑曾说过：骑术不精的一定数量的法国骑兵，由于形成了一个密集队形和严格的纪律，它所显示出的整体性的新力量，就能战胜骑术较精、剑法高超、善于单打独斗但缺乏严格纪律、相对混乱的马木留克骑兵（陆剑清、丁沁南，2016）。对于整合而言，各要素并不是简单的加总关系，而是通过要素间的紧密配合达到"1 + 1 > 2"的效果。也就是亚里士多德提出的，当各部分以合理有序的结构形成整体，整体的功能就会大于各个部分功能之和。

13.2.3 如何运用整合思维

（1）高屋建瓴，从整体上把握事物，将凸显因素涵盖进整体，同时考虑更多潜在因素。具有整合思维的人遇到问题或进行决策时，往往高屋建瓴地把事物看作一个整体，把问题置于真实全面的状态，因此不仅能考虑到问题显而易见的关键因素，也会注意到潜伏隐含的相关因素。他们不会将问题化整为零、逐个击破，而是从全局把握事物及其进展情况，看到问题的整体架构，包括部分如何组合成整体、部分与部分之间的相互关联性、部分与整体的关系等。不只是思考层面，在行动层面他们也会主动地积累和收集丰富多样的零散元素，将其化为己有，为整合提供先决条件。

（2）了解各要素特点，充分调动积极要素，通过资源的合理配置实现最大化利用。在第一步，我们知道了自己拥有哪些要素，第二步则是分别了解各个要素、把握它们的优劣。古人云"天生我材必有用"，也要先认识这块材料的用处是什么，没有充分的了解就无法针对其长处进行积极的调动和有效的利用。比如在一个团队中，每个人都扮演着不同的角色，个人的作用一定取决于其知识、才能、性格等因素。对一个团队的组建是对所拥有人力资源的整合，要实现人力资源的最大化，作为人力资源就必须充分了解每个人的特点，将其放到合适的位置使之发挥应有价值，最终为公司争取最大的利益。"田忌赛马"，就是一个从整体把握事物并了解部分的特点，在系统运作过程中充分地调动积极要素，同时对要素进行合理配置，将要素放在最佳位置上发挥出最佳效用的例子。

（3）勇于接受复杂性，厘清局部间关系，善于考虑多方面的、间接的因果关系。根据整合思维，要构建好整体就必须厘清局部各要素之间的联系。例如思维导图就是基于对各知识点以及充分理解它们之间的关系后，将零散的知识进行有效的编码和连接，以一种可视化的方式帮助我们建立知识网状体系，从而方便快速记忆，提高学习效率。单一的因果关系很容易追溯，但无法为最佳解决方案提供具有深度与广度的分析路径。整合思维要求我们考虑因素间多向的、间接的、非线性的因果关系。我们有时会说"头脑简单"，便意味着思考的内容过于浅显、思考的方式过于单一，对应了非黑即白、非此即彼的简单思维。复杂的事物往往包含着冲突对抗、不一致，而整合思维要求勇于接受这种复杂性。事实证明，成功的领导者大多有一个共同特征，即在遇到方案冲突时，他们并非简单地做出"二选一"的取舍决定，而是进行建设性思考，通过对更深层因素的洞悉和探索，勾勒因素间的非线性关系，化解其中对立的部分，使其融合形成一个新的方案（图13-2）。

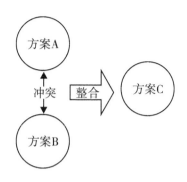

图 13 - 2　方案的整合

（4）化独立为整体，保证要素间紧密配合、互相促进、协调一致。在清楚各要素的范围、特点和要素间关系之后，我们就可以化独立为整体实现这样一个搭建过程。在这一过程中要时刻注意要素间的协同问题，因此要制定统一的行动策略。例如在日常工作中，对于整个单位而言，大部分工作都需要同事间协作或部门间协调完成，他们行动的依据就是上司下达的方针。协同指齐心协力、共同工作，最重要的是所有要素围绕一个共同目标，朝着一个方向发挥作用而形成合力。整合思维要求我们具备协同能力，即在不同的要素之间达成某种一致，从而实现综合效果最大化。

13.3　整合思维模式案例*

13.3.1　"抗日民族统一战线"

作为中国近代最伟大的领袖，从其所写的革命著作和领导的革命实践来看，毛泽东是一位善于运用整合思维的伟人，尤其是其领导的中国共产党是促成抗日民族统一战线的关键力量，是全民族抗战胜利的法宝。抗日民族统一战线具有广泛的民族性和复杂的阶级矛盾，它既是国共双方有政权有军队的协同合作，更是全国各族人民、各民主党派、各爱国军队、各阶层爱国人士以及海

---

　* 杂家老朱：《毛泽东将人民"组织起来"，有韬略有章法》，见 https://zhuanlan. zhihu. com/p/ 272495643?utm_source = wechat_session&utm_medium = social&utm_oi = 947419409762025472；应琛：《抗日民族统一战线，团结一切可以团结的力量》，载《新民周刊》2021 年第 6 期，第 40 - 41 页。

外华侨参加的，团结一致抗击日本侵略者的全民族统一战线。不管是对各种爱国力量的团结、有效资源的调动，还是对军事战略与组织策略的制定都体现了整合的思维方式。

13.3.2　整合思维的体现

13.3.2.1　对要素的充分概括——"团结一切可以团结的力量"

毛泽东在《中国社会各阶级的分析》中如是论述："谁是我们的敌人？谁是我们的朋友？这个问题是革命的首要问题。中国过去一切革命斗争成效甚少，其基本原因就是因为不能团结真正的朋友，以攻击真正的敌人。"又在《论持久战》中分析了抗战各个时期的敌我形式，认为中国要战胜并消灭日本帝国主义的势力要有三个条件：一是中国抗日统一战线的建立，二是国际抗日统一战线的建立，三是日本国内人民和殖民地人民革命运动的兴起。对于中国人民来说，第一个条件即中国人民的大联合是最重要的。

早在 1931 年九一八事变宣告日本帝国主义侵华开始，中国共产党领导人就意识到中国人民的首要任务是停止内战、团结抗日。中国共产党为此做出了一系列努力，如 1933 年中共表示，在国民党停止进攻红军、给民众以自由和武装民众三个条件下，同国民党签订停止内战、一致抗日的宣言。1935 年号召各党派与全国同胞组织抗日联军和国防政府共同反对日本帝国主义等。但蒋介石坚持"攘外必先安内"，不肯放弃内战。直到由张学良、杨虎城发起的，由中国共产党从中积极斡旋的西安事变和平解决，国民党才转变态度，西安事变的和平解决对推动国共合作起到极大作用。

1937 年七七事变爆发后，蒋介石就卢沟桥事变及中日关系问题发表谈话，他警告日本侵略者，如果继续一意孤行，中日战端一开，则"地无分南北，年无分老幼，无论何人，皆有守土抗战之责任，皆应抱定牺牲一切之决心"。这次著名的庐山演讲，确定了国民政府的对日抗战决策，得到全国军民的响应，全国掀起了抗日高潮。1937 年 9 月，国民党中央通讯社公布了由中共中央递交的《中国共产党为公布国共合作宣言》，标志着以国共第二次合作为基础的抗日民族统一战线正式形成。抗日民族统一战线不仅包括工人、农民、革命知识分子、城市小资产阶级和民族资产阶级，而且包括了以国民党蒋介石集团为代表的亲英美派大地主大资产阶级，其共同目标是抵抗日本的侵略。

由此，各路军阀抛掷以往恩怨，放弃内斗转而一致枪口对外，各大城市的各界名士纷纷动员起来为前线官兵进行捐款，各地青年收拾行李踊跃参军，海外千万华侨也齐力同心提供各种支持……抗日民族统一战线的建立，点燃了全国军民的抗战热情，凝聚了亿万民众的精神伟力，表现了全国人民空前大团结。

13.3.2.2　对要素的合理配置——"运动战 + 游击战 + 阵地战"三种战争形式

首先，毛泽东在 1938 年延安抗日战争研究会的讲演中详细解说了他对三种战争形式的看法，体现了他在对中国民兵特点充分把握的基础上对战争形式的合理安排。

毛泽东在《论持久战》中谈道："中国版图广大，兵员众多，但军队的技术和教养不足；敌人则兵力不足，但技术和教养比较优良。在此种情形下，无疑地应以进攻的运动战为主要的作战形式，而以其他形式辅助之，组成整个的运动战……其次就要算游击战了……游击战在整个抗日战争中的战略地位，仅仅次于运动战，因为没有游击战的辅助，也就不能战胜敌人。这样说，是包括了游击战向运动战发展这一个战略任务在内的。长期的残酷的战争中间，游击战不停止于原来地位，它将把自己提高到运动战。这样，游击战的战略作用就有两方面：一是辅助正规战，一是把自己也变为正规战……游击战争没有正规战争那样迅速的成效和显赫的名声，但是路遥知马力，日久见人心，在长期和残酷的战争中，游击战争将表现其很大的威力，实在是非同小可的事业。并且正规军分散作游击战，集合起来又可作运动战，八路军就是这样做的。防御的和攻击的阵地战，在中国今天的技术条件下，一般都不能执行，这也就是我们表现弱的地方。再则敌人又利用中国土地广大一点，回避我们的阵地设施。因此阵地战就不能用为重要手段，更不待说用为主要手段。然而在战争的第一第二两阶段中，包括于运动战范围，而在战役作战上起辅助作用的局部的阵地战，是可能的和必要的。为着节节抵抗以求消耗敌人和争取余裕时间之目的，而采取半阵地性的所谓'运动性的防御'，更是属于运动战的必要部分。在这些战争形式中，战争的领导艺术和人的活跃性能够得到充分发挥的机会，这又是我们不幸中的幸事啊！"①

其次，关于作战人员，根据对中国抗战初期形势的分析，毛泽东认为除了调动有正规训练的军队进行运动战之外，中国大量的农民也是可利用的潜力资源，应将农民组织起来作为游击战的主力。由此实现了两种形式的合理配置：

---

① 《毛泽东选集》（二），人民出版社 1991 年版，第 406 － 499 页。

正规部队打运动战，在广阔的战场上快速移动，一则消耗敌人战力，二则有效减少阵地战中由于敌军更先进强大的武器攻击所带来的损失；而由农民构成的游击队分散于所有敌占地区，发动和配合民众武装，辅助运动战。"须知东三省的抗日义勇军，仅仅是表示了全国农民所能动员抗战的潜伏力量的一小部分。中国农民有很大的潜伏力，只要组织和指挥得当，能使日本军队一天忙碌二十四小时，使之疲于奔命……"毛泽东在《论游击战》中论述了游击战在持久战中的战略地位，看似"星星之火"的游击战术却在抗日战场上起到了不可忽视的作用。

因此，毛泽东将游击战当作保存军队实力的一种战斗形式，将游击战的主力农民作为一种普遍的资源充分利用起来。虽然"小米加步枪"的胜利已经成为不可复制的历史，但合理配置可用资源在今天仍具有普世意义。

13.3.2.3 化独立为整体——"两个战场"相互配合、党政军融为一体

化独立为整体，保证要素间协同配合，这一方面体现在国民党和共产党两个战场的配合，另一方面体现在中国共产党领导下党政军融为一体。

在抗日民族统一战线中，国民党和共产党分别主导正面战场和敌后战场，协同对日作战，形成了两个战场既区别独立又相互配合支持、彼此依存的整体战略格局。正面战场往往由大批重兵云集的国民党主力部队与日军进行鏖战，战争规模较大，通过大型战役消耗日军，通过正面狙击延缓日军入侵中国的脚步。而敌后战场则由共产党的八路军、新四军主要采用运动战的方式扰乱日军后方，战争规模相对较小。但却能有效破坏日军漫长而又脆弱的补给线，从而降低日军的进攻动能，缓解正面战场国民党军队的压力。没有共产党敌后战场的支持，国民党的正面战场则难以抵挡日军的正面进攻；没有国民党正面战场的支撑，共产党的敌后战场发展则缺乏了有效的护盾。

共产党领导下"党政军融为一体"的组织策略从抗战期间一个国民党高级政治情报官员呈给蒋介石的报告中可见一斑。他说道："中共之秘诀，在于以农民党员为发展组织之对象，故其组织能深入于社会里层。党之组织深入于社会里层以后，第一步先以各种方式变社会为绝对之战斗体，由此战斗体中以产生军队，发展军队，于是军队遂能与社会结为一体。"[①] 他还强调，中共

---

① 常家树：《震撼蒋介石心灵的警世危言》，见 http：//www. hswh. org. cn/wzzx/llyd/ls/2016 - 11 - 29/41329. htm.

"其领导之方式，在党内确系采取民主集中制，即个人服从组织、少数服从多数、下级服从上级、全党服从中央"[①]。这份报告道出了毛泽东引领中共把零散的民众整合起来的关键要素——基于共同的目标，依托统一的纪律，将党政军融为一体。在毛泽东的领导下，抗日战争时期的中国共产党先是自上而下建立党组织并严格制定组织纪律、规范组织生活，然后延伸到各个领域的基层组织，如工会、农会、妇联、青年团等。尤其在农村，共产党的军政人员刚到就会聚集人群进行各种活动，并逐渐形成一个个有组织的团体，而这些团体效力于共产党、致力于抗战胜利，之间便达成了协同一致互相配合的关系。

13.4　本章小结

在个人生活中，我们往往会面对包罗万象的事态，要理解和解决其中的复杂性，必须寻找其中的结点、厘清结点间存在的关系，继而通过对零散元素的有效衔接和组合利用形成一个有效率有价值的清晰整体，这便是整合的思维。本章讨论了什么是整合、为什么要整合以及如何整合。学会整合思维并将其运用到个人的学习、工作与生活中，对于合理利用资源和提高做事效率有着极大的促进作用。

---

① 常家树：《震撼蒋介石心灵的警世危言》，见 http：//www. hswh. org. cn/wzzx/llyd/ls/2016 – 11 – 29/41329. htm.

参考文献

［1］惠亚爱. 市场营销策划实务［M］. 合肥：合肥工业大学出版社，2012.

［2］陆剑清，丁沁南. 营销心理学［M］. 北京：清华大学出版社，2016.

［3］罗杰·马丁. 整合思维［M］. 胡雍丰，仇明璇，译. 北京：商务印书馆，2010.

［4］模型思维. 33 思维模型：整合思维—领导者的思维路线图［EB/OL］.（2018 – 11 – 11）［2022 – 05 – 20］. https://zhuanlan. zhihu. com/p/49257392.

［5］唐·舒尔茨，海蒂·舒尔茨. 整合营销传播：创造企业价值的五大关键步骤［M］. 王苗，顾洁，译. 北京：清华大学出版社，2013.

［6］薛可，陈俊，余明阳. 整合营销传播学：移动互联网时代的 IMC 新论［M］. 上海：上海交通大学出版社，2019.

［7］CAYWOOD C, EWING R. Integrated marketing communications：a new master's degree concept［J］. Public Relations Review, 1991, 17 (3)：237 –244.

［8］SCHULTZ D E, SCHULTZ H F. Transitioning marketing communication into the twenty – first century［J］. Journal of Marketing Communications, 1998, 4 (1)：9 –26.

［9］SCHULTZ D E, TANNENBAUM S I, LAUTERBORN R F. Integrated marketing communications：putting it together and making it work［M］. Lincolnwood：NTC Business Books, 1992.

第 14 章　共创思维

众人拾柴火焰高。

——《中国谚语总汇·汉族卷》

传统上，企业被定义为生产者，价值是由企业单方面创造的。之所以被称为消费者（consumer），是因为他们被视为价值的毁灭者。但是，在今天，科技改变了世界的运行规则，万物互联，消费者也可以随时与企业互动，能够随时发表自己的意见，并让数以万计的人看到。随着消费者个性化和话语权的增大，"权力实现了从企业到消费者的转移"。消费者成为能与企业共创的主体，生产者与消费者之间的边界变得模糊。消费者积极参与企业的研发、设计和生产，以及在消费领域贡献自己的知识技能创造更好的消费体验，这些都说明了价值不仅来源于生产者，还建立在消费者参与的基础上，即源于消费者与企业或其他相关利益者的共同创造。

今天的社会，专业分工极度细化，仅依赖个人的力量"闭门造车"，既不现实也不明智。萧伯纳曾言："倘若你手中有一个苹果，我手中有一个苹果，彼此交换一下，你我手中还是一个苹果。倘若你有一种思想，我有一种思想，彼此交换一下，那么，你我就各有两种思想了。"此话道出了共创思维的真谛，一人独行只能获得有限的产出，但若两人或多人合作共创，则每个人获得的价值都将成倍计算。

本章将对共创思维进行阐述，本章的逻辑主线见图 14-1。营销领域中的"价值共创"概念很好地体现了共创思维，因此，本章首先阐述营销领域中价值共创的定义、原因、应用，以具体的价值共创营销概念解释和展现价值共创思维。接着抽象上升到一般领域中的共创思维模式，阐述共创思维是什么，人们日常生活中为什么要应用共创思维，如何应用共创思维。最后以"发现'中纹'之美"的案例，来具体而又生动地展现抽象的共创思维，加深读者的认知和体会。

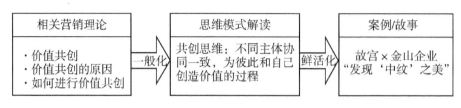

图 14-1　本章的逻辑主线

14.1　相关营销学理论

营销学中的价值共创（value co-creation）概念淋漓尽致地体现了共创思维，本节将详细介绍价值共创的定义、原因、如何共创等内容，以便为共创思维的提出做好铺垫。

14.1.1　价值共创

网络和社会化媒体的发展使得消费者可以快速便利地与企业进行对话，提高了消费者的话语权和参与度。消费者的一言一行都能对企业产生深远的影响，消费者可以将自己的使用体验和建议直接反馈给企业，也可以通过社会化媒体参与到共同的话题中去，与其他消费者互动沟通，互相帮助、彼此影响、共创价值。随着科技经济的发展和价值共创研究视角的深入，价值共创的主体变得更为复杂，产业链上下游、企业合作伙伴、社会公众等不同主体都能参与共同创造价值（Pinho 等，2014）。

现代意义上的价值共创提出于 21 世纪初，管理学家 Prahalad 和 Ramaswamy（2000，2008）提出了"价值共创"这一概念，即以消费者为中心，多个利益相关者共同创造价值，消费者通过互动与企业共同创造价值。企业不再是唯一的价值创造者，消费者也不再是纯粹的价值毁灭者，生产者和消费者是共同的价值创造者。

随着时代变化和价值共创研究的不断深入，价值共创的主体从企业与消费者拓展到了企业与企业、企业内部、消费者之间等，价值共创视角下，价值不再是基于分离的、线性的价值链中先后被创造，而是在交互的、模块化的价值网络中，由平台企业、顾客以及合作伙伴共同创造。Ramaswamy（2004）认为价值共创通过消费者与价值网络多方互动参与而形成，互动是企业与消费者共同创造价值的重要方式，共创主体不仅包括企业与消费者，还包括消费者之间、企业之间、消费者与价值网络成员之间等。Ramaswamy 和 Gouillart（2010）认为实现价值共创模式需要四个步骤：①明确从生产到销售整个产业链所涉及的利益相关者；②了解各利益主体间的互动情况；③组织利益相关者学习讨论，互相分享体验并且讨论增强体验的方法；④与利益相关者持续对话，共同寻找解决问题的办法。

综上所述，价值共创的核心是共创消费者体验，价值共创主体之间的互动是实现价值共创的基本方式。企业营销的重点是为消费者提供良好的消费活动、消费体验和消费场景，消费者的共创可以辐射到设计、生产和营销的整个流程。按照价值共创的层次深浅和主导者，有学者提出了互动营销（interactive marketing）、消费者生成内容（user-generated contents，UGC）、价值网（value net）等各个与价值共创相关的重要概念。如图 14 - 2 所示，消费者生成内容便是属于第一象限中"消费者主导 + 产品定制化"的价值共创类型。消费者生成内容是指由消费者个人（而非品牌）创建并发布到线上或社交网络上的任何形式的内容，包括帖子、图像、视频、评论等。Web 2.0 技术赋予网络用户自我表达的话语权和创造价值的权力。消费者可以借助互联网提供的信息与资源发表评论、撰写博客、口碑推荐、上传视频等，不仅实现了彼此之间的交流，而且也产生了大量的文本、图片、音频、视频等。这些脱离了企业掌控的 UGC，能够影响并改变企业的产品设计、品牌声誉、营销策略等方方面面。

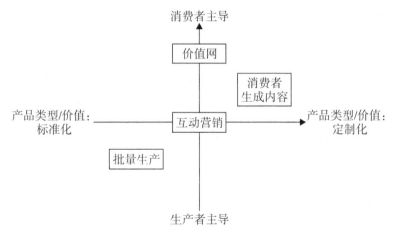

图 14 - 2　不同价值共创类型下的概念

14.1.2 价值共创的原因

俗语云:"三个臭皮匠,赛过诸葛亮。"众多主体参与共创,胜过一个企业独自创造价值。企业与消费者一起价值共创,一来可以帮助企业在各个生产环节降低成本、提高效率,并在价值交换环节加深消费者的体验感和参与感、提高消费者的满意度等;二来消费者通过参与价值共创,可以获得自己满意的产品/服务,增强体验感和参与度。

14.1.2.1 科技发展为价值共创提供了技术基础

如今,万物互联、万众创新,科技的发展使得消费者及其他利益主体可以快速便利地与企业进行价值共创,积极发挥自己的能动性。消费者只需通过电子屏幕,便能传递自己的想法和意见,便能获取企业提供的帮助来进一步创造价值。消费者之间也能借助科技的力量,实现零距离互动,实现价值共创。社交媒体提高了消费者的话语权和参与度,消费者的一言一行都会影响企业形象,消费者的在线反馈能触达企业,产品会随着消费者的意见进行及时修改。消费者在网络平台分享的消费体验、消费满意度等相关信息往往会影响其他消费者的消费决策。在社交媒体上消费者也能自己进行沟通和产出内容,他们在网上分享个人体验,通过彼此间的互动分享来进行产品和服务的设计与创新,互相帮助、彼此影响、共创价值。

14.1.2.2 顾客需要的个性化是价值共创的重要前提

消费者的购买决策模式与早期相比发生了重大变化,如今消费者越来越"挑剔"。自我意识的增强和个性化需要日益突出,使消费者更加关注可定制化的产品和服务,他们希望掌控自我消费命运并通过此来实现价值的创造。消费者个性化需要的满足要求他们参与到价值共创过程中,参与价值共创不仅已成为消费者消费体验的一部分,甚至会影响消费者的情感和行为。

14.1.2.3 企业提升竞争优势是价值共创的直接动力

价值共创可以充分借助"外脑"优势。一个好的想法/产品,由企业独自构思,可能需要五年;但若向广大消费者征集,可能一个月就能实现,即通过"外脑"价值共创,企业能够事半功倍。正如阿里巴巴集团总裁马云所言,单打独斗的时代结束了,抱团取暖才能走得更远。在竞争愈演愈烈的商业环境下，企业仅凭一己之力就想取得长足发展几乎是不可能的，因此越来越多的企业认识到价值共创的重要性，它可以帮助企业获得独特的竞争优势。因为只有消费者参与价值共创，这种"价值"对消费者而言才是有意义的，企业及其产品才具有市场竞争力。

价值共创能促进消费者的积极态度，引发顾客公民行为。通过价值共创增加消费者的参与感、控制感、体验感，有利于帮助消费者与产品建立情感联系，使消费者在参与共创的过程中获得成就感、荣誉感；同时价值共创产生的定制产品能更好地满足消费者的需要，提高其满意度和忠诚度。研究发现，消费者与品牌进行价值共创能够增强其对品牌的忠诚度。而满意的消费者更容易出现主动推荐、助人和反馈这三种"公民行为"（Hajli 等，2017），这类消费者会更积极地帮助其他消费者，同时提供建议和想法给企业，形成"企业—消费者""消费者—消费者"的价值共创。

目前，价值共创主要在生产领域、消费领域、虚拟品牌社区领域三个领域进行应用。生产领域价值的共创实质上是企业将消费者引入生产领域，突出消费者参与到企业生产中，共创产品。消费领域价值的共创实质上是企业通过互动，帮助消费者获得体验价值从而共创价值，其价值主要表现为消费者体验价值。而虚拟品牌社区是指为消费者提供一个虚拟平台，使得他们能在平台上实现，这是互联网发展下的新趋势。

14.1.3　如何进行价值共创

Prahalad 在《消费者王朝：与顾客共创价值》一书中表明，价值共创的核心思想就是如何使消费者成为对等的问题解决者，使企业与消费者成为一个共同体去创造价值、获取价值。本部分将阐述消费者体验视角下的"企业－消费者"二元主体的价值共创过程和价值网视角下多元主体的价值共创过程。由于共创主体过多且关系复杂，单独阐述会显得碎片化，因此本书基于 Prahalad 等（2004）的价值共创模型绘制了价值共创过程框架（图 14－3），接下来将围绕这个框架来论证如何进行价值共创。

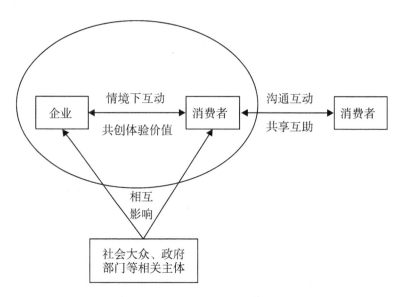

图14-3　价值共创过程框架

14.1.3.1　消费者体验视角下的二元价值共创过程

消费者体验（consumer experiential）由 Prahalad 和 Ramaswamy（2000，2004）提出，他们认为在价值共创的过程中，企业要把注意力从产品的生产流程和质量管理转向消费者与企业之间的互动质量，致力于为消费者创造独特情境下的体验价值。这一过程主要包括对话（dialogue）、获取（access）、风险（risk）和透明（transparency）四个构成要素，简称 DART 模型。首先，企业需要提供与消费者互动的平台，并且设法激发消费者的兴趣，确保互动过程是积极且有兴趣地持续沟通。其次，提供了平台后还需要保证消费者是容易获取到信息、价值的，在整个沟通互动过程中消费者能获取正确且实时的相关信息，同时消费者也明了获得利益要承担的风险。最后，整个互动过程都透明公平，企业与消费者处于价值共创的平等地位。企业只是提供了共创的平台和资源，而非价值的创造者和提供者，消费者处于中心位置投入自己的资源并整合企业的资源来共创价值，双方共同投入资源、共同转换资源、共同产出价值。

以网易云音乐为例，网易云音乐为喜好音乐的用户提供了一个平台，在该平台上有"每日推荐"的功能，通过此功能用户能轻松地在平台上搜寻到符合自己喜好的音乐。这激发了用户积极在"云村"和"评论区"发表对于歌曲的评论和想法，与企业和用户间积极对话，甚至将其分享到自己的社交平台上，进一步扩大网易云的影响和知名度。此外，在用户使用前也会告知获取"每日推荐"的信息风险和推荐机制，保证了透明公平性。在这个互动过程中，网易云音乐和用户共创了良好的体验价值，用户通过喜欢的音乐和能引发共鸣的评论获取了情感价值、社交价值等，用户有了良好的体验价值后会提高其对网易云音乐的忠诚度和喜爱，引发积极的公民行为，如网易云音乐软件的高知名度很大一部分归功于"网易云"评论和用户在社交平台的分享音乐行为。

14.1.3.2 价值网理论下的多元主体价值共创过程

随着网络经济的发展，价值共创的视角从企业和消费者的二元主体互动转变到以"企业－消费者"的二元互动为核心，多个利益主体动态网络互动的价值生态系统视角。

1. 消费者间价值共创

随着科技进步和消费者话语权的提升，出现越来越多的以 UGC 为主的平台和顾客社群，如知乎、哔哩哔哩等。通过互联网，普通的消费者之间也能进行价值共创，在这个过程中消费者既是价值提供者，也是价值受益者。

消费者之间价值共创过程（图 14－4），基于企业建立的消费者社区。消费者在这个以某一消费对象如产品、服务、品牌等为核心的平台上提供并整合资源，与他人互动分享，共同产生源源不断的有价值的内容。在互动合作过程中，消费者会为他人带来情感、体验等价值，同时自己也能获得相应价值。这有利于培养消费者和企业之间进一步的关系，为企业带来利润、积极的消费行为等价值。

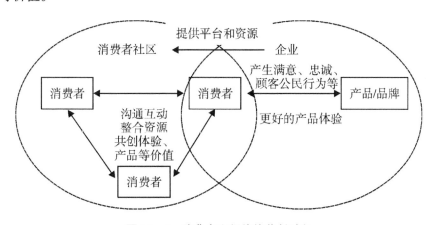

图 14－4 消费者之间价值共创过程

2. 社会价值共创

在全球信息化时代，企业由过去传统的"供应商－企业－消费者"的价值链逐步发展成一个复杂的价值生态系统，包括上游企业、下游企业、企业自身、消费者、政府、高校乃至整个社会。企业从单纯地追求利润最大化，逐步转变成追求共同价值最大化，实现社会价值共创（social value co-creation，SVCC）。同时，由于互联网的发展，企业的资源视角也从内部更多转向外部，从外部获取与整合资源，借用"外脑"的力量与企业共创价值。互联网的发展也为消费者、社会大众、政府机关等多主体与企业实现社会价值共创提供了十分便利的技术条件和舆论环境。

张伟和蒋青云（2017）提出了社会价值共创六步行动法则，如图14－5所示。多个共创主体需要共同投入资源，进行共享整合，在由企业牵头创建起的共创平台上面进行沟通交流，创造价值。此外，企业、政府等主体起到带动作用，以吸引更多主体加入社会价值共创，共同创造、传递、使用价值，实现共同价值最大化。各个利益主体都能收获到对彼此有益的价值，并且由于涉众广泛，共创的价值影响大，后续会不断溢出，影响更多的主体。

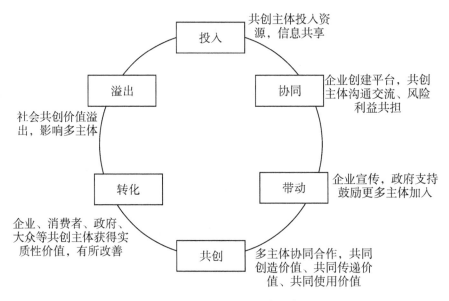

图14－5 社会价值共创六步行动法则

14.2 共创思维模式解读

14.2.1 什么是共创思维

营销领域的价值共创概念具体表现了共创思维。在今天的环境中，大到一个国家，小到一个个体，都需要充分利用共创思维。习近平总书记的"合作共赢"理念充分表达了中国历来倡行的国与国之间团结合作、互助共赢的共创思维。"人心齐，泰山移""同心合意，庶几有成"等中国传统智慧无一不体现着共创思维。共创作为一种协作方式，几乎遍及各处，有的组织甚至设立了"共创官"这一角色。

总的来说，共创思维是指不同主体通过互动进行合作，为彼此创造价值的过程。主体间的互动是共创的前提。价值源于彼此的需求，秉持合作共赢、创造价值的精神与他人共事，便是共创思维。此思维需要双方目标一致，相互信赖，以合作为基础，促成合作双方或多方共同创造对己方和对方都有益的结果。今天的我们在一个高度专业化分工的社会中，隔行如隔山，面对一个综合性的任务，个人的力量非常有限。恰当地运用共创思维，不仅能节省资源，更能帮助自己突破瓶颈，实现原本靠个人力量无法实现的目标。需要注意的是，共创思维带来的是多赢或共赢的结果，这不同于借势思维，后者往往只关注己方的结果。共创思维也不同于整合思维，共创思维强调主体与外部力量的整合，而整合思维强调对主体内部要素的整合。

此外，共创思维分为自己主导的共创和合作方主导的共创。己方主导下的共创思维又蕴含着整合思维的理念，主导者不仅需要投入资源与合作方互动，更需要起到一个提纲挈领、整合资源、引领合作方共创的作用。而合作方主导的共创思维蕴含着借势思维的理念，己方借助合作方的资源和力量，与其共同创造更多更大的价值，更多的是配合的动作。例如消费者体验视角下的价值共创概念是以消费者为中心，消费者通过互动与企业共同创造价值。

14.2.2 共创思维为什么重要

> 能用众力，则无敌于天下矣；能用众智，则无畏于圣人矣。
>
> ——西晋·陈寿《三国志·吴书·吴主传》

14.2.2.1 共创有助于突破个人瓶颈

诸葛亮足智多谋，但"三个臭皮匠，赛过诸葛亮"的俗语却广为流传，这恰恰说明了共创的重要性。每个人的能力和资源都是有限的，小成功可以靠个人实现，而大成功则需要共创才能实现。目标的实现需要大量的人、财、物投入，而每个人拥有的资源往往是有限的，正如一个人只拥有散沙是无法搭建建筑的，需要另外跟拥有水、泥土、钢筋等资源的人合作，才能共同建起有价值的高楼大厦。

通过共创思维，我们可以挖掘自身不具备的资源，寻找拥有共同目标和合作可能性的伙伴，构建或加入合作主体的共生系统，在"共创空间"中协同发展、合作产出。例如大学生在完成小组作业的时候，应先明确自己的优势和劣势，分析作业要求，确定合作者所需要拥有的能力和资源，然后以此为标准去寻找和沟通，最终组成一个可以取长补短的完美团队，互相配合共创一份高质量的作业成果。

14.2.2.2 共创者相互赋能

《道德经》有云："天地长久。天地所以能长且久者，以其不自生，故能长生。"天地之所以能够永恒存在，是因为天地不为了自己的运动变化规律而存在，而是与万事万物共生共荣，达到和谐统一，所以能够永恒生存。这里面蕴含着共创的思维，一个人或许能走得更快，但是只有与大家协力前行才能走得更远。

通过共创思维，每个人会互相帮助、互相依赖，建立长久的关系，当其中一个人出现困难时，其他人雪中送炭帮助其重振，使得大家都能走得更远，而非一击即溃。例如在数字经济时代，企业可以打造突破物理时空限制的网络平台，使得价值网络成员间互为主体、资源共通，这不仅有助于提高各自的效率、降低外部交易成本，相比于传统组织也更有利于维护主体间的长久关系，进行长期共创，创造更长久的价值。

14.2.2.3 整合的力量——"1+1>2"

毛泽东在《党委会的工作方法》第 5 条"学会'弹钢琴'"中讲到,弹钢琴要十个指头都动作,不能有的动有的不动。但是,十个指头同时都按下去,那也不成调子。要产生好的音乐,十个指头的动作要有节奏,要互相配合。即一个手指头弹不出美妙的音乐,只有大家整合到一起,共同配合,才能弹出一首让人陶醉的乐曲,整合共创出"1+1>2"的结果。

无论是谁,在广泛的社会交换中都无法拥有和使用创造价值所需的全部资源,因此需要通过共创来整合资源,形成合力,达到单个主体所无法达到的效果,即"众人拾柴火焰高"。通过共创思维,人们能合众力、集众智、成大事,系统化串联彼此之间的目标与资源,从一种全局和整体的视角思考问题,把蛋糕越做越大,让人人都能分到一块蛋糕。而非传统的各自为营,独立创造价值,局限于一块小蛋糕中不停争抢,产生"1+1=0"的效果。

14.2.2.4 共创是未来的必然发展趋势

从古至今,中华民族的行为处事都蕴含着共创思维;随着互联网的发展,主体之间的界限逐渐模糊,共创思维更是未来必不可少的一种思维方式。世界潮流,浩浩荡荡,顺之则昌,逆之则亡。习近平总书记指出,想人为切断各国经济的资金流、技术流、产品流、产业流、人员流,让世界经济的大海退回到孤立的小湖泊、小河流,是不可能的,也是不符合历史潮流的。每个人与其他人的虚拟距离都在不断缩短,越来越多共创的机会出现,只有抓住机遇,带着共创的思维与他人互帮互助,才能跟上时代的步伐,帮助自己快速发展,获得更多更长久的价值。

14.2.3 如何应用共创思维

认识到共创思维的意义后,还要学会如何在日常生活中去实际应用,用抽象思维指导实践。共创思维涉及与谁共创(who)、共创什么(what)、如何共创(how)。具体而言,应用共创思维包括确定共创目标、选择共创主体、寻找与共创主体的契合点以及共创价值四个步骤。

14.2.3.1 确定共创目标

目标有多种类型,可以是长期的,也可以是短期的,但是要明确这个目标是否需要共创，若是自己可以快速实现完成的，未必要与他人合作，不然可能会无端浪费人力、物力。明确自己需要达成的目标和已有的资源、能力，据此分析自己所需要的资源和合作方。

14.2.3.2　选择共创主体

在确定了共创目标后，可以运用 SWOT 分析框架分析实现目标内外环境的优势、劣势和自身的长处与短处，在"衡外情，量己力"的情形下，寻找能取长补短的合作方。明确了自身情况和选择合作方的需求后，选取共创主体可以从以下四个方面进行考虑：①自己与共创主体能力、资源的匹配性；②自己与共创主体能力、资源的合适度；③寻求与其共创的难度；④与共创主体目标/需求的一致程度。假设 A 有烧饭工具，B 有食材，C 会烹饪，D 有汽车，E 会游泳，A 在确定了目标是做出一顿美味的饭菜后，在自己只有烧饭工具的情况下，寻求能力和资源都十分匹配和合适的 B、C 进行共创。但 C 不想做饭且赶来做饭需要一天的时间，这个时候 A 最终应选择与 B 进行共创，边学边做出一顿美味的饭菜。

14.2.3.3　寻找与共创主体的契合点

要与合作方进行共创，首先要寻找到彼此的契合点，即各方希望通过共创分别获得什么价值。通过不断沟通交流，挖掘双方目标背后的共通点，将彼此的需求链接成系统性问题，从而确定双方共创的共同方向。据此，促成双方互动，使资源碰撞，不断共创。例如 Airbnb 串联了拥有闲置房源的房主和需要入住物美价廉民宿的游客的问题，找到共创的契机，解决了空屋与住宿需求双方的问题，充分利用闲置资源为多方创造了利益，形成共赢的局面。

14.2.3.4　共创价值

在明确与谁共创、共创什么后，便可以开始建立共创的平台和机制，确保己方和合作方信息对等，沟通积极，不断整合多方资源和力量，碰撞创造出价值。例如中国始终秉持共商、共建、共享的共创思维，建立了一个开放包容的国际合作平台——"一带一路"，使沿线国家能加入共创机制，与中国共生共荣。通过以企业为主体和市场化运作的机制，多方主体能够自由合作、无阻碍交流、进行贸易。中国为他国建设交通和基础设施，他国为中国提供贸易资源和投资机会，双方共创实现了长期价值。

14.3　共创思维模式案例*

以古人之规矩，开自己之生面。

——［清］沈宗骞《芥舟学画编》

14.3.1　"故宫＋金山"　发现"中纹"之美

古人的规矩是经验之谈，是智慧之结晶，但是再好的规矩也不可能完全适用于古今中外，所以需要我们取其精华，不断创新，开创属于这个时代的"生面"。北京故宫博物院便是"开自己之生面"的一个典型代表，它充分利用新媒体和多种营销策略，使文化"活"了起来，让古代的文化闪耀着今日的光芒。这个过程中，许多行为都体现了共创思维。

2019 年，故宫博物院、中国紫禁城学会及金山办公软件共同发起的"发现'中纹'之美——首届中华符号数字化创意设计大赛"，邀请社会各界发现、提炼和使用故宫蕴含的符号元素，用于数字化应用场景和生活中。故宫与企业、机构进行合作，共同发起、共同创造了一个让传统文化"活"起来的活动。活动邀请社会各个主体参加，将共创范围扩大，以期与整个社会共创出"中纹"之美。

这场传统文化与现代互联网相结合的共创活动分为四个阶段：

（1）发现中华符号。面向所有对中华传统文化感兴趣，希望发现或传播"中纹"之美的社会大众。让大众寻找、发现在生活中承载中华文化的符号，借此强化大众对传统文化的认知，唤起公众对传统文化的热爱，并进一步加深大众对故宫和金山办公软件产品的喜爱。

（2）再塑中华印象。面向所有对中华传统文化感兴趣的设计师。设计师将传统文化中带有敬畏感的符号转换为接地气的产品，通过对传统文化的重新

---

* 大熊财经评论：《发现中纹之美，让传统文化插上数字化翅膀》，见 https://www.thepaper.cn/newsDetail_forward_3237183；故宫博物院：《发现"中纹"之美：首届中华符号数字化创意设计大赛在故宫博物院启动》，见 https://www.dpm.org.cn/classify_detail/248969.html。

演绎来共创故宫和金山软件产品，建立带有中华文化之美的产品与目标消费者紧密关联的路径。

（3）重拾中华书仪。书仪指我国古代书信往来之礼仪，参与者以"金山办公软件（故宫版）"为工具，对传统书仪进行现代设计与应用，在此过程中重拾中华书仪，重拾因网络时代而逐渐减少的仪式感。一方面让中华文化融入互联网生活，再焕光彩、生生不息；另一方面让更多的参与者了解中华文化之美和金山办公软件，成为忠诚的用户。

（4）慢品中华韵味。"中纹"之美宜细品慢品，活动旨在让中华文化通过文创方式融入公众的日常生活，展开公众生活层面的文创产品设计大赛。通过活动的四个阶段，金山办公软件与故宫联合共创出以故宫文化为核心的大众应用高潮，创造出一场别开生面的全社会价值共创的活动。

在活动的第一阶段共收集中华符号作品 10058 幅，第二阶段参与人数共2000 余人，参赛作品达 1200 套。活动邀请了各领域专家和高校代表加入，由在文字、服饰、书画、建筑、数字化等方面的故宫专家，以及来自清华大学、东南大学、中央美术学院等国内科技、创意、设计领域的顶尖高校代表进行作品评审。可以看出，该活动的价值共创范围之广、力度之大、程度之深。因此，本书将从故宫的"发现'中纹'之美"大赛出发，分析活动过程中何种行为蕴含着共创思维，为什么要具备共创思维，又是如何应用共创思维的，向读者展现共创思维在具体实践中的应用。

14.3.2　大赛主办方的共创思维

共创思维是主体认识到互动方的作用，并与之一道实现某个目标。可以说，大赛从头到尾都蕴含着共创思维，活动四个阶段层层深入，共创范围不断扩大。故宫博物院机构和金山办公企业合作，邀请社会大众、专业设计师、高校代表、各领域专家等主体共同发现"中纹"之美，活化中华文化；将大众的创意整合应用到金山软件办公产品中，并借此宣传推广故宫和金山办公企业，使大众对故宫文化产生兴趣，同时也成为金山软件办公产品的忠诚用户。

在"发现中华符号"阶段，故宫和金山软件企业引导参与者通过寻找生活中的中华符号、进行自己的解读、创造出作品，同时也将优秀作品收入"中华符号库"。五千年的文化沉淀会转为数字化永久保存，成为故宫和金山软件企业后续产品灵感的来源，可谓是借用他人的"外脑"为自己的产品提供了许多优秀的想法。在"再塑中华印象"阶段，设计师根据上一阶段"中华符号库"的素材进行创意设计，在此过程中，设计师既与企业和故宫共创，又与上一阶段的参与者共创，进一步将符号库的素材演绎成为具有中华美学理念的现代符号。以金山办公软件为应用平台，让大众在日常生活中体验共创出来的创意，大众既是产品的共创者，也是产品的消费者。

14.3.3　大赛为何要具备共创思维

大厦之成，非一木之材也；大海之润，非一流之归也。传统的中华文化和现代的互联网都是如大海如森林般的无穷之境，而个体的精力、资源有限，仅靠某个企业或机构无法高效、最大化地使用它们，因此需要具备共创思维。企业为大众提供产品和平台，机构为大众传播中华文化，大众整合资源、共创出独具特色的优秀作品。总的来说，在大赛中需要具备共创思维的原因，可以归纳为个体的有限与资源、竞争的无限。

14.3.3.1　个体力量有限

中华文明博大精深，一个人穷其一生，也只能窥其一斑。目前，大众对中华文明的认知大多停留在浅层，近年来故宫为了亲近大众，让中华文化走进大众的日常生活做了许多努力；而许多企业想乘着互联网的东风冲上云霄，企业之间的竞争激烈，金山办公作为国内能与微软竞争的办公软件，也在不停地创新，并试图创造具有中国特色的办公软件。但是，无论是故宫还是金山办公企业，力量都是有限的，仅靠他们一己之力无法活化中华文化，无法让互联网一代在日常生活中感知中华文化的魅力之所在。因此二者合作，并邀请了各大主体提供创意，发挥群众的力量，共创中华文化产品。

此外，中华符号资源过多，若要设计师从生活中识别出这些符号，再创作，工作量巨大且耗时长。而若与上一阶段的参与者合作共创，借助在中华符号库的大众优秀作品进一步创造出专业的产品，将会更加高效省时，更具价值。

14.3.3.2　共创有助于从激烈的竞争中脱颖而出

此活动参与者甚广，竞争激烈。若孤立地自我创造，不与他人合作，则难以具备优势。俗话说"三个臭皮匠，赛过诸葛亮"，一个天才也比不过三个普通人共同产生的智慧，因此若在活动中合理利用故宫和企业提供的资源、平台，与其他参与者、社会大众充分沟通合作，将为自己的创造带来更多的灵感和资源，与他人一起共创出优秀的作品，达成合作共赢的局面。

14.3.3.3　共创有助于价值外溢

故宫博物院原院长单霁翔表示，让文物重新回到人们生活中才是真正让文物"活起来"，这次活动从故宫博物院的建筑、藏品等文化资源出发，唤起了人们全面寻找、发现生活中承载中华文化符号的热情。活动始终体现着共创思维，先让大众认识、学习历史悠久的"中纹"，接着去探索、发现"中纹"之美，集思广益共创出一个又一个优秀的具有中华文化气息的金山办公软件产品。专家的解读和展示是共创中一个非常重要的环节，通过专家对故宫馆藏文物的纹饰解读，解析其背后的历史、文化，让大众对其有一个深刻的认知，产生兴趣后再融入活动中。在此过程中，由于多主体、全社会的参与，形成了一个社会共创的文化活动，且价值不断外溢，活动外的主体也了解到了中华文化，使用了共创的金山软件产品，这对故宫文化和金山办公软件产品的宣传起到了很大的推动作用。

14.3.4　如何在大赛中应用共创思维

由于本次大赛的主体过多，本节将以金山办公企业为己方主体，描述其是如何在活动中应用共创思维的。

14.3.4.1　赛前确定共创目标

金山办公企业需要确定一个具体可达到的目标，且实现目标需要他人的力量，有能共创的主体，有能为共创主体带来利益的价值。综合考虑后，金山办公企业希望通过一个多主体参与的活动，集思广益共创出一个具有中华特色的办公软件，既让中华文化融入互联网生活，使得中华文化再焕光彩，生生不息；又为企业共创出许多优秀的特色产品，且帮助产品推广与应用。要达成此目标，金山办公企业需要寻找一个具有权威性、知名度高的文化机构合作，且需要邀请社会大众参与。因此，金山办公企业需要找到与其拥有一致目标、能合作共赢的共创主体。

14.3.4.2　选择共创主体

近年来故宫博物院通过互联网和拟人化策略走进大众生活，经常积极举办各类文化创意产品设计大赛，广泛征集设计方案，使得故宫文创产品获得推广与传播，并为故宫文化创意发展收集了许多宝贵的想法。故宫与金山办公企业有着一致的目标，都希望提高自己的知名度，帮助中华传播文化。故宫具有很高的知名度和权威性，与金山办公企业资源匹配、目标一致，且适合合作，因此成为金山办公企业选择的合作对象。

要形成全民共创的局面，光有故宫和金山办公企业还不够充分，需要邀请更多的主体参与共创，并且要兼顾大众性和专业性。因此，他们邀请了国内甚至全球华人参与比赛，且邀请了各大领域的专家和高校代表进行解读与点评，使得筛选出来的想法更加优秀和专业化，便于金山办公企业之后运用这些想法与大家共创出独具特色的产品。

14.3.4.3　寻找大赛主体需求的契合点

想要其他主体愿意与自己合作共创，需要寻找到彼此价值的交集，即共创的契合点。这也是共创的前提，找到准确的契合点，才能明确每个主体在共创过程中的应做之事。金山办公企业在明确自己目标的基础上寻找共创主体，在这个选择的过程中，不仅考虑了与主体的匹配性还考虑了与共创主体目标/需求的一致程度。金山办公企业和故宫、大众、高校、专家等主体的契合点便是共创出具有中华文化特色的产品。在这个基础上，金山办公企业提供平台和奖金，故宫提供资源，大众、高校和专家提供想法和属于自己的解读，在不断互动、交流的过程中孕育出具有价值的产品。

14.3.4.4　在大赛中共创价值

整个比赛的过程，就是一个共创的过程。此次活动通过"符号提取－符号解读－符号应用"三个环节，让中华传统文化符号走进了人们的日常生活中，既实现了让故宫博物院成为一种生活方式的目标，又为金山办公企业创造出带有民族自豪感的文化产品。

在"发现中华符号"阶段，消费者摇身一变成为价值生产者，在书法、绘画、器物、建筑等"中纹"上提取符号元素，通过寻找生活中的中华符号，进行解读与创作，优秀作品被收入"中华符号库"，供下一阶段的设计师使用并成为金山企业的点子库，通过跨界思考激发产品设计力。

在"再塑中华印象"阶段，广大设计师对"中华符号库"的作品进行再创作设计，将其演绎成为具有中华美学理念的现代符号，共创出具有中华特色的金山办公软件（故宫版），成为中国传扬民族文化的数字化载体。在此过程中，设计师和大众共同创意、共同设计，创意空间由此拓展，消费者与企业之间也产生了许多良性的互动。

除此之外，金山办公企业还发起了训练营"纹学院"，邀请专家导师对故宫文物进行深入解读和阐释，定期招募学员进行研修和设计实践。专家既帮助学员在设计理念及创作思路上实现创新和突破，以完成"符号提取 – 符号解读 – 符号应用"的过程；又帮助企业选取出特色最为鲜明，兼具多种价值的文物元素，为产品的文化创意研发寻找正确方向。

整个大赛活动，都是多主体不停共创的过程，他们共同营造了以故宫文化为核心的大众应用场景，推动了"传统文化 + 生活方式"的普及和推广，让"中纹"在互联网上复活，共创出全新的文化符号和办公软件产品，让文化进入现代办公之中，让现代办公具有文化积淀。

14.4　本章小结

如今万物互联，各个主体之间的界限逐渐模糊，每个主体的身份都在发生着转变。若我们能乘着共创东风，与众人合作划船，则能行得更快、更远，共创出许多有价值有意义的事物。拥有共创思维已经成为时代发展的趋势，若不及时了解应用该思维，则会落后于时代发展的步伐。本章阐述了什么是共创思维，共创思维重要的原因，以及如何应用共创思维等问题，以期为大家了解并使用共创思维带来一定的理论启示和现实指导。

参考文献

[1] 胡观景，袁亚忠，张思，等. 价值共创研究述评：内涵、演进与形成机制 [J]. 天津商业大学学报，2017，37（2）：57 – 64.

[2] 简兆权，令狐克睿，李雷. 价值共创研究的演进与展望：从"顾客体验"到"服务生态系统"视角 [J]. 外国经济与管理，2016，38（9）：3 – 20.

[3] 张伟，蒋青云. 社会价值共创 6 步行动法则：企业社会责任战略前沿实践 [M]. 北京：社会科学文献出版社，2017.

[4] FROW P, MCCOLL-KENNEDY J R, HILTON T, et al. Value proposi-

tions: a service ecosystems perspective [J]. Marketing Theory, 2014, 14 (3):
327 –351.

[5] HAJLI N, SHANMUGAM M, PAPAGIANNIDIS S, et al. Branding co-
creation with members of online brand communities [J]. Journal of Business Re-
search, 2017 (70): 136 –144.

[6] PRAHALAD C K, RAMASWAMY V. Co-creation experiences: the next
practice in value creation [J]. Journal of Interactive Marketing, 2004, 18 (3):
5 –14.

[7] PRAHALAD C K, RAMASWAMY V. Co-opting customer competence
[J]. Harvard Business Review, 2000, 78 (1): 79 –87.

[8] RAMASWAMY V, GOUILLART F J. The power of co-creation: build it
with them to boost growth, productivity, and profits [M]. New York: Simon and
Schuster, 2010.

[9] VARGO S L, LUSCH R F. Evolving to a new dominant logic for market-
ing [J]. Journal of Marketing, 2004, 68 (1): 1 –17.

第 15 章　借势思维

君子生非异也，善假于物也。

——荀子《劝学》

小米创始人雷军说过："站在风口浪尖上，猪都可以飞起来。"聪明的企业家往往懂得如何借势，一些企业的营销方案之所以能够成功，并不是因为企业投入了多大的成本与精力，而是因为找到了一个借势营销的"支点"。在今天的商业社会中，企业想要从众多的竞争者中脱颖而出，借助自带光环的名人或自带流量的各类事件无疑是最快捷有效的方式。借势营销是指企业借助一些本身具有势能的对象来达到捕获消费者的关注、提升品牌传播力、树立积极的品牌形象、实现产品销售等目的的营销策略，可以达到"以小博大""花小钱办大事"的效果。正因为借势营销的这些优点，许多企业搭上了"借势营销"的顺风车。

借势营销策略本质上是一种借势思维，是一种借助已有广泛影响力事件来达到事半功倍的目的的营销策略。理解借势思维不仅能让企业受益良多，对个人的成长也有重要的作用。

本章将向读者介绍借势思维，逻辑主线如图 15-1 所示。首先，选取能反映借势的营销学概念；然后，基于相关营销学概念对借势思维进行系统化的解读，思考人们如何正确地运用借势思维；最后，以陈胜和吴广在大泽乡起义的故事生动灵活地分析案例中的借势思维，借助《陈涉世家》中的案例，使读者对借势思维产生更深刻的理解。

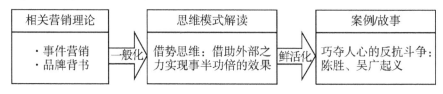

图 15-1　本章的逻辑主线

15.1　相关营销学理论

我们可以通过了解"事件营销"（event marketing）、"品牌背书"（brand endorsement）这两大主要概念把握营销学中的借势思维。在营销中，借势思维要求企业需要有高度的观察力以及环境敏锐度，将企业计划的营销活动与喜闻乐见的环境或组织建立关联，间接地让消费者对有关品牌产生联想。本节将对借势思维的营销概念进行阐述，从概念层面到思维层面逐步展开，帮助读者由表至深进一步了解借势思维。

15.1.1　事件营销

15.1.1.1　事件营销的定义

事件营销（event marketing）又称活动营销，是指企业策划或利用具有一定价值和影响力的事件（events），引起媒体或者消费者的兴趣，从而提升大众对自身产品或品牌形象的关注度，由此达到提升产品或服务销量的最终目的。通俗来说，事件营销就是通过某一事件来抓人眼球，让大家喜欢看并且喜欢传播该事件，并将对事件的关注转移到企业及其产品上。事件营销中的"事件"范围非常广泛，可以是全球性的大型活动，如奥运会，也可以是小型的个人活动，如纪念日；可以是企业自己策划的活动，如公司周年庆，也可以是已有的活动，如各种体育赛事等（因为"借势营销"的核心是"借"和"势"，它所对应的"事件"是指那些已有的事件，而非企业自己策划的事件）；可以是公益性的活动如慈善活动，也可以是商业性的活动如购物节；可以是传统的活动如春节，也可以是现代的活动如音乐节。事件营销可能需要花费高额费用，如赞助世界杯可能要花费数亿人民币（仅仅是赞助费，未包括企业的宣传费用），也可能是免费的。事件具有时效性、新颖性、偶发性等特点，通常与人们的生活息息相关，可以说事件往往是"自带光环"的。企业通过精巧地与这些事件建立关联，便可以"沾光"。同时由于事件高度的关注度和巨大的传播范围，事件营销的影响也较为普及。近年来，事件营销在国内十分流行，形式各种各样，大到巨头企业的奥运营销，小到百姓家门口新店开张的舞狮表演，事件营销无处不在。

在事件营销得到广泛关注的同时，一种特殊的事件营销，善因营销（cause-related marketing）也得到广泛应用。善因营销即把企业的营销活动与某些公益事件（cause）结合起来，最终实现产品销量的增加。例如农夫山泉的"一分钱"公益活动，消费者每买一瓶农夫山泉矿泉水，农夫山泉公司就会拿出一分钱做公益活动，如支持北京申奥、帮助贫困儿童等。在善因营销中，消费者购买得越多，企业捐助得也就越多，而在一般的事件营销中，企业给事件的赞助金额并不是由消费者的购买量决定的。

15.1.1.2 事件营销的优势

事件之所以有价值，是因为它们本身具有较高的关注度，这背后又是人们注意力的稀缺性。我们当前正处于注意力经济时代，人们每天会面对线上或线下各种海量的信息，在这种信息超载的背景下，消费者的注意力成为一种稀缺资源，事件可以捕捉消费者的注意力，从而成为企业获取关注的重要途径。换句话说，谁能吸引消费者眼球，谁就会更容易获得商机。

事件营销和善因营销等营销手段所借助的社会新闻、体育赛事和公益活动等事件本身就被人们广泛关注，利用这些事件开展营销能够将人们的注意力由事件转移到品牌或产品上，抢占消费者有限的心智资源，从而以较低成本提高品牌或产品的认知度和美誉度。一般来说，与其他营销策略相比，事件营销具有传播速度快、渗透性强以及成本低的优势。

首先，事件营销具有很强的时效性，具有传播速度快的特点。大部分事件营销活动借助的是各类互联网平台展开。互联网的传播速度迅速，网民规模巨大，由此使得信息的发布与传播也很便捷。另外，事件营销中所依附的"事件"本身就是一件能产生新闻影响力的事情，事件的热度与新闻价值可以使营销活动更快地达到预期传播效果，再加之"营销"的效果，自然能具备更强的传播力度。

其次，事件营销的渗透力较强。如今广告信息过载，消费者已经开始对一些企业惯用的营销广告产生了抵触情绪，因此传统的营销手段已经很难取得有实效的传播效果。事件营销与传统营销手段不同，它以正面的、积极的事件为核心，使得广告受众能以一种更愉悦、更放松的状态来接受事件营销中所传达的广告信息，这有效缓解了受众人群对商业性广告的排斥心理。另外，成功的事件营销就如病毒一样，自带传播裂变的效果，能有效地引起受众主动对营销话题进行讨论并进行自传播。由此来看，事件营销的渗透力较强，能够更有深度、更有广度地达到营销效果，从而占领消费者心智。

最后，好的事件营销付出更低成本，却获得更好的效果。事件营销不需要投入大量的财力或时间，利用小成本就可以将脑海中创意性的想法落地，从而达到四两拨千斤的效果。在经济成本上，传统的投放式广告营销少则几百万元，多则几千万元。但是事件营销更多的是依赖一个"爆点"的产生，可能品牌所需要做的只是编辑一条有趣的文案，或者制作一张搞怪的海报。在时间成本上，一个好的营销方案或者广告需要打磨好几个月甚至一年以上，但是许多事件营销仅仅是在几天内就达到病毒式裂变的效果，短时间内吸引到大众的注意力。

15.1.1.3 事件营销的策略

事件营销可以通过借势或造势策略来实现。在互联网时代，网络媒体的爆炸式发展为事件营销的发展提供了更多的机会与发展空间。事件营销既可以是由企业自主策划的事件活动，也可以是社会上已发生的节日或活动等事件。因此，事件营销的运作策略可以划分为造势和借势（刘鎏和姚海明，2006）。从原词义来看，造势指的是主体进行主动的运动，即通过自我力量改变自身运动；而借势，则是主体借助其他第三方的运动状态来改变自身的运动状态，以更小的力量来实现运动目标。

事件营销的策略之一是造势策略。在古代战争中，战士会利用人张旗鼓、声东击西等方式壮大气势，提升自身在敌人眼中的实力。在营销学中，同样的，企业可以通过主动制作事件，从而打造对自己有利的声势。具体而言，造势营销策略就是企业自身主动策划富有创意的事件活动，从而引起媒体或者大众关注。通过造势，企业人为刻意地制造一些与产品或品牌相关的事件，再借助媒介的传播，吸引受众。例如，双十一网购狂欢节和"618"购物狂欢节就是由淘宝商城（天猫）和京东分别策划的事件，而今已成为中国电子商务行业的年度盛事。

借势策略也是事件营销的实现方式之一。所谓时势造英雄，借势就是顺势而为，利用当下情境有利的时势辅助自身达成营销目标。与造势策略不同，采用借势策略的事件营销要求营销主体具备高度敏感的洞察力，只有善于关联热点，才能找到契合的借势对象进行事件营销。借势营销中的"势"主要指我们通常所说的热点，主要分为两种情况：一种是可预期的热点，主要指是那些在固定时间发生的事件活动，如节日、热播剧等，企业只要提前策划相应的事件营销即可，例如各大企业在春节期间打出"亲情牌"类型的广告。另一种是不可预期的热点，即一些"可遇而不可求"的事件，企业无法提前预测这些事件是否发生以及何时发生，这时，就需要企业具有高度的敏感性、洞察力和行动性。例如，2020年11月，一个藏族小伙——扎西丁真一夜之间爆红网络，并发展成轰动全国的"丁真现象"，成为文旅行业当之无愧借势营销的"顶流"。

但需要注意的是，借势策略并不是让企业盲目地见机则上。面对每时每刻都在不断刷新的各式各样的社会热点，企业如何判断是否需要马上采取措施跟进热点呢？如下几个关键点可以帮助我们正确地进行借势营销。当使用借势策略时，企业应当反问自身几个问题：①所借势的热点导向是否是正向的、积极的？首先，借势策略应当牢记价值观的底线，避免借不该借的势，比如自然灾难或社会悲剧等。若以"吃人血馒头"的方式进行借势营销，不仅不会助力品牌声望的提升，反而会引发众怒，落得骂名，更严重的则会影响品牌未来发展。其次，最好不要触及敏感类事件，尤其是万不可将严肃的事件娱乐化，例如萨德事件、主权事件等。②热点事件是否和品牌有一定的关联性？热点事件的内容是否能很好地与品牌或产品结合？借势策略并不是简单地刷存在感，而必须要找到热点与企业品牌之间的契合点所在，才能较好地宣传出核心品牌文化或产品卖点。如果找不到关联处，就不要强行生拉硬拽地把热点和品牌联系到一起。借势不等于跟风，没有意义地盲目地蹭热点，反而会适得其反。③是否在合适的时间点进行借势？一方面，热点事件具有时效性，倘若错过有效的借势宣传时间，就没有必要再进行借势了；另一方面，企业也不可频繁地借势营销，如借势营销的时间点过于密集，也容易让消费者感觉用力过猛，从而造成营销疲软。

15.1.2　品牌背书

15.1.2.1　品牌背书的定义

品牌背书（brand endorsement）中的"背书"其原本词义指代的是财务票据背面的签名，背书人进行签收是票据业务最重要的环节之一，意味着认证与保障，后来这个词被拓展到公司品牌战略中，衍生出"品牌背书"一词，应用于品牌口碑的认证。品牌背书是指通过一种明示或者暗示的方式使自身品牌与背书品牌建立联系，使得背书品牌要素出现在包装、标志或者产品外观上，但不直接作为品牌名称的一部分，由此将背书品牌的权威和信任进行转嫁，从而增强自身品牌在市场上的可信度。

15.1.2.2 品牌背书的优势

品牌背书的优势在于能为消费者建立安全感。如今的市场强调消费者主权，企业在推出新品牌前需要先了解消费者的心理痛点——缺乏安全感。品牌背书能在消费者脑海里快速建立安全、可靠的品牌，有利于人们对新的品牌产生良好的认知与信任。此外，擅用品牌背书有利于本体品牌较快建立受众信任感并且开拓市场，甚至可以大大节约营销成本。在市场上，许多企业在推出新品牌时，时常利用成熟的母品牌的良好信誉为新品牌提供有效背书，这不仅为新品牌增值，给新品牌以"系出名门"的印象，还强化了公司品牌的整体形象。从名称上来看，新品牌与背书品牌往往没有直接字词关联，但在各类广告、产品包装等品牌宣传中却运用了品牌背书这一营销策略，例如伊利公司推出高端牛奶品牌金典时，在宣传过程中时常强化金典与伊利的关联，以减小金典开拓新市场的阻力。

15.1.2.3 品牌背书的方式

品牌背书的方式有许多种类。除了表面词义的主品牌背书外，目前应用较多且效果较好的方式还有名人代言背书、国家背书、专业权威背书等。通过背书，企业可以充分利用背书者的"势"，实现借势目的。

（1）名人背书。名人背书一般也称为名人代言（celebrity endorsement）。名人是指拥有一定社会声誉、具有高度社会认可度的公众人物，通常包括娱乐明星、体育名人、知名企业家等。借助名人广告向公众传播产品或服务的价值，是现代经济社会中企业惯用的市场营销手段。无论是电视、网络还是户外广告，都随处可见名人代言的广告信息。聘请名人为产品或品牌代言能产生一系列积极的效果。企业邀请名人代言产品或服务的主要目的是借助名人热度来获得消费者的关注，从而提升品牌的知名度、增加产品或品牌的可信性，使得消费者对品牌产生积极态度。

名人代言本质上是一种意义迁移的过程。名人自身会有很多的意义（meanings），例如他们的个性、生活方式、社会地位等。通过名人代言，这些意义被转移到品牌上。消费者购买、消费被代言的品牌，便可以获得名人所拥有的意义。因此，名人代言是一个"爱屋及乌"的过程，消费者因为喜欢名人，而喜欢被代言品牌。

当然，企业在运用名人代言策略时也应该慎重选择名人。一般来说，可以考虑以下四个标准：一是名人吸引力，例如名人的外在颜值、名人与消费者之间的相似性等，名人代言的前提是名人具有流量热度，对受众具有一定的吸引力；二是名人本身形象应当与代言品牌或具体产品的形象具有一致性，当名人属性和品牌属性的匹配程度较高时，名人代言才能更加显著提升名人广告的传播效果；三是名人本人应当具备可信度，能足够可靠地为品牌背书；四是名人应当具备一定的专业性，即名人需要对代言品牌有一定的专业知识。

（2）国家或地域背书。当品鉴美酒时，法国产地的酒会更受人们的关注；当在超市采购主食时，东北大米总是更受青睐。国家或地域背书较为常见，新疆棉花、珠江面条、新会陈皮、日本马桶、德国汽车等都是典型的国家或地域背书。这些国家或地域之所以能够起到背书作用，要么是有先进的生产技术或经验积累，要么是有特殊的自然地理条件能生产其他地方无法生产的农产品（地理标志产品）。利用产品质量和国家或地域存在关联性的刻板印象，很多企业会在宣传方面或制造方面将自己的产品与某个国家或地域建立关联。例如，网红雪糕钟薛高宣称企业用日本柚子做原料。

企业可以通过间接或者直接的方式实现国家或地域背书，将消费者对某国家或地域的印象迁移至自身产品或服务上来，从而可以像名人代言一样实现"走捷径"的目标。瑞士手表就是非常典型的例子。说到高端手表，人们就能想到瑞士手表。我们不得不承认"瑞士制造"是瑞士手表的一块金字招牌，它不仅代表一种品质，更代表精湛的工艺与质量的保证。在这块金字招牌的庇护下，全球钟表行业出现了越来越多的瑞士品牌，这不仅促进瑞士本地发展出完整的产业链，还间接促使全球许多钟表企业主动地与瑞士国家品牌相关联，为自身品牌增值。一些企业尽管本身产品原产地与瑞士无关，但依然在宣传广告时积极地突出"遵循瑞士生产标准""聘请瑞士设计师"等标语，间接利用瑞士国家品牌为其产品背书。

（3）权威背书。权威背书一般依赖的背书对象有权威专家、权威媒体、权威认证机构等。在崇尚科学知识的背景下，人们对具有统一要求、科学标准的权威组织有很高信任度，因此权威背书营销策略常常表现为某一企业通过专业权威机构或专家的检测来验证产品或服务质量，通过权威组织的科学认证为品牌增添认可。权威背书在各个领域都较常见，例如与健康相关产品的生产企业经常邀请医生为其产品背书，国际展览联盟（Union of international Fairs, UFI）对会展项目进行认证，大学教育中也有很多的机构（例如国际商学院协会）会对商学院教育进行认证。

比起其他类型的品牌背书，权威背书对企业产品或服务本身的质量水平具有较高要求。无论是组织内部认证还是国家级认证，科学权威的认证是具有统一标准的，因此产品实力水平与权威认证级别是相互匹配的，少有夸大性效果。虽然权威背书的门槛较高，但其营销效果也更直接、更明显、更能体现专业性，并且能在短时间内快速让消费者对产品产生信任感。产品功能性较强或者涉入度较高的产品更青睐于采用权威背书策略，例如在日常生活中我们常常见到婴儿奶粉广告中邀请的代言人不是某流量明星，而是身着白大褂的专业营养师，广告中也采用营养学专业术语或权威机构认证文件做背书，以此来提升广告信源可信度。

15.2　借势思维模式解读

15.2.1　什么是借势思维

以上各个营销概念都在一定程度上体现了借势思维的存在。实际上，借势思维最早是伴随着人类智慧启蒙而一步步发展与形成的。我们都知道人与动物最大的区别就是制造和使用工具。追溯到原始生活时期，智人祖先由于肌肉太弱，臂展太短，只能跟在大型食肉动物身后吃猛兽所剩之食。迫于饥饿，人类才开始尝试思考如何使用树枝、尖石等自然条件来协助自己捕猎，工具的出现，就是借势思维诞生的很好体现。随着人类智慧的发展，借势思维不仅在生产方面得到体现，也被人们运用在个人修身与成长中。早在战国末期，荀子就在《劝学》中提出，善学者首先要"善假于物"，即善于利用各种客观条件来实现道德与修养的自我完善，从而实现"见者远""闻者彰""致千里""绝江海"的效果。由此可见，无论是在社会进步中还是在个人成长中，借势思维模式都发挥着非常重要的作用。

借势思维的重点在"势"。在对借势思维模式进行解读之前，我们首先需要对"势"有一个清楚的理解。孙子曰："激水之疾，至于漂石者，势也。"这句话的意思是，石头之所以可以浮在水面上，靠的是力量和速度，这种力量和速度就是促使石头漂起的"势"。势，古字作"埶"，字形由"坴"与"丸"拼成。在古代，"坴"为高土墩，"丸"为圆球，因此"势"的字面意象是圆球从土墩的斜面上滚落。从物理学意义上看，这里的"势"可以理解为土墩斜面促使物体滚动的"加速度"，它可以使静态事物开始运动，使动态事物进一步提速运动。由此看来，助力本体事物力量增强的客观条件便是"势"。正如借势营销为的是达成销售量提升，借势思维也有其目标，一切借势行为都为的是高效地达成目标。

由此看来，借势思维是一种通过借助客观资源来使得事物实现事半功倍效果的办事思维，借势思维重点强调发挥客观条件的支点作用来高效地达成目标。通过运用该种思维模式，可以因势利导，让事物的发展路径朝着我们有利的方向进行。

但是，借势思维并不是要求我们简单地依赖强者。从行动上而言，借势思维并不代表着不劳而获、傍人篱壁。借势思维的形式既可以是顺势而为，也可以是主动造势。无论是借势、顺势还是造势，都需要发挥借势主体的主观能动性，找到本体与所借之势的契合点，尽可能做到强强联合、优劣互补，避免无效借势。从对象上而言，依据侧重点不同，我们也需要仔细斟酌对借势对象的选择。借势对象可以被划分为多种，既可以聚焦到具体的"人""事""物""情""时"等，也可以是一种大方向上的"潮流""规律"等，借势时我们需要确认合适的借势对象，寻找核心切入点。另外，借势未必只是运用外部客观条件，也可以发挥内部客观资源，例如本体自身的优势资源。简单的概括就是内势和外势相互融合起来，借助优势力量，实现目标。

15.2.2　借势思维为什么这么重要

借势思维的一个核心作用就是帮助人们高效率地达成目标。"势"是成事的关键要素，借势思维对于个人成长或企业发展都极其重要。善于借势者能够利用已有之"势"，发挥杠杆效应，从而达到事半功倍的效果。从作用层面来看，"势"一方面加速了强者成长或成事的速度，另一方面也提高了弱者成功的概率。无论是强者还是弱者，皆可利用借势思维增强自身力量。对于强者而言，既可以利用内在资源，借势发挥内部优势，又能够通过借势外部资源，实现强强联合。例如，在升学申请中，聪明的学生懂得"酒香也怕巷子深"，因此会在本校寻找该申请方向中具有声望的大学教授写一份升学推荐信，这是借助老师的知名度与权威性，依附其名望，提高自己升学成功的可能性。由此，那些善于主动借势的人，其成长的速度会远远超越那些不主动的人，从而更容易从竞争中脱颖而出。对于弱者而言，若其人力、物力、财力等现有的条件满足不了需要时，可以采取借势的办法以小博大，减少自身的成本付出，借助其他主体的资源增强自身力量。正如牛顿所言："如果说我看得比别人更远些，那是因为我站在巨人的肩膀上。"在原始社会，人类往往在生存能力方面比不过森林猛兽，但在人类智慧启蒙下，人类开始借助自然之优势，发挥自然工具的效用，得以自己解放双手，这极大地提升了人类生产力，从而迈向人类社会。

人是社会性动物，要想在关系型社会中发展，则离不开借势思维。过去，也许很多人从小接受的传统教育思维是自力更生，独立自强，但是，这种惯性思维实际上并不完全适用于关系型社会生活。如今发达的社会关系网络能为借势思维的运用提供更大的发展舞台，谁先善用借势思维，谁便能更进一步发挥优势，提升竞争力。在当今社会上，借势的重要性无处不在，每个人都在借势，也许当你还在犹犹豫豫要不要借势之时，很多人已经主动开始造势或顺势而为，借助"势"的力量成功进入另一个圈层，拉大了竞争距离。

借势思维的应用具有广泛性，在生活中，借势思维随时随地都在发挥其作用。在古代，唐诗宋词里就常常凸显借势行为的广泛性。例如，"会当凌绝顶，一览众山小"，登高望远是借了山势；"大鹏一日同风起，扶摇直上九万里"，大鹏展翅高飞是借了风势；"朝辞白帝彩云间，千里江陵一日还"，日行千里则是借了长江流水之势。过去，在战场中，诸葛亮借东风以求一战而胜，主帅们运筹帷幄、苦心营势，利用借势思维决胜千里之外。如今，商场如战场，借势思维亦能在商业市场里大显身手。"蹭热点"的本质便是借势营销。在借势思维下，企业家们高度关注热点事件，希望通过社会事件、节日等热度造势开展企业活动或顺势进行品牌宣传。

15.2.3　如何发挥借势思维

在运用借势思维时，我们首先需要了解借势本身的特质：一是"势"的到来具有不可预知性，"势"的出现未必能被我们掌控，"势"的发展受到多个方面的影响，具有一定的不可控性，因此需要我们实时观察与谨慎把握；二是我们在运用借势思维时，需要进行鉴别与识别，不可以盲目跟风，需要先找到寻契合点，而后再进行借势；三是借势存在一定的时效性。借势的时效性体现在万事万物都在不断变化，在这个瞬息万变的世界里，借势的要点是快，要尽快把握住可借之物的借势先机，如果错过最佳时机，就失去了借势的效果。

基于以上观察，我们可以从以下四个方面切入，从而发挥借势思维模式的最大作用。

（1）识势。任何竞争，背后都是一种资源的竞争，一些人或品牌之所以能够快速成长，背后靠的就是丰富的支持性资源。在运用借势思维之前，需要明确自身具有哪些优势资源或优良的客观条件，对资源的数量、可用性、效应等方面进行识别梳理。例如，作为学生，可以利用图书馆资源、教学资源、工具资源等，积累学识，开阔眼界；作为职场人，可以识别自身所拥有的人际资源，如同学资源、同事资源、客户资源等，对人际资源的关系熟悉程度进行整理。

（2）辨势。在运用借势思维看待事物时，我们可以发现如今的时代为我们提供了各式各样的借势资源，现实生活中处处有"势"的存在。然而，借势并不是简单地筛选强者、趋炎附势。在借势前，我们需要对这些"势"进行辨识，寻找合适的可借之势，避免盲目跟随热点。那么，如何鉴别可借之势？首先我们需要理解清楚主体自身特质以及预期达成的目的，然后基于目的与本身特点匹配借势对象，由此才能实现珠联璧合的效果。

（3）用势。根据所借势对象的侧重点不同，借势思维主要可以从以下五个方面切入用势：借事、借物、借时、借情、借趋势。

一是"借事"。以"事"为支点进行借势，实质上就是合理地借助已有事件的热度或积极意义，以较低的成本为自身博取关注或发展机会。需要注意的是，借势主体必须与事件之间具有恰当的关联点，若两者的关联性不强，则难以实现借势效果。

二是"借物"。这里的"物"不仅指日常的工具，还可以引申为平台、资源等载体。人类本能就擅长利用第三方物体达成自身目的，古人面对远途沟通困难时会采用鸿雁传书，如今人们开发并利用互联网技术，通过微信、微博等平台载体发布信息。更现代化的工具、更广阔的平台进一步发展了借势思维的实现情境，并且使得借势思维的运用更加轻松便捷。

三是"借时"。比起努力，成功者往往更擅长在正确的时间做正确的事，借"时"之势的思维也体现于此。从生活细节层面看，古人的农作生产很早就意识到不同时节对五谷生长的重要性，并口口相传出"清明前后，点瓜种豆"等农作谚语。作为学生，从小我们就被教导"一日之计在于晨，一年之计在于春"，在生理状态最佳的时间段进行学习才能集中最好的注意力，以达到事半功倍的效果。从人生的大视角来看，人一辈子中每个时间段都有生活的重心，在生长激素分泌最强的少年时期，我们通过锻炼、喝牛奶等途径强壮身体；在记忆力水平最好的青青时期，我们展开义务教育，努力提高自身文化水平；在思想最成熟的中青年时期，我们做出结婚、买房等人生重大决定。在人生的不同节点，人的成长有不同的侧重点，因此，应当把握最恰当的时光做最契合的事情。

其四是"借情"。"人"和"情"总是相互关联，借"情"也是借"人"，情感由人产生，人的思想和行为又反过来受到情感的影响。人是社会动物这一事实就决定了人类的情感要比其他动物丰富，复杂的大脑使得人类产生了各类情感，这些情感驱动着人类的认知或行为。因此，用"情"来借势就是把握住人类行动的关键要素。在生活中，我们可以借助师生情、同校情、同学情、朋友情等多种多样的积极情感，拉近自己与他人的情感关系，提高做事效率。在工作中，我们谈合作时，若合作对象是自己的朋友，那么对方对自己的信任度和好感会更高，合作成功率也会提高，这也侧面说明了为什么我们要进行人际关系管理。然而，"情"也可能被别人恶意利用，甚至被一些不法分子钻情感的空子进行诈骗，例如一些诈骗团伙可能会装作乞丐、残疾人等弱势群体，利用人们的同情心赚钱，因此，我们也要保持警惕之心，避免被"情"所牵。

其五是"借趋势"。是指关注趋势的变化，善用潮流趋势来展开借势。趋势就是未来，趋势代表着事物运动的发展方向。从做人来看，所谓"识时务者为俊杰"，做顺应时代潮流的人，才不会被时代抛弃。从做事来看，只有尊重事物发展的规律，把握事物发展的总趋势，我们才能做出正确的反应。趋势就像事物发展所卷起的一股"青风"，我们无论是做人还是做事，都要懂得如何乘"风"而上，从而减小前进的阻力。比如，随着信息革命的到来，一些敏感的创业者快速反应，及时赶上中国互联网行业发展的红利期，加入互联网创业大军中，把握住合适的发展机会，这就是看到了未来行业的潮流趋势。

（4）察势。借势并不代表着万无一失，事物都是随着时间不停变化的，而形势也没有固定的，借势总是风险和机会并存。因此，我们在借势的同时也需要讲究策略和智慧，注重借势的时效性与变动性，谨慎察势，适时调整。需要注意的是，察势不是依赖主观臆断，而是需要我们机动地依据实时形势调整借势策略，在借势过程中不间断地对各种交织利益进行深入分析，实时稳定有利于自己的形势。

15.3　借势思维模式案例[*]

15.3.1　巧夺人心的反抗斗争：陈胜、吴广起义

《陈涉世家》讲述了陈胜、吴广起义的故事。故事发生在秦朝，当时秦朝大兴土木，千万壮丁被征发去筑长城、修阿房宫、造大坟……百姓怨声载道。公元前209年，900名民夫从阳城被派出前往渔阳防守。途中，民夫在大泽乡被大雨所阻，连天的大雨使得水淹了道，难以继续通行。按照秦朝当时的法令，误期是要被杀头的。大伙儿眼看大雨未停，感到既焦急又绝望。屯长陈胜、吴广暗地商量："如今怎么也赶不上限期了，被抓了是死，发动起义也是死，同样是死，为国事而死不好吗？"两人听说秦二世是次子，长子扶苏因未获得帝位深受大家同情；还有楚国立过大功的将军项燕，至今被人怀念。陈胜说道："咱们借着扶苏和项燕的名义号召天下，一定有人会来响应我们。"因此，两人决定以扶苏、项燕作为号召，展开反秦计划。

发动起义的第一步是取得信任，吸引众人参与斗争。为了让大伙儿相信他们，他们用朱砂在白绸条上写上"陈胜王"三个大字，并把它塞在鱼肚子里。兵士们做饭剖鱼时发现了这块绸子，十分惊奇。半夜，吴广又偷偷地跑到附近的破庙里，点起篝火，使其隐隐约约像是磷火，同时学狐叫，接着喊道："大楚兴，陈胜王。"

人们听了，更是惊讶。第二天，大伙儿都在议论着这些奇怪的事，加上陈胜平日待人和气，就更加尊敬陈胜了。

时机成熟后，陈胜和吴广故意跑去激怒营尉。营尉大怒，两人便趁机将其杀害。陈胜和吴广做了一面"楚"字大旗，召集起支持他们的兵士。周边临近的青年们听说此事后，纷纷拿着锄头铁耙到营里来投军。就这样，陈胜、吴广成功建立了历史上第一支农民起义军。

身为区区秦朝小卒，陈胜、吴广两人的起义成军为何如此容易？为什么没有强大的军事实力，他们也能一呼百应？实际上，"大楚兴，陈胜王"背后还

---

[*]　唐志敏：《"大楚兴，陈胜王"不为人知的造势之道!》，见 https://zhuanlan.zhihu.com/p/22601274,2016-09-24/2021-8.4。

深藏着人生智慧——借势思维。

15.3.2　陈胜、吴广为什么采取借势思维

追溯陈胜、吴广通过借势进行起义的原因主要有两个方面：一是由于陈胜、吴广本身力量薄弱，二是由于借势资源的可获得性。首先，陈胜、吴广采用借势方法有其行动的必要性，作为底层阶级的劳动人民，陈胜和吴广甚至连性命也难保，武装力量更是薄弱，因此，两人单单依靠自身力量与个人魅力很难号召大批追随者。在这种情境下，选择采用借势的方法可以很好地扬长避短，借用创造有利形势，增强起义力量。其次，选用借势方法的充分性在于借势资源的可获得性，这主要体现在借势对象以及响应者的反应上。回顾案例故事，我们可以发现大泽乡起义的主要借势对象是秦世子扶苏以及大将军项燕的名号。秦世子扶苏已于公元前 210 年自尽，而项燕当时也是生死未卜，因此人们很难向扶苏与项燕本人求证大泽乡起义名义的真伪。由此来看，通过这种借势方法进行起义的风险性较低，借势效果的稳定性较好，并且不需要投入较高借势成本。另外，陈胜和吴广之所以更有把握通过借势获得成功，其原因还在于响应者积极反应的高概率性，这同样也是成功借势的关键。大批被劳役的民夫是本次大泽乡起义的目标响应者，身为底层劳动人民，他们是当时社会最被压迫的阶级，因此其反抗性也最强。一旦有义士带头掀起反秦热潮，便很容易产生较大的社会影响力，从而引发众人追随。再加之当地豪杰众多，民夫多为强壮的青年，壮丁能迅速集结并组编成一支力量强大的新生军。因此，对于陈胜和吴广两人而言，他们采取的借势资源具有较高的可获得性，既不会有较大成本的投入，也具有很高可能性来获得积极响应。

15.3.3　陈胜、吴广如何应用借势思维

15.3.3.1　审视时局，四方借势

在这个故事里，连天的大雨延误了抵达期限，进，则被罚；退，则被捕，前后都是死路，倒不如造势破局，开辟一条新路出来，才有生还的可能。在进退两难的时局下，陈胜和吴广的目标很简单：活下去。此时，为了达成此目的，反抗成为其唯一的选择。

如何反抗？反抗谁？这两个问题成为活下去的关键选择。陈胜和吴广首先

进行了时局的审视，识势并且辨势。他们意识到，身为底层小卒，他们的力量是薄弱的，哪怕是最杰出人物，亦不可能独自完成反抗斗争，必须要借助别人的力量才能成功。但是，号召他人参与反抗斗争同样是困难的。在军营中尽管陈胜和吴广有着好人缘，但依然号召力有限，难以通过个人魅力的优势来说服民夫参与到反抗斗争中。没有强有力的反抗缘由，就不能号召并聚集广大的响应者。那什么才是当时情境下最充分的反抗缘由呢？陈胜和吴广决定放手一搏，以"反秦、兴楚"为噱头展开反抗斗争，并且声称领头人是公子扶苏和楚国大将军项燕。至此，借势思维的优势便很好地展现了出来。

从借势思维的视角来看，陈胜、吴广主要借助了以下四种力量。

一是借助了"天下苦秦久矣"的时代背景，号召广大被苦苦劳役的人们展开斗争。实际上，"反秦"这一主口号并不是毫无根据的，反而以此为噱头会具有一定的合理性。有历史记载，从公元前230年至公元前221年，秦始皇进行了十年的残酷战争，持久的战争耗费了大量秦国人力和财力。晚期时，秦又大兴土木工程，大规模征发徭役。《汉书·食货志》有记载："至秦则不然，用商鞅之法，改帝王之制，田租、口赋、盐钱之利，二十倍于古"，沉重的赋税和徭役制度使得底层被劳役的人们苦不堪言。正所谓"得民心者得天下"，在"天下苦秦久矣"的背景下，秦皇帝日渐丧失民心，使得当时的反抗斗争蠢蠢欲动，人们的反秦之心点火即燃。人是历史的创造者，民心永远是正确的未来趋势，陈胜和吴广就由此因势利导，恰将反抗重点导向了民心之所向。因此，借此"苦秦"之势，不仅遵循了历史规律，还使得反抗起义具有了合理性。

二是借助了先秦诸侯国楚国的力量，以"大楚兴，陈胜王"为反秦口号。曹操迎天子，需要借助大义的名分；陈胜和吴广斗争，亦需要强势力进行背书。在秦统一六国之前，楚国曾是战国七雄之一，具有强大的军事实力与国家地位。战国时期，楚国曾所向披靡。据《战国策》记载："地方五千里，带甲百万，车千乘，骑万匹。"论实力的话，楚国的实力可以说是当时各诸侯国中的强者，不仅国土面积十分辽阔、人口繁多，连文化上也十分昌盛。在秦朝建立后，楚人对于秦制十分反感，并且兴楚之意也在楚人中暗流涌动。因此，最有可能和秦国一较高下的便是楚国。因此，借此"兴楚"之势，使得反抗起义具有了强势力的背书。

三是借助了扶苏的名义，《陈涉世家》写道："今诚以吾众诈自称公子扶苏、项燕，为天下唱，宜多应者"。其中，借势对象之一是秦始皇长子扶苏。从个人魅力来看，扶苏品德高尚、为人宽厚，得到了广大老百姓的认可。扶苏本人具有很高的声望，以扶苏的名义进行号召，则可以借势扶苏在百姓中强大的影响力。从个人身份来看，公子扶苏说到底是皇室成员，在重视长幼有序的古代，身为长子的扶苏理应是皇位继承的正当人选，没有继承皇位的扶苏原本就已经引发了许多百姓的不满与同情。因此，打着公子扶苏的旗号，能使反抗斗争具有正当性，减小起义的阻力。

四是借助了大将军项燕的名气。首先，项燕是楚国赫赫有名的将军，是楚国曾经可靠坚实的核心人物，以其名义进行号召能够更好地拉拢楚国的人心。其次，从战绩上看，项燕实力强大，并且曾经打败过秦军，在人们心理本身就有很高的威望。无论是论名气、论实力，还是论兴楚立场，项燕的名字都有很大的号召力。因此，借项燕之名，能够吸引有志之士参与反秦。

15.3.3.2　故弄玄虚，舆论造势

在决定假借名人的名义、打灭秦兴楚的旗帜后，陈胜和吴广两人想再次利用借势思维为起义的爆发增添一把火，这一次利用的是当时人们对鬼神的迷信。

起义是一件涉及生死之事，没有足够的说服力，是很难有人愿意把脑袋交给你指挥的。但是，如果连代表上天旨意的鬼神都愿意支持你的行动，那么那些信奉天意的人就很容易动摇。在缺乏科学知识的秦朝时代，巫术和鬼神之说横行，人们对奇异现象的接受能力很高，因此当时的迷信色彩很重。再加上许多人相信传闻中的"天子由感天而生"，觉得帝位的授予是上天的安排。因此，陈胜和吴广决定通过借势迷信思想，以故弄玄虚的方式暗示所谓的"神旨"，将鬼神之说作为起义的思想武器。

为了进一步提高威信，两人用红笔在白条绸子上写了"陈胜王"三个字，然后放在一条鱼的肚子里，又假装从市上把这条鱼买回来。在古代，鱼腹丹书会被大家认为是一种神奇现象，是一种上天或河神的旨意。因此，待人们惊奇地发现鱼肚子中的字条时，便会迷信地认为"陈胜王"是天命。另外，他们起义前还暗地在庙里把火放在一个笼子里，同时学狐叫，喊道"大楚兴，陈胜王"。联系古代的迷信思想，他们之所以把火放在笼里是想使得其隐隐约约像浓绿色的磷火，也就是百姓俗称的"鬼火"；而模仿狐狸叫则是因为当时的人们认为狐狸是一种通灵性的动物，流行着对狐狸的图腾崇拜，狐狸在他们心中代表着"祥瑞"的象征。借用"庙""火""狐狸叫"三者，陈胜和吴广就营造出了一种迷信色彩，暗示着鬼神的威力。由此，陈胜和吴广很聪明地利用较低的造假成本，借用鬼火与狐狸的迷信意义来制造了天意也支持了陈胜为王

的传闻。在双重行动下，陈胜和吴广成功地借势人们的迷信思想来制造了舆论，使得人们都相信了狐狸和鱼肚子里的白绸缎是上天的旨意，让人以为陈胜就是天命之人，这也给了封建迷信的被剥削者们一种精神力量，鼓励其追随陈胜和吴广进行反斗争起义。

通过篝火狐鸣、鱼肚藏书等事件可以看出，这些都是陈胜、吴广起义的提前计划，是一种故意安排。实际上，从"王侯将相宁有种乎"可知，陈胜、吴广自己并不迷信天命，但是他们却很敏锐地意识到所谓的"天意"对于百姓思想的威力，也说明他们特别懂得舆论造势，巧妙地运用了借势思维。事实也指出，鱼腹藏书与篝火狐鸣的做法起到了很有效的宣传鼓动作用，为顺利起义奠定了舆论基础。

15.4 本章小结

对借势思维理解越深，我们应该越清楚地知道：借势不仅是一种营销之术，更可以是一种生活之道。许多人不懂得如何通过借势改变命运，当面对困境时，很多人就因为自身力量薄弱而产生了放弃的想法，忘记了借势的力量。所以，一个人在成长的过程中一定要学会借势，借势不是教我们如何去做一个依赖他者的人，学习掌握借势思维实际上是要告诫我们：个人力量的大小并非等同于命运的好坏，在自己没有什么能力的时候，不应当在原地自怨自艾，而要积极地洞察环境，想尽办法利用借势的方法来成就自己，往前踏步，所谓"与其待时，不如乘势"。

参考文献

[1] 刘鎏，姚海明. 浅析事件营销策略的实施 [J]. 商业时代，2006，(29)：23-24.

[2] 杨一翁，孙国辉，涂剑波. 高介入购买决策下的国家品牌效应研究 [J]. 管理学报，2017，14 (4)：580-589.

[3] KOTLER P, HAIDER D H, REIN I. Marketing places: attracting investment, industry, and tourism to cities, states and nations [M]. New York:

The Free Press, 1994.

[4] MITTELSTAEDT J D, RIESZ P C, BURNS W J. Why are endorsements effective? sorting among theories of product and endorser effects [J]. Journal of Current Issues & Research in Advertising, 2000, 22 (1): 55 −65.